D1747630

Karlheinz Heeb

# Hermann Zickert

# Der deutsche Börsenpionier

Karlheinz Heeb

# Hermann Zickert

# Der deutsche Börsenpionier

Hermann Zickert – Deutscher Börsianer
mit Wahlheimat Liechtenstein
(1885 bis 1954)

Bibliografische Information der Deutschen Bibliothek: Die Deutsche Bibliothek verzeichnet diese Publikation in der Deutschen Nationalbibliografie; detaillierte bibliografische Daten sind im Internet über http://dnb.ddb.de abrufbar.

Lektorat: Rita Vogt, Eva Hermann
Korrektorat: Bernt-Peter Lahmer
Satz/Layout: satz & repro Grieb, München
Druck und Bindung: Druckerei Joh. Walch, Augsburg

1. Auflage 2009
© 2009 FinanzBuch Verlag GmbH
Nymphenburger Straße 86
80636 München
Tel. 0 89/65 12 85-0
Fax 0 89/65 20 96
info@finanzbuchverlag.de

Alle Rechte vorbehalten, einschließlich derjenigen des auszugsweisen Abdrucks sowie der fotomechanischen und elektronischen Wiedergabe. Dieses Buch will keine spezifischen Anlageempfehlungen geben und enthält lediglich allgemeine Hinweise. Autor, Herausgeber und die zitierten Quellen haften nicht für etwaige Verluste, die aufgrund der Umsetzung ihrer Gedanken und Ideen entstehen.

Für Fragen und Anregungen:
heeb@finanzbuchverlag.de

ISBN 978-3-89879-471-8

— Weitere Infos zum Thema —
**www.finanzbuchverlag.de**
Gerne übersenden wir Ihnen unser aktuelles Verlagsprogramm.

# Inhalt

**Dank** ... 9
**Vorwort** ... 11

**Hermann Zickerts Weg nach Liechtenstein** ... 15
Schule, Studium und Einstieg ins Berufsleben ... 17
Wohnsitznahme in Liechtenstein ... 17
Hausbau in Vaduz ... 21
Zickerts – Unsere Nachbarn ... 22
Enkel Dieter erinnert sich ... 23
Ein liberaler Kopf ... 28
Zickerts Schriftwechsel mit den liechtensteinischen
    Regierungschefs ... 33

**Zickert als Redakteur und Herausgeber** ... 39
Journalistische Anfänge und *Wirtschaftlicher Ratgeber* ... 41
Die Anfänge des *Spiegels der Wirtschaft* ... 45
Von *Wachet auf!* zum *Spiegel der Wirtschaft* ... 46
Der *Spiegel* von 1936 bis 1945 ... 47
Der *Spiegel* und Nachkriegsdeutschland ... 49
Der *Spiegel* 1954 ... 50
Rund 8 700 Seiten *Spiegel der Wirtschaft* ... 51
Korrespondenz mit *Spiegel*-Lesern ... 53
Lesermeinung ist gefragt ... 67
*Spiegel* und Baltic-Verlag nach dem Tod von Zickert ... 69

**Verbot des *Spiegels der Wirtschaft* in Nazi-Deutschland** ... 73
Intervention der liechtensteinischen Regierung ... 74
Gründe für das Verbot des *Spiegels* ... 75
Reaktionen auf das Verbot des *Spiegels* ... 78
»Die Konjunkturprognose« und »Schacht gegen Schacht« ... 79

Liechtensteinische Regierung erhöht Druck auf Berlin ......... 80
Aufhebung des Verbots .................................... 81

## Zickert als Finanzanalyst ................................ 83
Das Aktienanalyse-Modell ................................. 85
Die Bilanzanalyse als Kern der Aktienanalyse ............... 95
Gewinnrendite und Kurs-Gewinn-Verhältnis ................. 101
Feste Disposition der Kapitalanlage (Asset Allocation) ........ 104

## Zickert als Börsianer .................................... 109
Der Zickert'sche Kapitalverein – Eine Pionierleistung ......... 110
»Die deutschen Aktien in Schlagworten« ..................... 116
»Die Erfolgsbuchhaltung für Wertpapiere« ................... 121
Börsen- und Anlageberatung ................................ 125

## »Die Kapitals-Anlage in ausländischen Wertpapieren vom Standpunkt des Volkswirts und Kapitalisten« ......... 139
Wie kommen die ausländischen Wertschriften
   nach Deutschland? .................................... 141
Wie groß ist die deutsche Einfuhr fremder Werte? ............ 142
Welche Wirkungen hat die Kapitalausfuhr auf die
   Volkswirtschaft? ..................................... 143
Soll der Kapitalist sein Geld in ausländischen Papieren
   anlegen? ............................................. 144
Soll die Regierung die Einfuhr fremder Wertpapiere
   verhindern? .......................................... 144
Was ist aus Zickerts Empfehlungen geworden? ................ 145

## »Die acht Gebote der Finanzkunst« ....................... 149
1. Gebot: Arbeiten Sie mit Ihrem Kapital! ................... 153
2. Gebot: Streben Sie nach Rente, nicht nach Kursgewinn! ..... 157
3. Gebot: Kaufen Sie nur marktgängige Sachen! .............. 164
4. Gebot: Lassen Sie sich nicht durch Versprechungen blenden! .. 170

| | |
|---|---|
| 5. Gebot: Prüfen Sie, bevor Sie kaufen! | 175 |
| 6. Gebot: Fragen Sie nicht den Bankier um Rat! | 179 |
| 7. Gebot: Versäumen Sie nicht den rechtzeitigen Verkauf! | 185 |
| 8. Gebot: Machen Sie keine Bankschulden! | 190 |
| Schlußwort | 194 |

**»Die 15 Grundregeln der Kapitalanlage«** ............ 207

**Ein Wegbereiter und Vordenker** ............ 211

| | |
|---|---|
| **Anhang** | 219 |
| Beispiele für Musterportfolios | 220 |
| Branchenstudie der bedeutendsten Schweizer Nahrungsmittelaktien | 240 |

**Nachwort von Heinz Brestel:**
**Hermann Zickert – Der Zeit voraus** ............ 275

**Werke von Hermann Zickert** ............ 283

**Literaturverzeichnis** ............ 285

**Dank**

Frau Doris Zimmermann-Kemper war von Beginn weg eine aktive Begleiterin und Förderin meiner Arbeit. Ihr gebührt für die freundschaftliche und kompetente Hilfe ein herzliches Dankeschön. Ein großer Dank geht an den FinanzBuch Verlag namentlich Herrn Christian Jund, dem es ein echtes Anliegen war, die Pionierarbeit Zickerts im Bereich Finanzanalyse mit diesem Buch in würdiger Erinnerung zu halten.

Während meiner Recherchen haben mich verschiedene Archive, Bibliotheken und Institutionen, insbesondere die Liechtensteinische Landesbank Aktiengesellschaft, sowie mehrere Persönlichkeiten kenntnisreich und aufmerksam unterstützt. Viele Namen wären zu nennen. Stellvertretend erwähnen möchte ich die beiden Enkel von Hermann Zickert, nämlich Dieter Zickert und Daniela Kerscher, weiter Thomas Braun, Ingrid Hassler-Gerner, Stefan Jaeger, Bruno Merki, Anne-Marie Nega-Ledermann, Matthäus Den Otter und Rupert Tiefenthaler. Danken darf ich auch Heinz Brestel, der in einem Nachwort den Aspekt der Börsenbriefe näher beleuchtet. Ein spezieller Dank gebührt Frau Rita Vogt für ihr Mitdenken und Mitschaffen, insbesondere für die Koordinationsarbeit und die Abschlussredaktion. Sie hat das Erscheinen dieses Buches erst möglich gemacht. Ein herzliches Dankeschön geht an meine Familie, vor allem an meine Frau Heidi, die meiner Arbeit an dieser Publikation ebenso viel Verständnis wie auch große Geduld entgegenbrachte.

In der Familie und im Freundeskreis sprach ich oft über Erfolge und Misserfolge bei meinen Recherchen über Zickert, was meinen Freund Hans Freyenmuth jeweils zu folgendem Kommentar veranlasste: »Bei Karlheinz wurde schon wieder ›gezickert‹«. Kein anderes Wort würde meine Passion für Hermann Zickert und sein Werk besser wiedergeben. Schön wäre es, wenn der Funke der Begeisterung auch auf die Leserinnen und Leser überspringen würde.

## Vorwort

Hermann Zickert war unser Nachbar. Ich erinnere mich, dass der Briefträger stets mehr Post im Haus Zickert ablieferte als bei uns. Nun, nachdem ich mich mit dem Leben Zickerts befasst habe, weiß ich, dass sich in den großen Stapeln auch Wirtschaftszeitungen wie *Financial Times*, *Barron's* und *Economist* befunden haben.

Als er 1954 starb, war ich zwölf Jahre alt. Mein Vater, ein Bewunderer von Zickert, war Abonnent seiner Finanzzeitschrift *Spiegel der Wirtschaft*. Er sprach gelegentlich über Zickert und seine Publikation. An Einzelheiten vermag ich mich nicht mehr zu erinnern. Während meiner beruflichen Tätigkeit bei der Liechtensteinischen Landesbank in Vaduz stieß ich auf Bände mit der goldgewirkten Aufschrift *Spiegel der Wirtschaft*, denen ich aber damals keine größere Beachtung schenkte.

Den eigentlichen Anstoß zu diesem Buch gab Zickerts Schrift »Die acht Gebote der Finanzkunst«, die ich im Sommer 2004 zum ersten Mal las. Ich war beeindruckt von seinen glasklaren Formulierungen, seiner Beobachtungsgabe auf dem Gebiet der Börse und seiner Fähigkeit, daraus die richtigen Schlüsse zu ziehen. Beim Lesen dieses Bestsellers von 1924 wurden bei mir auch bruchstückhaft Erinnerungen an unseren ehemaligen Nachbarn und an meine früher gemachten Erfahrungen als Finanzanalyst wach. Aufhorchen ließ mich besonders das 4. Gebot: »Lassen Sie sich nicht durch Versprechungen blenden!« Zu jener Zeit häuften sich in unseren Zeitungen die Kommentare zum Fall Dieter Behring, der gutgläubige Investoren mit seiner Geldmaschine angeblich um Millionen von Franken prellte. Im Herbst 2004 brach Behrings »Wunderkonzept«, das vor allem auf Versprechungen aufbaute, endgültig zusammen. Zickerts 4. Gebot erwies sich wieder einmal als zeitlos gültig.

Ich wollte nun mehr wissen über den Menschen und einstigen Nachbarn Hermann Zickert. Sein fast völlig unbekanntes Werk über Geld und Börse faszinierte mich im Verlauf meiner Spurensuche immer mehr. Was hinterließ er? Was steht dahinter? Was ist davon heute noch gültig? Und eine Frage, die mich als Banker zusehends beschäftigte: Warum gelangen Börsengurus, die mit Sprüchen auftrumpfen und einladende Tipps geben, zu Ruhm, während Börsenpioniere und Vordenker der Finanzanalyse wie Zickert in Vergessenheit geraten? Dazu kam meine große Neugier, in Erfahrung zu bringen, warum Zickert 1931 Deutschland den Rücken kehrte und ausgerechnet nach Liechtenstein kam. Das Fürstentum zählte damals nur etwa 10 000 Einwohner, wobei der Großteil einer landwirtschaftlichen Tätigkeit nachging. Industrie, Gewerbe und Handel waren durch die schlechte wirtschaftliche Lage und Arbeitslosigkeit geprägt. 1923 hatte Liechtenstein ein neues Steuergesetz erlassen, das eine Privilegierung von Holding- und Sitzgesellschaften vorsah, und 1926 waren zudem mit dem Personen- und Gesellschaftsrecht die Voraussetzungen geschaffen worden, um ausländisches Kapital anzuziehen. Aufgrund der Wirtschaftskrise konnte jedoch der Finanzsektor nicht den erhofften schnellen Aufschwung nehmen. So gab es 1931 lediglich zwei kleine Geldinstitute, nämlich die Liechtensteinische Landesbank und die Bank in Liechtenstein.

Meine ersten Recherchen zu Hermann Zickert fielen ernüchternd aus: Literatur war nicht aufzufinden, in einschlägigen Lexika fehlt sein Name, ein eigentliches Familienarchiv gibt es nicht. Erfolgreicher war ich bei der Suche nach Zickerts Büchern. Von der Staatsbibliothek zu Berlin, Abteilung Historische Drucke, bekam ich ein Verzeichnis der Werke von Hermann Zickert, wie sie der »Alte Realkatalog (der Literatur von 1501 bis 1955)« enthält.[1] Die dort aufgeführten fünf Publikationen von Zickert, die mir von seinen Nachkommen leihweise überlassen wurden, bildeten – zusammen mit sämtlichen Ausgaben (1931 bis 1954) seiner bis Ende 1939 wöchentlich und ab 1940 monatlich erschienenen Finanzzeitschrift *Spiegel der Wirtschaft* – die eigentliche Basis meiner Arbeit.

Ergänzende Informationen zu Zickert und Hinweise über seine Publikationen erhoffte ich mir auch von anderen Bibliotheken, vor allem in der Ostschweiz und im Umkreis von Berlin, wo Zickert bis 1931 lebte. Doch neue Erkenntnisse ergaben diese Nachforschungen kaum. Enttäuschend verliefen auch die Anfragen bei Zeitungen und Verlagen. So schrieb mir die *Frankfurter Allgemeine Zeitung*: »Wir haben keine Artikel zu Hermann Zickert in unserem Archiv, weder zu seiner Person noch zu seinen Veröffentlichungen.«[2] Auch der Börsenverlag in Rosenheim konnte mir nicht weiterhelfen: »Der Name Zickert taucht bei uns leider nicht auf.«[3]

Freude und Enttäuschungen begleiteten mich auf meiner Spurensuche ständig. Auf einen Fund der besonderen Art stieß ich bei meinen Recherchen im Liechtensteinischen Landesarchiv. Dort entdeckte ich Zickerts Briefwechsel mit den liechtensteinischen Regierungschefs und den Notenwechsel von Vaduz über Bern nach Berlin als Reaktion auf das Verbot des *Spiegels der Wirtschaft* in Nazi-Deutschland.

Meine Nachforschungen wurden präzisiert und bereichert durch persönliche Gespräche mit Nachkommen von Hermann Zickert: seiner Tochter Freia, die – ehe ich meine Recherchen beenden konnte – leider am 21. August 2004 im 83. Lebensjahr starb, und seinem Enkel Dieter, den ich seit meiner Schulzeit kenne.

Im Mittelpunkt dieses Buches steht indes Hermann Zickert als Vordenker und Wegbereiter der Finanzanalyse sowie als Altmeister der Börse. Wer weiß schon, dass Zickert in Deutschland 1923 den ersten Investmentverein gründete und im Jahr 1934 wahrscheinlich den allerersten Börsenführer in Deutschland herausgab? Zickert könnte so zu einer späten Entdeckung für Börsenprofis werden.

Auch für Nichtbörsianer könnten Zickerts »ewige Wahrheiten« über die Kapitalanlage sowie seine Basis- und Hintergrundinformationen über Geld und Börse von Interesse sein. Sie bilden nämlich heute noch das Grundwissen für den Aufbau eines Vermögens.

Ich habe versucht, sorgfältig zu recherchieren, zusammenzutragen und die Ergebnisse – auch unter Einbezug der gegenwärtigen Praktiken im Anlagesektor – in einer möglichst verständlichen Sprache zu kommentieren. Das Buch ist jedoch keine akademische Abhandlung. Meine persönlichen Bemerkungen, die an verschiedenen Stellen

[1] Staatsbibliothek zu Berlin – Preußischer Kulturbesitz, Berlin, Schreiben vom 23. Juli 2004.
[2] *Frankfurter Allgemeine Zeitung*, Frankfurt, Schreiben vom 5. August 2004.
[3] TM Börsenverlag AG, Rosenheim, Schreiben vom 29. April 2005.

in den Text eingestreut sind, erheben keinen Anspruch auf Vollständigkeit. Sie dienen der Darlegung der Zusammenhänge und geben Hinweise auf den heutigen praktischen Börsenalltag.

Gibt es bislang noch nicht entdeckte Dokumente und Daten über Zickert und sein Werk? Meine Spurensuche wird auf jeden Fall auch nach Erscheinen dieser Publikation weitergehen.

# Hermann Zickerts Weg nach Liechtenstein

Arbeitsalltag vor der Berliner Börse Anfang des 20. Jahrhunderts.

## Schule, Studium und Einstieg ins Berufsleben

Hermann Zickert wurde am 8. Juni 1885 in Eisleben, Kreisstadt im Bezirk Halle (D), als Sohn des Fleischermeisters Gustav Zickert geboren. Nach vier Jahren Bürgerschule besuchte er das Königliche Gymnasium in Eisleben und das Fürstliche Gymnasium in Sondershausen, wo er im September 1904 die Reifeprüfung ablegte. Anschließend studierte Zickert an der renommierten Königlichen Bergakademie in Freiberg (Sachsen), der ältesten Bergakademie der Welt (gegründet 1765), sowie in München, Berlin und Heidelberg. In Heidelberg belegte er Vorlesungen und Seminarübungen bei namhaften Professoren wie Gothein, Rathgen, Marcks und Hampe. Mit 22 Jahren promovierte Hermann Zickert am 14. Oktober 1907 an der Ruprecht-Karls-Universität in Heidelberg zum Dr. phil. Das Thema seiner Dissertation lautete: »Die Entwicklung des Absatzes der böhmischen Braunkohle und ihre Bedeutung für die Kohlenversorgung Mitteldeutschlands von der Mitte des neunzehnten Jahrhunderts bis zum Jahre 1906«.[4] Bereits 1908 folgte die Abhandlung »Die wirtschaftliche Bedeutung der böhmischen Braunkohlen im Vergleiche mit den benachbarten Kohlen-Industrien des In- und Auslandes«[5]. Nach Abschluss des Studiums arbeitete Zickert zunächst als Wirtschaftsredakteur beim *Berliner Tageblatt*[6] und wurde dann Herausgeber der Finanzzeitschrift *Wirtschaftlicher Ratgeber*.

## Wohnsitznahme in Liechtenstein

Für Zickert waren 1931 zwei Gründe ausschlaggebend für seinen Domizilwechsel von Deutschland nach Liechtenstein. Diese erläuterte er im September 1931 in der neunten Nummer seiner Zeitschrift *Wachet auf! Aktuelle Wirtschaftskorrespondenz* folgendermaßen: »Die gegenwärtigen wirtschaftlichen Zustände in Deutschland erfordern ein starkes Maß von Kritik, einer Kritik an allen Stellen, die für die

[4] Diese biografischen Angaben stützen sich auf den in seiner Dissertation enthaltenen Abschnitt »Lebenslauf«, o. S. Weitere Daten über Hermann Zickert konnten trotz intensiver Recherchen nicht gefunden werden.
[5] Erschienen im Verlag von Adolf Becker, Teplitz-Schönau.
[6] *Spiegel der Wirtschaft*, Nr. 8, August 1954, S. 237.

Die

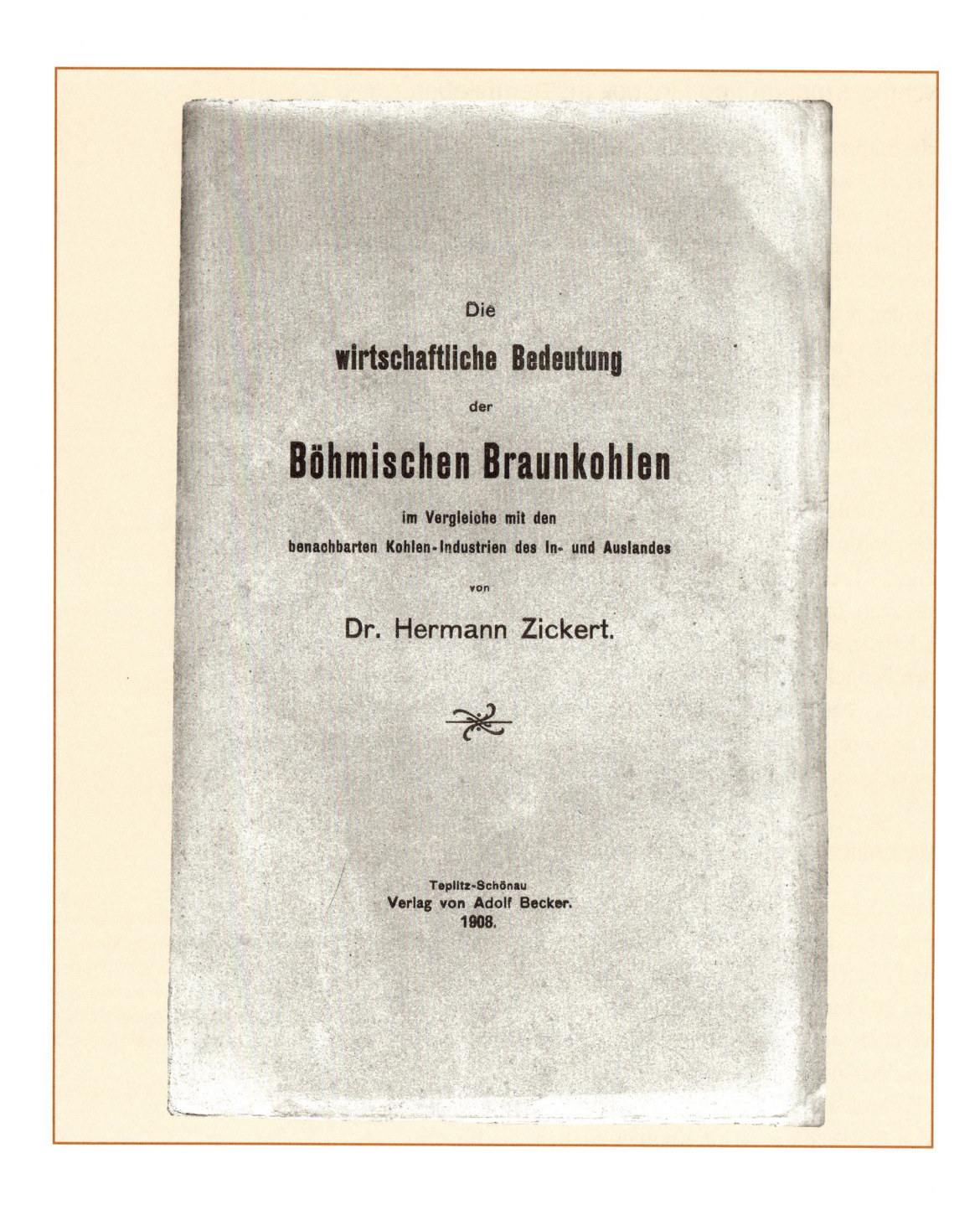

**wirtschaftliche Bedeutung**

der

**Böhmischen Braunkohlen**

im Vergleiche mit den
benachbarten Kohlen-Industrien des In- und Auslandes

von

Dr. Hermann Zickert.

Teplitz-Schönau
Verlag von Adolf Becker.
1908.

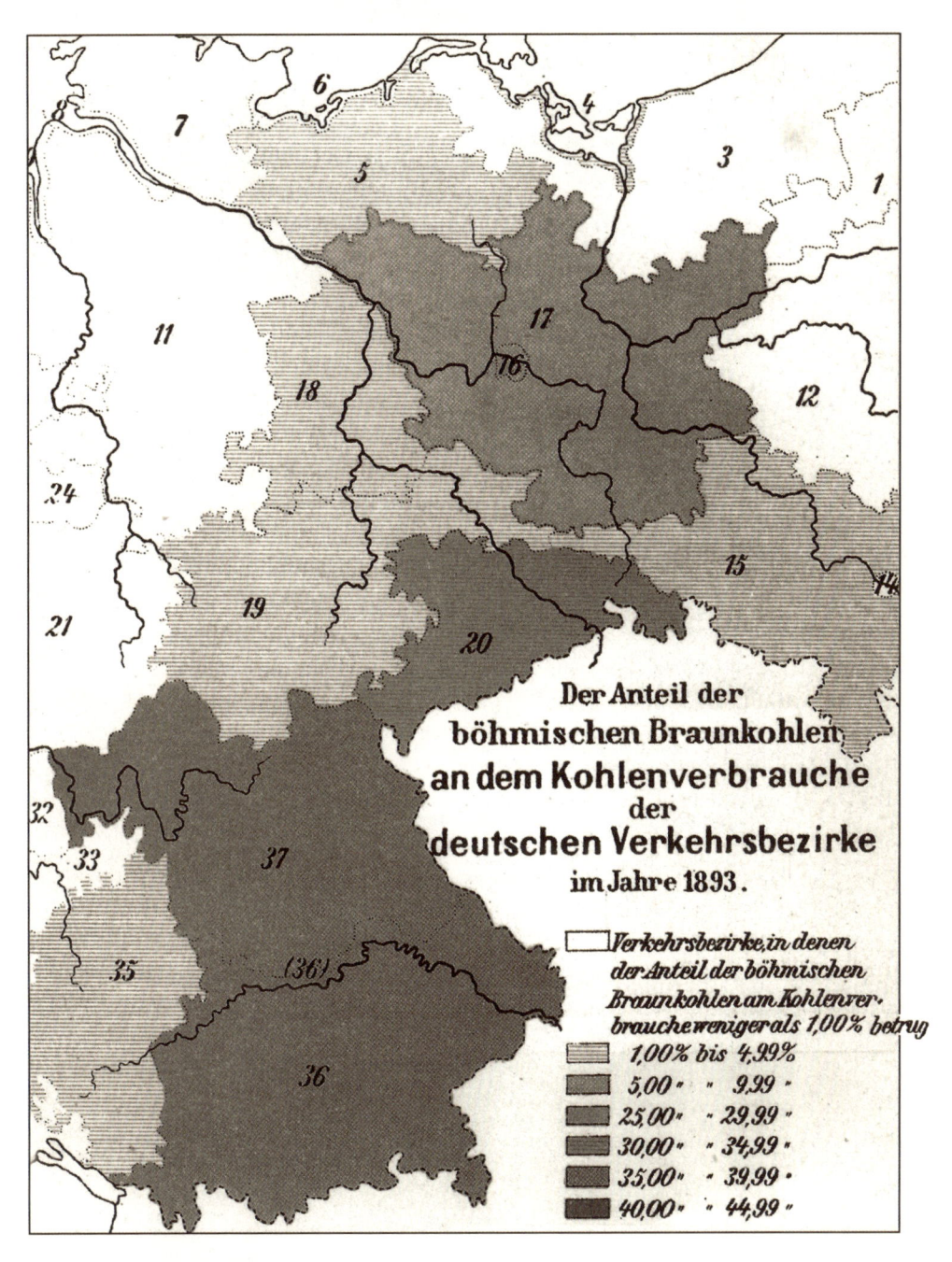

Aus Hermann Zickert: »Die wirtschaftliche Bedeutung der Böhmischen Braunkohlen im Vergleiche mit den benachbarten Kohlen-Industrien des In- und Auslandes«. Teplitz-Schönau 1908.

# Wachet auf!

*Aktuelle Wirtschaftskorrespondenz*

Herausgegeben von Dr. Hermann Zickert

Erscheint wöchentlich — — Bezugsbedingungen am Schluß

Nr. 9    12. September    1931

## Unsere Leser

werden überrascht sein, diese Ausgabe nicht wie bisher aus Berlin, sondern aus dem Auslande zu erhalten. Die Schriftleitung und der Verlag sind nach dem kleinen Fürstentum Liechtenstein verlegt worden.

Dafür waren in erster Linie zwei Gründe maßgebend: Die gegenwärtigen wirtschaftlichen Zustände in Deutschland erfordern ein starkes Maß von Kritik, einer Kritik an allen Stellen, die für die bisherige Leitung der öffentlichen und privaten Organisationen verantwortlich sind.

Unsere Leser haben bisher schon erfahren, daß wir mit unserer Meinung auch über die höchsten und mächtigsten Stellen nicht zurückhalten, wenn wir der Ansicht sind, daß dort Fehler begangen oder zu beseitigen sind. Diese Kritik muß manchmal scharf sein, weil sie sonst nicht deutlich ist und nicht wirkt.

Seit der Presse-Notverordnung schwebt aber dauernd die kritische Presse, welche die Allmacht der Verordnungen nicht anerkennt, in der Gefahr eines Verbotes und könnte für eine lange Zeit gerade dann mundtot gemacht werden, wenn ihre Meinungsäußerung für den Einzelnen am wichtigsten ist.

Zweitens liegt ganz Deutschland unter einem schweren psychologischen Druck, dem sich kaum jemand entziehen kann, der aber dazu führen kann, daß die Gegenwart oder die Zukunft falsch gesehen wird. Wer ein wirklich freies, objektives Urteil erhalten will, muß sich deshalb dieser ganzen Atmosphäre entziehen und einen freieren, weiteren Blick gewinnen, die Meinungen des Auslandes auf sich wirken lassen.

Wir sind deshalb der Ueberzeugung, daß wir von dem neuen Platze aus unseren Lesern noch bessere Dienste leisten können als bisher, daß wir ihnen noch besser mit Rat und Tat zur Seite stehen können bei der schwierigen Aufgabe in dem gegenwärtigen Durcheinander den richtigen Weg zur Rettung und Sicherung der wirtschaftlichen Existenz zu finden, was wir nach wie vor als unsere Hauptaufgabe betrachten.

Dr. Hermann Zickert.        Der Verlag.

bisherige Leitung der öffentlichen und privaten Organisationen verantwortlich sind ... Zweitens liegt ganz Deutschland unter einem schweren psychologischen Druck, dem sich kaum jemand entziehen kann, der aber dazu führen kann, dass die Gegenwart oder die Zukunft falsch gesehen wird. Wer ein wirklich freies, objektives Urteil erhalten will, muss sich deshalb dieser ganzen Atmosphäre entziehen und einen freieren, weiteren Blick gewinnen, die Meinungen des Auslandes auf sich wirken lassen.«[7]

## Hausbau in Vaduz

Hermann Zickert, seine Frau Herta (23. 4. 1892 bis 20. 11. 1969) und ihre fünf Kinder wohnten nach der Übersiedlung von Deutschland nach Liechtenstein zunächst in Schaan. Da bei der dortigen Einwohnerbehörde die Unterlagen zu den Dreißigerjahren nicht mehr vorhanden sind, können keine genauen Angaben zum An- und Abmeldedatum gemacht werden. Aufgrund der Aufzeichnungen in den Steuerbüchern kann jedoch davon ausgegangen werden, dass die Familie Zickert von 1931 bis 1933 in Schaan lebte, und zwar zunächst im Haus Nr. 236 (heute Kirchstraße 5) und dann im Haus Nr. 219 (heute Bahnstraße 3).[8]

Im Lauf des Jahres 1933 dürften die Zickerts in ihr neu errichtetes Haus Nr. 315 (heute Feldstraße 17) in Vaduz gezogen sein. Das Gebäude entstand nach Plänen des in Vaduz ansässigen deutschen Architekten Ernst Sommerlad, der als Wegbereiter der modernen Architektur in Liechtenstein gilt. Damals war das Objekt nicht unumstritten; vor allem das Flachdach gab zu reden. So schrieb Baumeister Emil Walch am 22. Juli 1932 an die Gemeindevorstehung von Vaduz: »Wie ich vernommen betreff Neubau Zickert im Feld, ist bis heute noch keine Bewilligung zur Erstellung dieses Hauses erteilt worden von Seite der Gemeinde. Da mir bereits schon der Auftrag über [die] Ausführung des Baues erteilt wurde [und ich] Bauholz auf den Platz geführt habe und mit der Ausbezahlung der Arbeiter zurückgehalten [wurde]

[7] *Wachet auf!*, Nr. 9, 12. September 1931, S. 1.
[8] GAS, Steuerbücher der Gemeinde Schaan, 1931 bis 1933.

mit der Hoffnung, an diesem Bau anfangen zu können, möchte ich die löbl. Gemeindevertretung ersuchen, die Bewilligung zu erteilen, da für die Nichtausführung von Flachdächern bis heute noch kein Gesetz besteht und schon verschiedene ausgeführt sind, andernfalls dieser Bauherr nach Schaan übersiedeln wird.«[9] Am 24. Juli 1932 richtete die Gemeinde Vaduz dann folgendes Schreiben an Ernst Sommerlad: »Wir teilen Ihnen mit, dass der Neubau Zickert vom Gemeinderate bewilligt wurde unter der Bedingung, dass das Dach an der niedrigsten Stelle 6 m über dem Erdboden zu liegen komme; das Projekt wurde an das Bauamt weitergeleitet. Im übrigen möchten wir feststellen, dass im Gemeinderate für den Dorfrayon Flachdächer nur ausnahmsweise bewilligt werden und für einstöckige Häuser überhaupt nicht.«[10] Baumeister Emil Walch wurde am gleichen Tag von der Gemeinde kurz und bündig informiert, dass der »Bau Zickert« genehmigt worden sei.[11]

Am 21. September 1992 wurde beschlossen, das Wohnhaus an der Feldstraße 17 in Vaduz unter Denkmalschutz zu stellen. Die Verfügung trat allerdings erst 1998 in Kraft, nachdem Freia Zickert ihren Einspruch vorbehaltlos zurückgezogen hatte. In der Begründung für die Unterschutzstellung heißt es unter anderem, das Gebäude repräsentiere angesichts »seiner architektonischen besonderen Ausdrucksform ein wichtiges Zeitzeugnis moderner Architektur in Liechtenstein«.[12] Das zweigeschossige Wohnhaus mit Flachdach, das »unter maßgeblicher Vorgabe des Bauherrn Hermann Zickert« geplant wurde, »charakterisiert sich durch seinen viertelkreisförmigen Grundriss, der auf Grundstück, Aussicht und Orientierung Bezug nimmt.«[13]

### Zickerts – Unsere Nachbarn

Ich verbrachte meine Kindheit an der Feldstraße/Schlossstraße (heute Fürst-Franz-Josef-Straße) in Vaduz, wo wir direkt neben der Familie Zickert wohnten. Mein Vater, selbst an Bilanzen und wirtschaftlichen Zusammenhängen sehr interessiert, bewunderte Dr. Zickert. Herta und Hermann Zickert hatten zwei Töchter und drei Söhne[14]: Hans (geb. 16.1.1913), Eva (geb. 1.8.1914), Wolf (geb. 20.8.1915), Knut (geb. 4.12.1921) und Freia (geb. 8.6.1922).[15] Tochter Freia wohnte bis zu ihrem Tod am 21. August 2004 im elterlichen Haus an der Feldstraße 17. Mit Zickerts Enkel Dieter (geb. 1939) verband mich eine Schulfreundschaft. Anziehungspunkte im Nachbargarten waren für mich vor allem der Weiher und die wunderbaren Kirschen. Besonders im Gedächtnis geblieben ist mir das virtuose Klavier- und Geigenspiel aus dem Hause Zickert, das uns oft beglückte. Meine elf beziehungsweise neun Jahre älteren Brüder Manfred und Kilian erinnern sich wohl noch etwas besser als ich an Hermann Zickert, den Mann mit dem breitkrempigen Hut und dem typischen Spazierstock.

Am 23. August 1954 starb Hermann Zickert. Die Todesnachricht hatte sich in unserem Quartier wie ein Lauffeuer verbreitet, und bei uns zu Hause herrschte große Unruhe. Am Tag der Beerdigung, dem 26. August, wurde der Sarg mit einem Pferdefuhrwerk bei Zickerts abgeholt.

»Die Mittrauer der Leser und Bekannten aus aller Welt war sehr groß. Unübersehbar war das Ehrengeleite zur letzten Ruhestätte auf den Friedhof in Vaduz«, schreibt Herta Zickert zum ersten Todestag ihres Mannes im August 1955.[16]

Ein Stein aus der liechtensteinischen Bergwelt, die er so sehr liebte, ziert bis heute sein Grab.

## Enkel Dieter erinnert sich

Am 27. November 2004 erzählte mir Hermann Zickerts ältester Enkel Dieter von seinem Großvater. Er war, als sein Großvater 1954 starb, etwas mehr als 14 Jahre alt.

Dieter berichtete, dass seine Großeltern, bevor sie sich in Liechtenstein niederließen, eine Erkundungsreise durch die Schweiz und Liechtenstein unternommen hätten. In Vaduz hätten sie

[9] GAV, Bauakt 297, Schreiben vom 22. Juli 1932.
[10] GAV, Bauakt 297, Schreiben vom 24. Juli 1932.
[11] GAV, Bauakt 297, Schreiben vom 24. Juli 1932.
[12] Zitiert nach Walter Walch, Amtsvorstand des Hochbauamtes des Fürstentums Liechtenstein, Aktennotiz vom 3. November 2004 an Karlheinz Heeb.
[13] Ebenda.
[14] Die drei Söhne rückten in den Jahren von 1938 bis 1940 nacheinander in die deutsche Wehrmacht ein. Wie aus zwei Verzeichnissen im Liechtensteinischen Landesarchiv hervorgeht, standen alle drei offenbar 1943 wie auch noch Anfang 1945 im deutschen Wehrdienst (LLA, Nachlass Ferdinand Nigg, Verzeichnis von Anfang 1943; LLA RF 230/478 »Wehrmachtsangehörige und ihre hier lebenden Angehörigen«, Verzeichnis ca. Anfang 1945). Diesen Hinweis verdanke ich Dr. Peter Geiger, Liechtenstein-Institut, Bendern.
[15] GAV, Familienregisterkarten und Aufenthaltsinformationen.
[16] Herta Zickert: Zum Todestag von Dr. Hermann Zickert, Vaduz, Beilage des *Spiegels der Wirtschaft*, Nr. 8, August 1955.

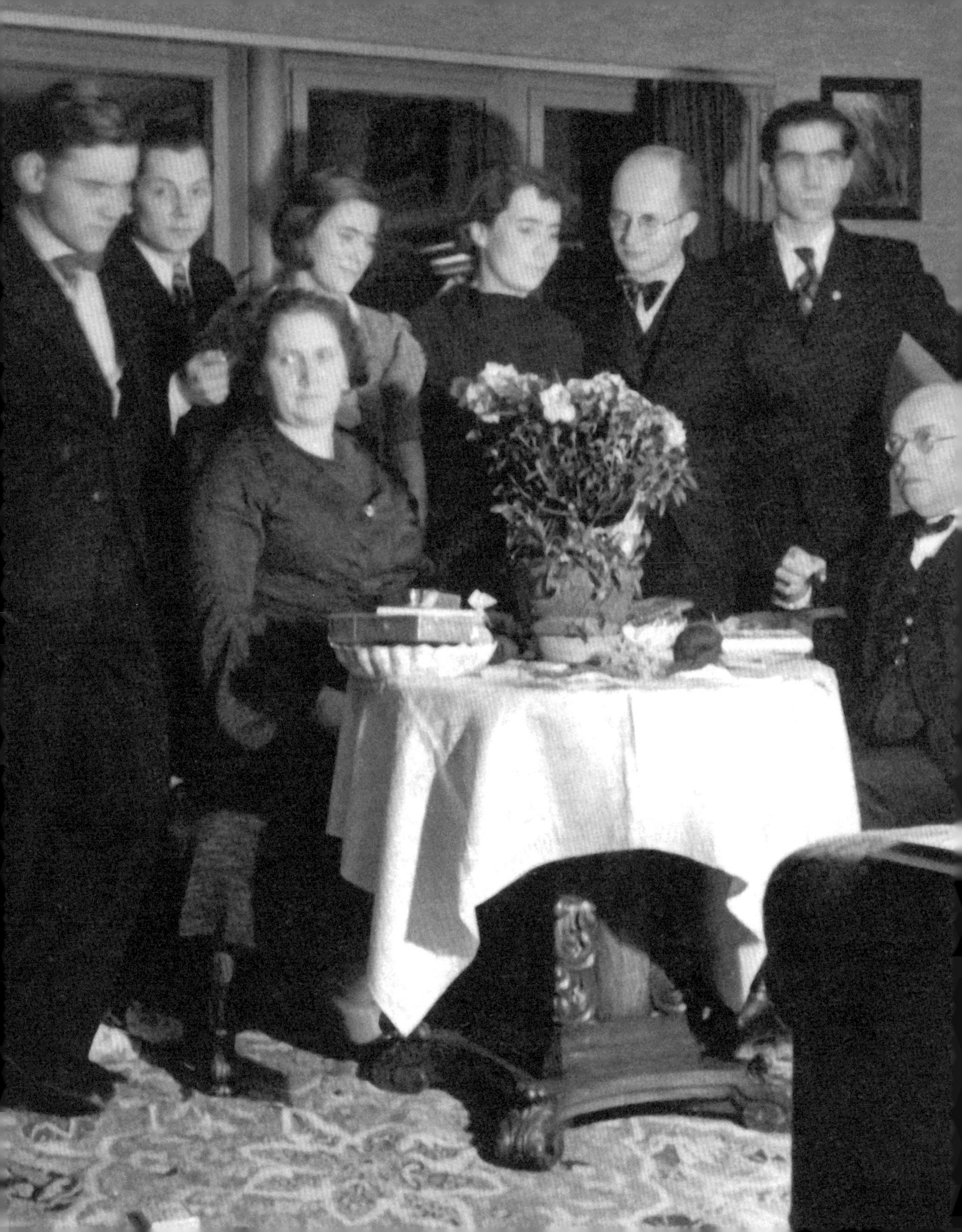

Haus der Familie Zickert an der Feldstraße 17 in Vaduz.

Hermann Zickert (sitzend) im Wohnzimmer seines Vaduzer Hauses im Kreis seiner Familie; v. l.: Sohn Wolf, Sohn Hans, Ehefrau Herta (sitzend), Tochter Freia, Tochter Eva, Schwiegersohn Walter (Ehemann von Eva), Sohn Knut.

Hermann Zickert mit Ehefrau Herta und der jüngsten Tochter Freia.

einen Sonnenuntergang erlebt, den sie nicht mehr vergessen konnten. War dies der Anlass für die spätere Wohnsitznahme in Liechtenstein?

Sein Großvater sei eine Autoritätsperson gewesen, betont pflichtbewusst, korrekt und streng, wie es für einen Mann preußischer Herkunft typisch war. So besiegelte er wichtige Vereinbarungen lediglich per Handschlag. Hermann Zickert sei immer pünktlich gewesen, obwohl er nie eine Uhr trug. Er orientierte sich an den Himmelskörpern sowie an den Menschen und Vorgängen um ihn herum. Familie und Beruf habe er strikt getrennt. Zu Hause und in der Familie sei kaum über den *Spiegel der Wirtschaft*, Finanzanalyse, Aktienmärkte und Ähnliches gesprochen worden.

Gerne erinnert sich Dieter noch an die regelmäßigen Abendspaziergänge von der Feldstraße bis zur Vaduzer Rüfe, wo damals die großen Dämme gebaut wurden. Hauptgesprächsthema während der Spaziergänge sei oft die griechische Mythologie gewesen, über die sein Großvater sehr genau Bescheid wusste. Alte und neuere Geschichte, Kunst und Literatur hätten ihn sehr interessiert. Und es habe kaum je eine Frage gegeben, auf die er nicht sofort hätte antworten können. Scherzhaft habe man ihn zu Hause und im Freundeskreis »Dr. Allwiss« genannt.

Dieter erzählte auch von ausgedehnten Wanderungen in der Bergwelt Liechtensteins. Eine besondere Beziehung habe sein Großvater zu Malbun gehabt, wo sie regelmäßig im Kurhaus bei der Familie Schroth übernachtet hätten. Die mehrstündige Wanderung führte von Vaduz aus zum alten Tunnel und dann über Sücka und Steg ins Malbun.

Im Herbst 1949 erlitt Hermann Zickert einen Herzinfarkt. Von da an wurde ihm die Geschäftskorrespondenz direkt nach Hause zugestellt. Dieter schilderte mir, wie sein Großvater damals begann, die Marken aus den Briefumschlägen auszuschneiden, sie im Wasser vom Papier ablöste und dann auf dem Heizkörper trocknete. Damit hatte Hermann Zickert ein neues Hobby gefunden, und er legte im Lauf der Jahre eine beachtliche Briefmarkensammlung an, in welcher seiner Wahlheimat Liechtenstein ein ganz besonderer Stellenwert zukam.

Während eines Semesterurlaubs entdeckte Dieter im Keller des Hauses an der Feldstraße 17 in einer großen Holzkiste Original-Flugaufnahmen, die sein Großvater als Luftschiffer im Ersten Weltkrieg aufgenommen hatte. Als er sich bei einem späteren Aufenthalt in Vaduz nach der Kiste erkundigte, habe er erfahren, dass das Dienstmädchen den Keller aufgeräumt und die Kiste samt Inhalt im Garten verbrannt habe. Er sei damals sehr wütend gewesen, da durch eine Unachtsamkeit unwiederbringliche Zeitdokumente verloren gingen. Für einen Militärhistoriker wäre die Kiste wohl eine wahre Fundgrube gewesen.

**Ein liberaler Kopf**

Zickert befasste sich mit dem Hintergrund von philosophischen Begriffen wie Liberalismus, Freiheit, Gleichheit und Sozialismus. Wo könnte man ihn gesellschaftspolitisch einordnen?

Zickert war ein Liberaler, ein Wirtschaftsliberaler. Wie wehmütig er 1932 auf die Zeit vor dem Ersten Weltkrieg zurückblickte, geht aus einem Aufsatz im *Spiegel* hervor: Im Umfeld von Kapitalismus und Liberalismus »hatten wir politische und wirtschaftliche Freiheit des menschlichen Denkens und Schaffens.« Es herrschte »Freizügigkeit für Person und Kapital, Gewerbefreiheit, Freihandel. Nur in dieser Luft konnten die großen Erfindungen des vergangenen Jahrhunderts so schnell den Erdball überziehen. Voraussetzung war ferner der Frieden, wenigstens ein relativer Frieden. Auf der ganzen Welt wurden Werte geschaffen, immer steigende Werte, wachsende Vorräte von Gütern für die Versorgung der schneller als je wachsenden Bevölkerung.«[17] Diesem Credo zum wirtschaftlichen Liberalismus fügte Hermann Zickert im Jahr 1932, zur Zeit der schlimmsten Wirtschaftskrise der Geschichte, die nach dem Krach der New Yorker Börse im Oktober 1929 eingesetzt hatte, hinzu: »Der Weltkrieg war das erste Drängen im zu eng gewordenen Wirtschaftsraum. Mit der Freiheit der Bewegung schwand der Liberalismus. In der Politik und in der Wirtschaft. Wanderungsbeschränkungen, Zölle, immer höhere Zölle. Nationale Gemeinschaft statt Persönlichkeit. Erstarrung in Konzernen, Syndikaten statt beweglicher Unternehmen. Sehnsucht nach Planwirtschaft, nach neuen Zünften, nach Autarkie. In den einzelnen Ländern in verschiedenen Graden, aber doch überall vorhanden. Das ist ein grundsätzlicher Wandel, eine geistige Umstellung.«[18]

Drei Monate nachdem Zickert diesen Aufsatz geschrieben hatte, kam im Januar 1933 Adolf Hitler in Deutschland an die Macht. Für liberales Gedankengut, wie es von Zickert vertreten wurde, war kein Platz mehr. Zickert befand sich zu dieser Zeit in Liechtenstein. Hatte er eine Vorahnung? Spürte er das Ende des Liberalismus? Wollte er der Diktatur in Deutschland entfliehen? Er begründete 1931 seinen Domizilwechsel nach Liechtenstein mit den »gegenwärtigen wirtschaftlichen Zuständen in Deutschland« (fehlender Liberalismus, immer mehr Staatswirtschaft) und dem »schweren psychologischen Druck« (Aufkommen des Nationalsozialismus).[19]

Im Jahr 1947 monierte Zickert im *Spiegel* den Mentalitätswandel im deutschen Volk: »Die abnorme Veränderung der deutschen Mentalität unter dem Naziregime kam schon sehr früh in den Veränderungen der Sprache und ›Schreibe‹ zum Ausdruck, die schließlich überhaupt unlesbar wurde. Die Worte hatten ihren alten Sinn verloren, und ihr neuer Sinn entsprach keinen ›greifbaren‹ Vorstellungen mehr. Die Worte waren nur Laute und ohne Beziehung zu bestimmten Sachen. Deshalb auch ihre große Wirkung auf das ›Gemüt‹ einerseits und die Unmöglichkeit eines noch klaren Denkens auf der anderen Seite. Es blieb eine ›Berauschung‹ an Worten.«[20]

Für Zickert war Freiheit ein existenzielles Bedürfnis. Er war kein Freund von Gleichheit im Sinne von Gleichmacherei. Freiheit und Gleichheit seien allein betrachtet »hohe und schöne Ziele«. Er setzte sich aber kritisch mit den Begriffen Freiheit und Gleichheit auseinander. Das »und« zwischen den beiden Begriffen hielt er für »unsinnig«. Sie könnten nicht gleichzeitig verwirklicht werden, denn die Freiheit schließe die Gleichheit ebenso aus, wie die Gleichheit die Freiheit aufhebe. Zickert verwies in diesem Zusammenhang auf die Natur, wo es nirgends absolute Freiheit, sondern stets gegenseitige Abhängigkeit gebe. Noch weniger kenne die Natur eine absolute Gleichheit.[21] Wurde Zickerts Denken möglicherweise vom fran-

[17] *Wachet auf!*, Nr. 38, 2. Oktober 1932, S. 3.
[18] Ebenda, S. 314.
[19] *Wachet auf!*, Nr. 9, 12. September 1931, S. 1.
[20] *Spiegel der Wirtschaft*, Nr. 3, März 1947, S. 66.
[21] *Spiegel der Wirtschaft*, Nr. 8, August 1949, S. 226.

Hermann Zickert diente im Ersten Weltkrieg als Aufklärungsflieger.

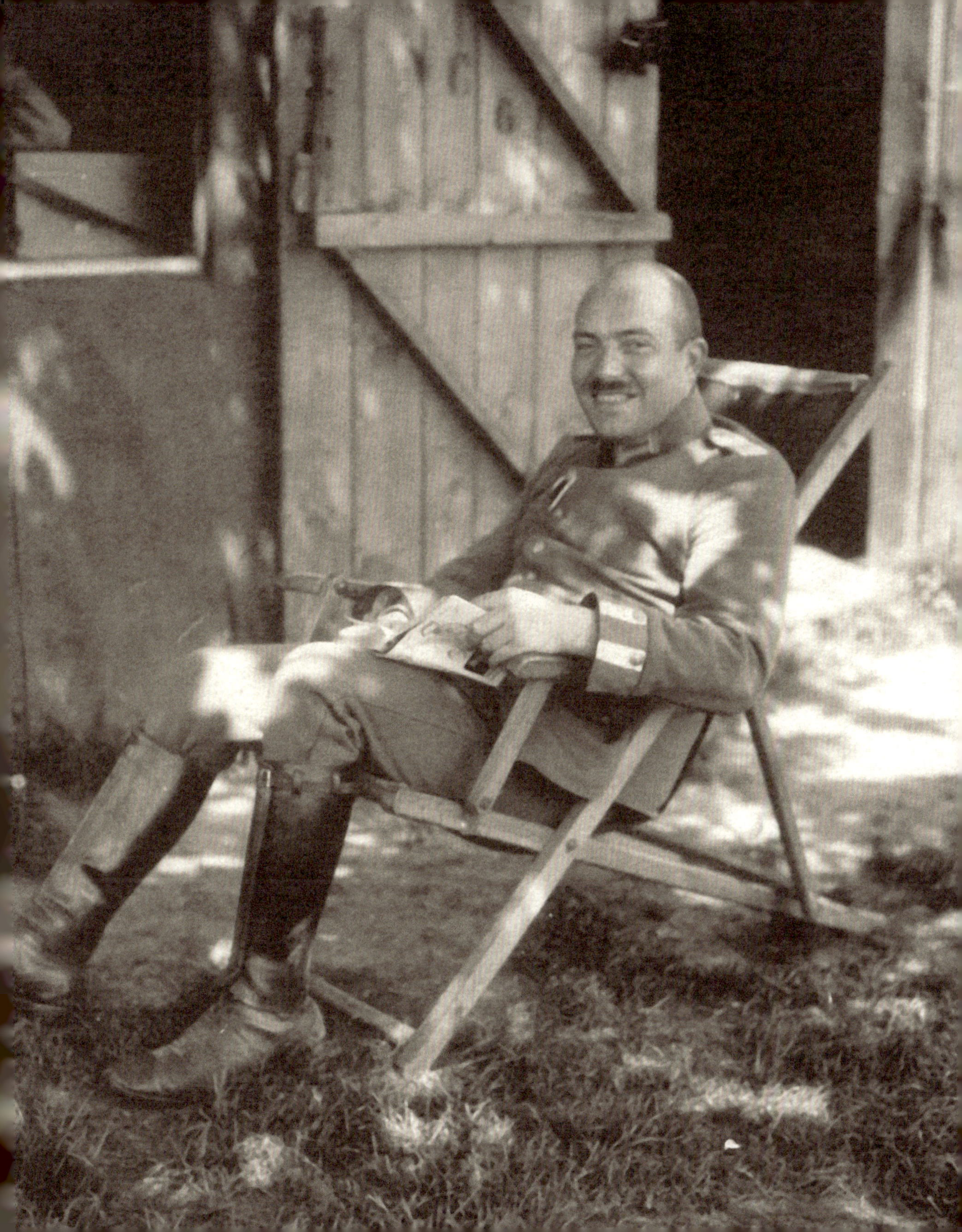

**Regierung des Fürstentums Liechtenstein**

VADUZ, am 12.2.1935.

Nr.
(In der Antwort bitte anzugeben)

An

Herrn Dr. Hermann Z i c k e r t
V a d u z.
-----------

Ich beehre mich, Ihnen für [...]
dung der Nr.220 der NZZ. mit de[...]
ring verbindlichst zu danken. Her[...]
tenstein Aufenthalt zu bekommen,[...]
Wir freuen uns, dass der Artikel [...]
regel bestätigt.

Hoc[...]
Fürst[...]

---

**DR. HERMANN ZICKERT**

Schaan ( Liechtenstein ) 21. Sept. 1931

Herrn

Regierungschef Dr. Jos. H o o p

V a d u z.

Sehr geehrter Herr Regierungschef!

Mit Bezugnahme auf den heutigen Besuch möchte ich mir erlauben, Ihnen die bisher erschienenen Ausgaben meiner Wirtschaftskorrespondenz zu überreichen, von denen die beiden letzten Ausgaben bereits in Vaduz gedruckt worden sind. In der Herausgabe dieser Korrespondenz besteht meine Tätigkeit.

Ich hoffe gern, dass die Veröffentlichungen auch Ihr freundliches Interesse finden, und werde mir gestatten Ihnen die weiteren Ausgaben regelmässig zugehen zu lassen.

Ergebenst

Zickert

---

Schriftwechsel mit dem liechtensteinischen Regierungschef Dr. Josef Hoop.

zösischen Philosophen Alexis de Tocqueville (1805 bis 1859) beeinflusst, in dessen Werk das spannungsvolle Verhältnis von Freiheit und Gleichheit im Zentrum steht?

Den Marxismus bezeichnete Zickert einmal als eine »Irrlehre« und die Sozialisierung als eine »Fata Morgana«, die sich »in Nichts auflöse«, wenn man ihr näher gekommen sei. Sozialistische Wirtschaftsordnung werde oft verwechselt mit sozialer Denkweise. Soziale Fürsorge und soziale Ziele könnten auch in der kapitalistischen Wirtschaft berücksichtigt und verwirklicht werden.[22] Ebenfalls kritisch äußerte sich Zickert in Bezug auf die Planwirtschaft: Sie habe zwei Gesichter, »für den einen dieses und für den anderen jenes, die Wirtschaftspläne sehen, wenn sie kommen, ›sauglatt‹ aus, und wenn sie gehen, sieht man nur einen Haufen Irrtümer.«[23]

Große Hoffnungen setzte Zickert 1949 in Professor Ludwig Erhard (1897 bis 1977), der am 20. Juni 1948 – dem Tag der Währungsreform – gegen den Widerstand der Besatzungsmächte das Ende der Zwangswirtschaft erklärte. Denn sollte es ihm tatsächlich gelingen, »Deutschland zur freien [sozialen] Marktwirtschaft zurückzuführen«, so könnte sich vieles zum Positiven wenden und »Deutschland wieder ein nützliches Beispiel« werden.[24]

Wo könnte man den parteilosen Zickert, der im Ersten Weltkrieg als Offizier gedient hatte und später als Auslandsdeutscher mit arischer Abstammung den Nationalsozialismus verabscheute, weltanschaulich einordnen? Würde man ihm mit dem Begriff Liberaldemokrat mit sozialem Gewissen gerecht?

## Zickerts Schriftwechsel mit den liechtensteinischen Regierungschefs

Das Aktenmaterial zum Briefwechsel zwischen Dr. Hermann Zickert und den liechtensteinischen Regierungschefs Dr. Josef Hoop und Alexander Frick stammt aus dem Liechtensteinischen Landesarchiv in Vaduz.

[22] *Spiegel der Wirtschaft*, Nr. 11, November 1946, S. 313/314.
[23] *Spiegel der Wirtschaft*, Nr. 11, November 1947, S. 344.
[24] *Spiegel der Wirtschaft*, Nr. 6, Juni 1949, S. 187.

Am 21. September 1931 schrieb Zickert an Regierungschef Hoop: »Mit Bezugnahme auf den heutigen Besuch möchte ich mir erlauben, Ihnen die bisher erschienenen Ausgaben meiner *Wirtschaftskorrespondenz* zu überreichen, von denen die beiden letzten Ausgaben bereits in Vaduz gedruckt worden sind. In der Herausgabe dieser *Korrespondenz* besteht meine Tätigkeit.«[25]

Am 10. September 1932 machte Zickert Regierungschef Hoop auf einen Artikel in einer deutschen Zeitung aufmerksam, der »im Gegensatz zu den sonstigen Veröffentlichungen etwas Angenehmes über das Fürstentum Liechtenstein enthält.«[26] Leider wird nicht angegeben, wann und vor allem in welcher Zeitung dieser Beitrag erschienen ist. Wie aus dem Dankschreiben, das der Regierungschef am 12. September an Hermann Zickert richtete, hervorgeht, handelte es sich um einen »Artikel über den liechtensteinischen Veteranenverein«.[27]

Am 1. Februar 1935 schickte Zickert dem Regierungschef einen Brief mit dem Hinweis auf einen Beitrag über Liechtenstein in der Belgrader Zeitung *Politika*.[28] Dr. Hoop bestätigte ein paar Tage später dankend die Zusendung und fügte an: »Ich werde ihn mir gelegentlich übersetzen lassen.«[29]

Anfang Februar 1935 erhielt Regierungschef Hoop von Zickert noch ein weiteres Schreiben, dem der Aufsatz »Blick in und hinter den ›Wirtschaftsring‹« aus der Morgenausgabe der *Neuen Zürcher Zeitung* vom 7. Februar 1935 beilag.[30] In diesem werden die Ziele der 1934 in Zürich gegründeten »WIR-Wirtschaftsring-Genossenschaft«[31] beleuchtet. Es ist auch die Rede von den »dubiosen« Machenschaften eines gewissen Kurt Zube in der Schweiz.[32]

Der liechtensteinische Regierungschef bedankte sich am 12. Februar bei Zickert mit dem Vermerk, Kurt Zube habe versucht, »in Liechtenstein Aufenthalt zu bekommen«, die Regierung habe jedoch den Antrag abgewiesen. »Wir freuen uns, dass der Artikel der *NZZ* unsere Vorsichtsmaßnahme bestätigt.«[33]

Mit Datum 15. April 1935 ließ Zickert dem Regierungschef einen Ausschnitt aus der *Frankfurter Zeitung* »über den Reiseverkehr aus

Deutschland nach Liechtenstein« zukommen[34], welcher – so Hoop in seinem Antwortschreiben – »uns sehr interessiert« hat.[35]

Ein weiterer Brief von Zickert an Regierungschef Hoop datiert vom 24. September 1936; diesem lag ein Aufsatz von Hermann Hesse bei.[36] Hoop bemerkte in seinem Dankesbrief, er werde diesen an den Verkehrsverein weiterleiten.[37] Am 6. Oktober 1936 schrieb der Regierungschef in dieser Angelegenheit an den Verkehrsverein in Vaduz: »Es wäre vielleicht angebracht, bei Reklamen auf diesen Artikel oder einzelne Stellen hinzuweisen.«[38]

Dank der Unterstützung der Liechtensteinischen Landesbibliothek bin ich in den Besitz des erwähnten Aufsatzes von Hermann Hesse gekommen. Der Beitrag erschien unter dem Titel »Herbstwanderung« am 20. September 1936 in der Sonntagsausgabe der *Neuen Zürcher Zeitung*, und zwar in der literarischen Beilage.

Hesse schreibt: »Wir waren ein paar Tage im Säntisgebiet unterwegs gewesen, es wurde nun allmählich Zeit, an die Heimkehr zu denken. Da sah ich von einem schönen Bergrücken aus einmal wieder das Rheintal liegen, studierte dazu die Landkarte und stiess auf den Namen Vaduz. – Vaduz! Der Name klang so schön und merkwürdig, und es fiel mir ein, dass ich über Vaduz schon mehrmals Rühmliches hatte reden hören, auch erinnerte ich mich eines Vaduzer Rotweins, den ich vor Jahren je und je in einer Zürcher Weinstube getrunken und der nach guter Herkunft geschmeckt hatte. Dazu kam das Wenige, was ich über die Fürsten von Liechtenstein gelesen hatte, und die Erinnerung an ihr Palais in Wien und die herrlichen Bilder darin.«[39] Hesse brachte den Namen Vaduz »aus einer

---

25 LLA RF 122/437, Schreiben vom 21. September 1931.
26 LLA RF 129/192, Schreiben vom 10. September 1932.
27 LLA RF 129/192, Schreiben vom 12. September 1932.
28 LLA RF 152/163, Schreiben vom 1. Februar 1935.
29 LLA RF 152/163, Schreiben vom 5. Februar 1935.
30 LLA RF 152/163, Schreiben vom 8. Februar 1935.
31 Die Entstehung des »Wirtschaftsrings« ist auf die damalige wirtschaftliche Krisenzeit zurückzuführen. Sein Ziel war es, den Mitgliedern einen Tauschverkehr ohne gesetzliche Zahlungsmittel zu ermöglichen. Dadurch sollte die ungenügende Nachfrage wiederbelebt werden. Eine weitere Absicht der Gründer bestand in der Beseitigung des Zinses, was sich ebenfalls aus der Anlehnung an die Freigeldtheorie erklärt. Die heutige Zielsetzung des »Wirtschaftsrings«, dessen Geschäftssitz 1948 nach Basel verlegt wurde, wird in den Statuten folgendermassen umschrieben (Art. 2, Abs. 1): »Die WIR-Genossenschaft ist eine Selbsthilfe-Organisation von Handels-, Gewerbe- und Dienstleistungsbetrieben des Mittelstandes. Sie bezweckt, die angeschlossenen Teilnehmer zu fördern, ihre Kaufkraft durch das WIR-System einander dienstbar zu machen und in den eigenen Reihen zu halten, um damit den Teilnehmern zusätzlichen Umsatz zu verschaffen.« Zitiert nach L. Meierhofer: Volkswirtschaftliche Analyse des WIR-Wirtschaftsrings. Basel 1984, S. 13.
32 *Neue Zürcher Zeitung*, No. 220, 7. Februar 1935, Blatt 2.
33 LLA RF 152/163, Schreiben vom 12. Februar 1935.
34 LLA RF 152/163, Schreiben vom 15. April 1935.
35 LLA RF 152/163, Schreiben vom 18. April 1935.
36 LLA RF 164/250, Schreiben vom 24. September 1936.
37 LLA RF 164/250, Schreiben vom 2. Oktober 1936.
38 LLA RF 164/250, Schreiben vom 6. Oktober 1936.
39 *Neue Zürcher Zeitung*, No. 1604, 20. September 1936, Blatt 4.

tieferen, reicheren Schicht von Erinnerungen« in Verbindung mit dem Jean Paul'schen »Armenadvokat Siebenkäs[, der] einst nach seinem Begräbnis wieder auferstanden war und als Bibliothekar des Fürsten von Liechtenstein geamtet hatte.«[40] Am nächsten Tag erreichte Hesse zusammen mit seinem Freund »Vaduz nach Mittag, als der Nebel schon gelöst und vom Winde verblasen war. Wir fanden ein freundliches, sauberes Städtlein mit einem soliden alten Wirtshause; über dem Städtchen hing der steile Berg mit wundervollem Laubwald, der in frohen Farben leuchtete, und auf halber Höhe sahen wir einsam und steil das alte Schloss stehen, das mir Erinnerungen an südtirolische Burgen weckte.«[41]

Hesse erkundigte sich im Wirtshaus, ob »hier nicht längere Zeit ein Herr Advokat, oder vielmehr Bibliothekar Siebenkäs« gewohnt habe, der sich auch Leibgeber nannte. Seine Nachfrage blieb jedoch erfolglos. Der weitere Weg führte Hesse und seinen Freund in Richtung Schloss Vaduz: »Unsere Mittagsrast hielten wir in der Nähe des alten Schlosses am Walde, vielmehr am Rande des Waldes ... Weiter waldeinwärts fanden wir abseits der Straße unter hohen alten Tannen einen großen dunkelgrünen Weiher liegen, in einer goldig geheimnisvollen Dämmerung ... Es begann damit, dass ein paar winzige junge Goldfischchen erschienen und an der Oberfläche des Weihers spielten.«[42] Und zum Schluss der poetischen Betrachtung heißt es: »Wir verbrachten unsere Vaduzer Stunden damit zu, die großen Goldfische zu betrachten – vielleicht hatte schon der Bibliothekar Leibgeber sie gefüttert – und den König mit dem Krönlein zu entdecken und uns darüber zu besinnen, welcherlei Festlichkeit oder Trauerzug diese lautlose Prozession bedeute.«[43]

In den ersten Dezembertagen 1937 dürfte Regierungschef Hoop einen Brief mit einem Artikel aus dem *Bulletin Financier Suisse* an Zickert geschickt haben. Auf jeden Fall schrieb Zickert am 20. Dezember 1937 an Josef Hoop, dass er die Ausführungen bereits in der deutschen Ausgabe, der *Finanz-Revue*, gelesen habe.[44]

Am 23. August 1938 sprach Regierungschef Hoop Zickert seinen Dank aus für die freundliche Zusendung der schweizerischen Wochenzeitung *Tat* mit »einer Notiz über Liechtenstein«.[45] Detaillierte Angaben fehlen. Aufgrund meiner Recherchen in der Zentralbibliothek in Zürich dürfte es sich um den Artikel »Auch Liechtenstein?« in der *Tat – Wochenpost des Landesrings der Unabhängigen* vom 8. Juli 1938 handeln. In diesem Beitrag wird über »das Für und Gegen« eines möglichen Anschlusses Liechtensteins an Großdeutschland »gewerweißt«. So heißt es: »Die Zoll- und Münzunion mit der Schweiz glich das Fürstentum weit eher unseren wirtschaftlichen Verhältnissen an. Nur in einem ... Punkt scheint mir eine Parallele zum ehemaligen Österreich richtig: Wie Wien eine Hochburg fremdländischer Bevölkerungsschichten und kulturell oft sehr bedenklichen internationalen Emigrantentums wurde, so gilt Vaduz als ein Zentrum europäischer Steuerdefraudanten und finanzieller Strauchritter.«[46] Der Autor des Artikels, der mit »Rimli«[47] signierte, gelangt dann allerdings zum Fazit, dass »der Anschluss des Briefmarkenstaates Liechtenstein den Weltgeltungsanspruch des großdeutschen Gedankens nur lächerlich machen würde. So wird unter Umständen gerade die politische Bedeutungslosigkeit Liechtensteins seine Rettung sein.«[48]

Im Liechtensteinischen Landesarchiv finden sich zum Schriftverkehr zwischen Hermann Zickert und Josef Hoop weitere Briefe mit Hinweisen auf Liechtenstein-Artikel in den Zeitungen. In diesen Schreiben werden jedoch keine näheren Angaben über die Namen der Zeitungen, die jeweiligen Erscheinungsdaten und die Titel der Beiträge gemacht.

Zickert korrespondierte auch mit dem Nachfolger von Josef Hoop, Alexander Frick, der am 4. September 1945 als Regierungschef eingesetzt wurde. So sind beispielsweise ein Brief von Hermann Zickert an den Regierungschef, datiert mit 3. Januar 1946[49], und das Antwortschreiben Fricks vom 4. Januar 1946[50] vorhanden.

[40] *Neue Zürcher Zeitung*, No. 1604, 20. September 1936, Blatt 4.
[41] Ebenda.
[42] Ebenda.
[43] Ebenda.
[44] LLA RF 176/067, Schreiben vom 20. Dezember 1937.
[45] LLA RF 182/360, Schreiben vom 23. August 1938.
[46] *Tat* – Wochenpost des Landesrings der Unabhängigen, 8. Juli 1938, S. 325.
[47] Dr. jur. Eugen Theodor Rimli war von 1937 bis 1939 Chef-Herausgeber der *Tat*, Zürich. Als Hobby führte er in der Publikation »Who's Who in Switzerland« (Genf 1962/63) das Sammeln von Briefmarken an.
[48] *Tat* – Wochenpost des Landesrings der Unabhängigen, 8. Juli 1938, S. 325.
[49] LLA RF 235/168, Schreiben vom 3. Januar 1946.
[50] LLA RF 235/168, Schreiben vom 4. Januar 1946.

# Zickert als Redakteur und Herausgeber

# Neue Grundsätze der Vermögens-Anlage.

Ueber dieses Thema wird der **Herausgeber des Wirtschaftlichen Ratgeber Dr. Hermann Zickert** in der **Lessing-Hochschule** 6 einstündige Vorlesungen halten. Beginn der Vorlesungen am Dienstag, den 14. Oktober, 9 Uhr abends. Fortsetzung an jedem folgenden Dienstag. Dr. Zickert wird sprechen über:

1. Die Stabilisierung der Mark. Das Fiasko der Sachwerte.
2. Die neue Bewertung nach dem Ertrage. Das Rechnen mit der Rente.
3. Goldanleihe und Sachwertanleihen als Daueranlage.
4. Die Zukunft der Aktien. Maßstäbe zu ihrer Bewertung.
5. Die Aussichten des Grundbesitzes. Hypotheken. Das Problem der Aufwertung.
6. Der Wert des Kurszettels. Der Verkehr mit der Bank.

Die Vorlesungen finden statt:
**Chamissoschule Schöneberg, Barbarossaplatz 5, Ecke Eisenacher Straße.**

**Hörerkarten** für den Zyklus von 6 Vorträgen **8 Mark**. Die Karten sind erhältlich bei fast allen Buchhandlungen von Groß Berlin, außerdem bei Bote & Bock, Kaufhaus des Westens, Warenhaus Hermann Tietz, Warenhaus A. Wertheim, Bücher-Abteilung.

Das **Sekretariat** der **Lessinghochschule** befindet sich: Berlin W. 50, Augsburger Straße 43, Telefon Steinplatz Nr. 1987, 2017.

Inserat mit Hinweis auf Zickerts Vorlesungsreihe an der Lessing-Hochschule, Berlin, in: *Wirtschaftlicher Ratgeber*, Nr. 40 (2290), 5. Oktober 1924.

## Journalistische Anfänge und *Wirtschaftlicher Ratgeber*

Hermann Zickert begann seine berufliche Laufbahn – wie bereits erwähnt – als Wirtschaftsredakteur beim *Berliner Tageblatt* und wurde dann Herausgeber des *Wirtschaftlichen Ratgebers* mit Sitz in Königs Wusterhausen bei Berlin. Über diese Tätigkeit schrieb er 1931: »Zehn Jahre habe ich als Herausgeber des *Wirtschaftlichen Ratgebers* viele Tausende bei ihrer Vermögensverwaltung während der Inflation und der Stabilisierung richtig beraten. Seit 1918 bereits hatte ich dauernd auf die Inflation und ihre Folgen für Geld, Aktien und Anleihen, Hypotheken und Grundbesitz hingewiesen.«[51]

Der *Wirtschaftliche Ratgeber*, dessen Vorgänger *Der Ratgeber auf dem Kapitalmarkt* (1/1903 bis 18/1920) war, erschien von 1921 bis 1943[52] und war »die einzigste deutsche Finanzzeitschrift, die sich ausschließlich mit der Vertretung der Interessen der Kapitalanleger beschäftigt.«[53]

Für die folgenden Ausführungen standen mir die Ausgaben des *Wirtschaftlichen Ratgebers* vom September 1923 (Nr. 36, 2235) bis Dezember 1924 (Nr. 52, 2302) zur Verfügung. Vom September 1923 bis April 1924 bestand das Journal, das jeweils sonntags erschien, nur aus einem Blatt (Format: 62,5 × 46,0 cm). Auf der Vorderseite finden sich vor allem Artikel zu Geld und Börse, die häufig von Zickert redigiert und signiert sind. Einen festen Platz hatte die Rubrik »Wie lege ich mein Geld an?«, in welcher die Schriftleitung entsprechende Anfragen aus dem Leserkreis beantwortete. »Die Anfragen dürfen jedoch, damit eine regelmäßige und schnelle Erledigung möglich ist, nicht zu umfangreich sein und keinesfalls drei Fragen bzw. Fragen über drei verschiedene Wertpapiere überschreiten.«[54] Auf der Rückseite der Zeitschrift erschien regelmäßig »Die Chronik der Börsenwoche«, in welcher beispielsweise am 7. Oktober 1923 zu lesen ist: »Am Aktienmarkte setzen sich die großen Ungleichheiten der Kursbewegung fort, die ihre Ursache in den geringen Umsätzen und

---

[51] *Wachet auf!*, Nr. 1, 18. Juli 1931, S. 1.
[52] Diesen Hinweis verdanke ich der Staatsbibliothek zu Berlin – Preußischer Kulturbesitz, Berlin, Schreiben vom 1. Juli 2005.
[53] Heinrich Rittershausen: Die Reform der Mündelsicherheitsbestimmungen und der industrielle Anlagekredit. Zugleich ein Beitrag zum Erwerbslosenproblem. Jena 1929, S. 46.
[54] *Wirtschaftlicher Ratgeber*, Nr. 37 (2236), 16. September 1923.

den Zufälligkeiten der Nachfrage haben. Um nur ein Beispiel hervorzuheben, sind die Aktien von Rheinisch-Westfälische Sprengstoff wesentlich über den Kurs der anderen Aktien des Pulverkonzerns, Köln-Rottweil und Dynamit-Nobel hinaus gestiegen, während sonst die Sprengstoff-Aktien wesentlich billiger zu haben waren. – Eine gewisse Vorliebe zeigt sich am Aktienmarkte seit einiger Zeit für Rheinische und Bayerische Werte, wohl weil man glaubt, dass die dortigen Industrien unter politischen Störungen weniger zu leiden haben würden als in dem anderen Deutschland.«[55]

Fester Bestandteil waren zudem das »Kursblatt des *Wirtschaftlichen Ratgeber* – Berliner Börse« sowie die Mitteilungen über Bezugsrechte, Kapitalerhöhungen und amtliche Devisenkurse (Mittelkurse). Neben regelmäßigen Berichten über die Vermögenslage des Zickert'schen Kapitalvereins wurden auch Inserate publiziert, darunter Hinweise auf Zickerts Veröffentlichungen sowie seine Vorlesungsreihe »Neue Grundsätze der Vermögens-Anlage«, die er 1924 an der Lessing-Hochschule Berlin hielt. Diese Veranstaltung umfasste sechs einstündige Vorlesungen zu folgenden Themen:
– Die Stabilisierung der Mark. Das Fiasko der Sachwerte.
– Die neue Bewertung nach dem Ertrage. Das Rechnen mit der Rente.
– Goldanleihe und Sachwertanleihen als Daueranlage.
– Die Zukunft der Aktien. Maßstäbe zu ihrer Bewertung.
– Die Aussichten des Grundbesitzes. Hypotheken. Das Problem der Aufwertung.
– Der Wert des Kurszettels. Der Verkehr mit der Bank.[56]
Über verschiedene Neuerungen in Bezug auf Inhalt und Erscheinungsbild der Zeitschrift informierte der Verlag am 6. April 1924 unter dem Titel »An unsere Leser!«: »Mit der vorliegenden Ausgabe erscheint der *Wirtschaftliche Ratgeber* zum ersten Mal in verdoppeltem Umfange … Wir haben zunächst unser besonderes Interesse auf die vermehrte Berichterstattung über die wertbeständigen Anleihen gerichtet und der Leser findet diesmal sowohl Einzelbesprechungen von wertbeständigen Anleihen als auch ein Verzeichnis des Geldwertes der am 1. April fällig

gewesenen Zinsscheine. Ferner haben wir unseren Kurszettel durch die Aufnahme der Kurse sämtlicher an der Berliner Börse amtlich notierten Sachwertanleihen erweitert und der Bezeichnung der Papiere auch die Zinstermine hinzugefügt. In der Gruppierung der Anleihen im Kurszettel sind wir von der allgemeinen Gepflogenheit insofern abgewichen, als wir nicht sämtliche Anleihen in alphabetischer Reihenfolge aufgeführt, sondern nach der Notierungsart getrennt haben. Infolgedessen erscheinen zunächst diejenigen Anleihen gesondert, die in Mark für 1 Goldmark notiert werden, dann die Anleihen, die für Gramm Feingold notiert werden, ferner die Dollaranleihen usw. Dadurch ist dem Leser eine sofortige Vergleichung der teilweise recht unterschiedlichen Preise innerhalb der einzelnen Anleihegruppen möglich. – Ferner haben wir mit der vorliegenden Nummer die Veröffentlichung der Dividende begonnen, wobei allerdings von den meisten Gesellschaften nur zu berichten ist, dass sie keine Dividende für das abgelaufene Geschäftsjahr ausschütten. Weiter haben wir eine Tabelle der Umstellungen auf Goldbilanzen und der Kapitalzusammenlegungen aufgenommen, ein Verzeichnis der Generalversammlungen und die fortlaufende Berichterstattung über Neuzulassungen, Zulassungsanträge usw. an der Berliner Börse. Diese Zusammenstellungen und Tabellen werden regelmäßig fortgeführt werden.«[57]

Bereits im Dezember 1924 kündigte der Verlag – und zwar in der letzten mir zur Verfügung stehenden Nummer – weitere Änderungen und Verbesserungen an: »Den vielfachen Wünschen aus unserem Leserkreise nach einer Änderung des Formates unserer Zeitschrift werden wir vom Beginn des neuen Jahres an nachkommen, und der *Wirtschaftliche Ratgeber* wird ab 1. Januar 1925 wieder in dem früheren Zeitschriftenformat erscheinen, sodass die Leser einmal eine bessere Übersicht über den Inhalt haben, zweitens die einzelnen Ausgaben später leichter zurückblättern können und drittens die Möglichkeit haben, den *Wirtschaftlichen Ratgeber* einbinden zu lassen. Zugleich werden wir im neuen Jahre noch den Inhalt der Zeitschrift wesentlich erweitern. Da diese Umgestaltung eine bedeutende

[55] *Wirtschaftlicher Ratgeber*, Nr. 40 (2239), 7. Oktober 1923.
[56] *Wirtschaftlicher Ratgeber*, Nr. 40 (2290), 5. Oktober 1924.
[57] *Wirtschaftlicher Ratgeber*, Nr. 14 (2264), 6. April 1924.

## Wachet auf!

**Aktuelle Wirtschaftskorrespondenz**
Herausgegeben von Dr. Hermann Zickert
Erscheint wöchentlich. (48 Nr. jährlich). Bezugsbedingungen am Schluss

Nr. 48 — 22. Dezember 1933

Wieder ist ... gewesen. Der Tag für die Zahlung ... der ist dieser Tag herangekomm... ... diese große Frage der ...
Infolgedessen ...
einem Jahr ...
Regierung ...
lung gelei...
gezahlt. ...
wieder ...
rung da...
aber de...

Nebe...
noch ...
des Re...
Die G...
30% ...

Wo...
mit ...
zwi...
st...

---

## Spiegel der Wirtschaft

(Gegründet im August 1931 als „Wachet auf!")
Herausgegeben von Dr. Hermann Zickert
Erscheint wöchentlich. (48 Nr. jährlich). Bezugsbedingungen am Schluss

Nr. 1 — 1. Januar 1934

...spondenz ist jetzt beinahe drei Jahre ... auf!" erschienen. Manche unserer ...genommen, daß ihnen mit jedem neuen ...mmer wieder zugerufen wird. Gerade, ...erfolglos gewesen wäre. Da inzwischen ...grundsätzlichen Aenderung der Wirt... ...einfach verbreitet ist, haben wir es für ...neuen Jahrgang den Titel der Korre...

...spiegel der wirtschaftlichen Ereignisse ...nen Vorgänge, ihre Zusammenhänge, ...einfach widerspiegelt. Sondern sie soll ...nspiegel der Wirtschaft sein, der ...nzentriert, die Strahlen zusammenfaßt ...kt hinlenkt. Wie es auch bisher schon ...en gewesen ist, nur das Wichtige und ...er klar und mit vollem Licht zu be... ...eit bleiben die beiden Grundsätze für

...t durch Aufnahme von regelmäßigen ...tpapiere erweitert werden. Doch auch ...wichtige oder charakteristische Vor... ...chen Aktien in Schlagworten" werden ...die Aktien der deutschen Provinz... ...e Analysen werden mit gleichartigen ...n schweizerischen Börsen... ...n. Mit dem Dank für das bisherige ...wir die Bitte, es auch dem „Spiegel ...kunft zu bewahren.

Ueberraschungen mehr gebracht. Das ...cht hier und da endlich eine Lösung ...aufgeworfenen Probleme bringen. Die ...t worden sind.
...rage der Reparationen, deren Strei... ...nicht ratifiziert worden ist. Dazu ko... ...sschulden, die von Semester zu ...rovisorien vertagt wurden.
...neuerdings gegenüber den säumigen ...durch Anwendung höherer Zoll... ...n Alkohol. Das richtet sich in erster ...hen Weine. Es ist aber kaum wahr... ...a deswegen den Standpunkt ihrer ...egierung hat inzwischen ihr Finanz... ...t durchgebracht. Durch Ersparnisse ...Budget insgesamt um 4 632 Mill. Fr. ...cht wird der Staatshaushalt dadurch .... Und der Anleihemarkt gesund.
...ösische Staatsanleihe von nicht ...Fr. zur Zeichnung aufgelegt werden, ...schwebende Schuld zu vermindern. ...werden noch unter dem Einfluß der ...letzten Jahre stehen. D. h. die An... ...ehr teuer werden.
...it eine Besserung des französischen ...Dort sind im letzten Jahre die

---

## Spiegel der Wirtschaft

10. Jahrgang
Herausgeber Dr. Herm. Zickert
Erscheint monatlich. Bezugsbedingungen auf der letzten Seite. Einzelpreis sFr. 2.—

Nr. 1 — Januar 1940

### Aus dem Inhalt dieser Ausgabe:

| | Seite |
|---|---|
| Sparen! | 1 |
| Photomaton | |
| Kapitalanlage in Gold | 8 |
| Schwedische Aktien: Sep...tor | 9 |
| Aus der Beratungspraxis: ...ehler der Kapitalanlage 15 — 5 % Un. River Plate 16 — 4 % Kanton Genf 1933 17 — 4½ % Reckingen 17 — Schweizer ...ktien 18 — Skandinavische Anleihen 18 — 7 % Deutsche Ka... 19 — Feindliches Eigentum 20 — Englische Aktien 20 — Broken Hill Propr. 21 — Aku 21 — Sterling Products 2) — Wesson Oil 22 — 6 % Int. Mercantile Bonds 23 — Int. Nickel-Cons. Mining 24 | 13 |
| Die Wirtschaft und ihre Börsen: Stockholm 26 — New-York 27 — Kanada 27 — Schweiz 28 — London 29 — Berlin, Wien 30 — Paris 31 — Brüssel 31 — Amsterdam 32 — Waren 32. | 24 |

### Sparen!

Das neue Jahr hat in vielen Ländern mit einer energischen Aufforderung zu vermehrtem Sparen begonnen. Nicht nur die am Krieg direkt beteiligten Staaten haben an ihre Bevölkerung die Mahnung zu größerer Sparsamkeit gerichtet und suchen diese durch Lockung mit Vergünstigungen oder durch Androhung eines Zwanges zu erreichen. Auch bisher neutrale Länder wie Schweden wenden sich mit besonders reizvoll ausgestatteten Sparanleihen an ihre Bürger oder stellen wie Holland eine Zwangsanleihe in Aussicht bei Versagen des freien Sparwillens.

Das „Sparen" in der Form der Anhäufung kleinster, kleiner oder größerer Geldbeträge ist eine recht moderne Erscheinung und noch kaum älter als 150 Jahre. Dabei ist das „Sparen" eine Hauptgrundlage und ein Hauptmerkmal der kapitalistischen Wirtschaft, des „Kapitalismus", der sich in dieser Zeitperiode entwickelt hat und jetzt vor seinem Ende stehen soll. Es ist dafür wichtig, zu untersuchen, was „Sparen" eigentlich bedeutet.

Mit einer auffälligen Gleichzeitigkeit sind die Sparkassen und damit das moderne Sparen vor etwa 150 Jahren in allen Ländern entstanden, die noch heute den Block der „kapitalistischen Wirtschaft" bilden, und haben sich dort sehr rasch ausgebreitet. Darin darf man wohl

---

*Von Wachet auf! zum Spiegel der Wirtschaft.*

Erhöhung der Herstellungskosten nach sich zieht, müssen wir den Bezugspreis für das erste Vierteljahr 1925 auf 4,50 Goldmark festsetzen … Zugleich teilen wir unseren Inserenten mit, dass wir ab 1. Januar 1925 den Pachtvertrag über die Anzeigen mit der Pächterin gelöst haben und von diesem Termin ab die Anzeigen des *Wirtschaftlichen Ratgebers* wieder in eigene Verwaltung nehmen. Bei dieser vorzeitigen Auflösung des Pachtvertrages hat uns in erster Linie der Gesichtspunkt geleitet, dass wir durch direkte Verwaltung auf die Auswahl der Anzeigen einen größeren Einfluss nehmen können und dass wir die Aufnahme solcher Anzeigen ausschließen können, bei denen von vornherein anzunehmen ist, dass es sich nicht um eine empfehlenswerte Geschäftsverbindung handelt.«[58]

## Die Anfänge des *Spiegels der Wirtschaft*

Am 18. Juli 1931 erschien in der Baltic-Verlag G.m.b.H., Berlin, die erste Nummer der Zeitschrift *Wachet auf! Aktuelle Wirtschaftskorrespondenz* (ab 1934 *Spiegel der Wirtschaft*). Gedruckt wurde die Finanzzeitschrift in der Berliner Zentral-Druckerei G.m.b.H. Zickert rüttelte die Leserschaft bereits in der ersten Ausgabe auf: »Kommt eine neue Inflation? Wohin läuft die Weltkrise? Ende des Kapitalismus? Gibt es noch feste Kapitalanlagen? Wie sichert sich der Mittelstand?« – »Der Lösung dieser und ähnlicher Fragen«, so Zickert, »soll diese Zeitschrift freimütig, sachkundig und unabhängig dienen.«[59] Während der ersten Jahre erschien sie – acht- bis zwölfseitig – einmal pro Woche, ab Januar 1940 als monatliches Periodikum mit einem Umfang von rund dreißig Seiten. Die neunte Nummer vom 12. September 1931 wurde bereits in der Baltic-Verlag und Verwaltungsgesellschaft m.b.H. in Schaan herausgegeben. Zickert schrieb in dieser Ausgabe, die in der Buchdruckerei Friedrich Kaiser in Vaduz produziert wurde: »Unsere Leser werden überrascht sein, diese Ausgabe nicht wie bisher aus Berlin, sondern aus dem Auslande zu erhalten. Die Schriftleitung und der Verlag sind nach dem kleinen Fürstentum Liechtenstein verlegt worden.«[60]

[58] *Wirtschaftlicher Ratgeber*, Nr. 52 (2302), 28. Dezember 1924.
[59] *Wachet auf!*, Nr. 1, 18. Juli 1931, S. 1.
[60] *Wachet auf!*, Nr. 9, 12. September 1931, S. 1.

## Von *Wachet auf!* zum *Spiegel der Wirtschaft*

Warum wurde der Name *Wachet auf!* ab 1. Januar 1934 durch *Spiegel der Wirtschaft* ersetzt? Zickert begründete diese Änderung so: »Unsere *Wirtschaftskorrespondenz* ist jetzt beinahe drei Jahre unter dem Titel *Wachet auf!* erschienen. Manche unserer Leser haben Anstoß daran genommen, dass ihnen mit jedem neuen Heft diese Aufforderung immer wieder zugerufen wird. Gerade, als ob sie bisher bei ihnen erfolglos gewesen wäre. Da inzwischen auch die Erkenntnis einer grundsätzlichen Änderung der Wirtschaftsweise ziemlich allgemein verbreitet ist, haben wir es für richtig gehalten, mit dem neuen Jahrgang den Titel der *Korrespondenz* zu ändern.«[61] Zickert umschreibt dann auch die künftige Philosophie der Zeitschrift: »Sie soll nicht nur ein Spiegel der wirtschaftlichen Ereignisse sein, indem sie die einzelnen Vorgänge, ihre Zusammenhänge, Ursachen und Wirkungen einfach widerspiegelt. Sondern sie soll gewissermaßen ein Brennspiegel der Wirtschaft sein, der die einzelnen Vorgänge konzentriert, die Strahlen zusammenfasst und auf den wichtigen Punkt hinlenkt.«[62] Als Herausgeber sei Zickert wie bisher bestrebt, »nur das Wichtige und Bedeutungsvolle, dieses aber klar und mit vollem Licht zu beleuchten. Kürze und Klarheit bleiben die beiden Grundsätze für die Gestaltung des Textes.«[63]

Für Börsianer war das grüne Heft über Jahrzehnte hinweg Pflichtlektüre. Es befasste sich mit deutschen und zunehmend auch internationalen Wirtschafts- und Börsenvorgängen. Erstmals wurde für die Jahrgänge 1934 und 1935 ein Inhaltsverzeichnis erstellt. In diesem wurden »1. Sog. Leitartikel« in alphabetischer Reihenfolge von A (»Abwertung des Belgra«) bis Z (»Zwischenfinanzierung«) aufgelistet. Dann folgten die Abschnitte »2. Währung, Wirtschaft usw., allgemein und einzelne Länder« sowie »3. Über Kapitalanlage, -verwaltung usw., allgemein«. Den Abschluss bildete das Kapitel »4. Einzelne Wertpapiere und Gesellschaften«. Die Kommentierung einzelner Wertpapiere wurde 1934 neu ins Redaktionsprogramm des *Spiegels* aufgenommen. Die Struktur der Zeitschrift erlebte in den folgenden Jahren laufend Anpassungen und Verfeinerungen.

## Der *Spiegel* von 1936 bis 1945

Für die Jahre 1936 bis 1943 wurde ein Gesamtinhaltsverzeichnis des *Spiegels* herausgegeben. Dazu verfasste Zickert einige Begleitworte: »Vor sehr langer Zeit hatte ich einmal dem Herausgeber eines angesehenen Börsenblattes vorgeschlagen, er möchte doch seinen Lesern die Übersicht durch ein Inhaltsverzeichnis erleichtern. Die Antwort lautete ungefähr: ›Ich werde mich sehr hüten; denn ich will es nicht auch noch bequem machen, zu finden, wo ich etwas Falsches geschrieben oder nur widersprochen habe.‹«[64] »Trotzdem«, so Zickert, »habe ich den Versuch unternommen, den Inhalt des *Spiegels der Wirtschaft* für acht Jahre in erster Linie sachlich zusammenzufassen und wieder zu gliedern … Im Laufe der Jahre ist eine Art Kompendium aller theoretischen und praktischen Haupt- und Nebenpunkte der Kapitalanlage entstanden und weiter eine Übersicht, Beurteilung und Einschätzung fast aller Wertpapiere der Hauptbörsen der Welt von einiger Wichtigkeit.«[65] Und was meinte Zickert rückblickend zu seiner Beurteilung einzelner Börsen und Aktien? »Gewiss hat die Kursbewegung an den Börsen mir in einigen Fällen Unrecht gegeben oder gibt zur Zeit Unrecht. Aber ich habe nie geschrieben, dass ein Kurs steigen oder fallen müsse, sondern dass er als hoch oder niedrig anzusehen sei. Er ist dann nur manchmal noch höher oder noch tiefer geworden. An der Einschätzung des Dauerwertes, der allein möglich ist, ändert sich selten etwas.«[66]

In den Kriegsjahren beleuchtete Zickert vor allem die Börsen in Amerika und in der Schweiz. So lauten Überschriften in den »größeren Abhandlungen« mit Schwerpunkt USA im *Spiegel* des Jahrgangs 1941: »New Yorker Börse 1903 bis 1940«, »Spaziergang in Wallstreet«, »Zweiter Spaziergang in Wallstreet«, »Eine andere Meinung über Wallstreet«, »Amerikanische Stahlindustrie«. Und die Schweiz betreffend: »30 Jahre Schweizer Aktienkurse«, »Die Schweizer Börsenhausse«. Interressant und aufschlussreich sind in den *Spiegel*-Ausgaben der Kriegsjahre die branchenspezifischen

---

[61] *Spiegel der Wirtschaft*, Nr. 1, 1. Januar 1934, S. 1.
[62] Ebenda.
[63] Ebenda.
[64] *Spiegel der Wirtschaft*, Nr. 6, Juni 1944, S. 161.
[65] Ebenda, S. 161/162.
[66] Ebenda, S. 162.

*Spiegel der Wirtschaft*, Sammlung des Autors.

Abhandlungen mit Aussagen zu einzelnen Titeln, die damals an der Börse gehandelt wurden. Der Jahrgang 1941 des *Spiegels* enthält beispielsweise Studien über die Schweizer Chemie-, Brauerei-, Textil-, Leder- und Nahrungsmittelaktien. (Siehe Anhang, S. 232 bis 265)

## Der *Spiegel* und Nachkriegsdeutschland

In den ersten Nachkriegsjahren berichtete der *Spiegel der Wirtschaft* kaum über Vorgänge in Deutschland. So ist im Inhaltsverzeichnis für den Jahrgang 1945 unter »Deutschland« lediglich das Stichwort »Kurstabelle Berlin« auf Seite 32 aufgeführt. 1947 sind unter »Deutschland« nur zwei Artikel zu finden, nämlich »Das Währungsproblem« (S. 352 bis 355) und »Von deutschen Anleihen« (S. 364). Deshalb überrascht es nicht, dass sich im Juni 1949 ein Leser in Deutschland beklagte, dass er im *Spiegel* »zu wenig Erörterungen deutscher Probleme« finde: »Der heutige Inhalt Ihres *Spiegels* behandelt in der Hauptsache die Papiere und Aktienkurse der Schweiz, England und USA. Dies kann den Deutschen nur bedingt interessieren. So sehr ich mich freue, Ihre Zeitschrift wieder beziehen zu können, so wünsche ich neben Anderem, aber doch in der Hauptsache über deutsche Aktien usw., ferner über allgemeine deutsche Wirtschaftsaussichten usw. lesen zu können. Denn gerade bei uns sind so viele Probleme zu lösen, die auf die Entwicklung der allgemeinen Wirtschaftslage von Einfluss sind. Über kein Land wäre z. Zt. wohl soviel zu schreiben wie gerade über Deutschlands Wiederaufbau, dessen Aussichten, dessen Rückwirkung auf deutsche Aktienkurse usw.«[67] Zickert antwortete, der Leser habe recht. Aber es würde über Deutschland viel geschrieben, obwohl nichts Konkretes bekannt sei; deshalb ziehe er es vor, nichts zu schreiben. Was die Wirtschaft Deutschlands betreffe, so wisse man »bisher zuverlässig nur, dass durch die Währungsreform vor einem Jahr eine funktionsfähige Währung und damit die Grundlage für einen Wiederaufbau geschaffen ist. Das habe ich [Zickert] auch deutlich in dem Artikel über ›Das Berliner Experiment‹ in der Juli-Ausgabe 1948 geschrieben.«[68]

[67] *Spiegel der Wirtschaft*, Nr. 6, Juni 1949, S. 186.
[68] Ebenda.

Zur Frage der besten Kapitalanlage im Nachkriegsdeutschland meinte Zickert im Juni 1949, dass diesbezüglich gegenwärtig kaum eine Antwort möglich sei. Vieles hänge davon ab, ob es Professor Erhard gelinge, Deutschland zur freien Marktwirtschaft zurückzuführen und die »doppelte und fünffache Bürokratie abzubauen«.[69] Konkret zu Kapitalanlagen schrieb Zickert: »Wer in der glücklichen Lage ist, Bargeld anlegen zu können, verteile dies zur Hälfte auf Anleihen und Aktien. Deren Auswahl bleibt aber ein Griff in den Glückstopf, solange jede Möglichkeit einer ›Bewertung‹, vor allem die D-Mark-Bilanz, der Lastenausgleich usw. fehlt.«[70]

Gegen Ende 1949 und Anfang 1950 kam es an den wichtigsten Börsen zu massiven Kurssteigerungen, zu einer »Friedenshausse«, wie Zickert im Januar 1950 im *Spiegel* schrieb.[71] Auch die deutschen Aktien erlebten ein Kursfeuerwerk. So stiegen an der Frankfurter Börse zum Beispiel Continental Gummi von 51,50 (Tiefstkurs 1949) auf 115 D-Mark (17.1.1950). Weitere Kursangaben für diesen Zeitraum lauten: Metallgesellschaft von 27 auf 71,50 D-Mark, Siemens und Halske von 13 auf 46,50 D-Mark.[72] Rückblickend kann man wohl annehmen, dass dieses Kursfeuerwerk für Zickert überraschend kam. Hatte er zu lange auf solide Zahlen und klare wirtschaftliche Fakten, wie zum Beispiel die Bilanzumstellungen der Unternehmen auf die neue Mark, gewartet? Es ist wohl müßig, heute darüber zu spekulieren.

### Der *Spiegel* 1954

Das Inhaltsverzeichnis des *Spiegels* für den Jahrgang 1954 – am 23. August 1954 starb Hermann Zickert – war lediglich noch unterteilt in »I. Sachregister« und »II. Namensregister«. Im Kapitel »Sachregister« lautete ein Untertitel »Banken u. Verkehr mit der Bank«. Dabei wird auf einen Artikel zum Thema »Bankfiliale mit Fernsehanschluss« verwiesen. Diesen Text dürfte Zickert kurz vor seinem Tod geschrieben haben. Zickert berichtet, dass die City-Bank im Rockefeller Center in New York eine Bankfiliale eröffnet habe, die über ein Fernsehkabel mit der Zentrale ständig in Verbindung stehe. Der Kunde könne, selbst wenn sein Konto in der Zentrale geführt werde, nun auch in der Filiale sämtliche Bankgeschäfte tätigen. »Selbst ein Offenhalten der Bankräume an Samstagen, an denen normalerweise in den USA nicht gearbeitet wird, befindet sich in Erwägung.«[73] Aus heutiger Sicht war das wohl der Beginn des bargeldlosen Zahlungsverkehrs und des Einzugs des Computers ins Bankgeschäft.

## Rund 8 700 Seiten *Spiegel der Wirtschaft*

Am 18. Juli 1931 erschien – damals noch unter dem Namen *Wachet auf! Aktuelle Wirtschaftskorrespondenz* – die erste Nummer *des Spiegels*. Vor Abschluss der August-Ausgabe 1954 starb Zickert. Er war also während 23 Jahren alleiniger verantwortlicher Redakteur. Rechnet man alle Seiten dieser 23 Jahrgänge *Spiegel der Wirtschaft* zusammen, so kommt man auf rund 8 700 Seiten! Zickert schrieb offenbar – erst später ist von einem Mitarbeiter die Rede – alle Texte selbst. Auf diesen Umstand lassen auch verschiedene Bemerkungen im *Spiegel* schließen: »Wegen eines kurzen Urlaubs des Herausgebers erscheint die Nr. 29 am 5. August.«[74] Oder: »Infolge plötzlicher Erkrankung des Herausgebers muss der Kommentar zu den letzten Abwertungen hierauf beschränkt bleiben. Dafür zwei Artikel aus dem Jahre 1936, die heute wie damals geschrieben werden müssten.«[75] In der Folge wurden zwei Nummern des *Spiegels* zusammengelegt (Nr. 11/12, November/Dezember 1949). Dazu heißt es in der Einleitung: »Wegen der Erkrankung des Herausgebers ist es erst jetzt wieder möglich, eine Ausgabe des *Spiegels* herauszubringen. Aber es geht ihm wieder wesentlich besser. Allen Lesern beste Wünsche für das Weihnachtsfest und das neue Jahr!«[76]

Die Nummern 1 bis 8 des Jahrgangs 1931 wurden in der Berliner Zentral-Druckerei G.m.b.H. gedruckt. Die Firma Friedrich Kaiser, Vaduz, zeichnete dann bis Ende 1939 verantwortlich für den Druck des *Spiegels*. Ihr folgten die Buchdruckerei

[69] *Spiegel der Wirtschaft*, Nr. 6, Juni 1949, S. 187.
[70] Ebenda, S. 188.
[71] *Spiegel der Wirtschaft*, Nr. 1, Januar 1950, S. 1 bis 5.
[72] Ebenda, S. 4/5.
[73] *Spiegel der Wirtschaft*, Nr. 8, August 1954, S. 236.
[74] *Spiegel der Wirtschaft*, Nr. 28, 22. Juli 1934, S. 1.
[75] *Spiegel der Wirtschaft*, Nr. 10, Oktober 1949, S. 289.
[76] *Spiegel der Wirtschaft*, Nr. 11/12, November/Dezember 1949, S. 317.

Ulrich Göppel in Vaduz (von Januar 1940 bis Juli 1945) und die Emil Oesch Verlag AG, Druckereibetrieb, Vaduz (bis Januar 1947). Vom Februar 1947 bis zur August-Ausgabe 1954, welche von Zickerts Tod berichtet, wurde die Zeitschrift in der Druckerei Rheintaler Volksfreund, Verlags AG, in Au (St. Gallen) hergestellt.

Wie wichtig für Zickert das Erscheinungsbild des *Spiegels*, aber auch die Akzeptanz bei der Leserschaft waren, geht aus einer Umfrage hervor, die er nach der Änderung der Drucktype im Mai 1948 durchführte. Das Ergebnis sowie einige Meinungen veröffentlichte er in der Juni-Ausgabe. 58,8 Prozent der Bezieher sprachen sich für die neue Type und 41,2 Prozent für die alte aus. Insbesondere zwei Leser hätten »geharnischt« gegen diese Schriftart protestiert: »Die neue Type ist ja geradezu unmöglich klein gehalten. Man könnte direkt glauben, mit der neuen Type hätten Sie eine Interessengemeinschaft mit Augenärzten oder mit Lupenfabrikanten geschlossen.«[77] Der andere Abonnent schrieb sogar von »einem Attentat auf seine Sehkraft«, berief sich dabei auf einen Augenarzt und drohte mit Abbestellung der Zeitschrift.[78] In der Folge wandte sich Zickert an zwei Augenärzte und bat sie »um Begutachtung der beiden Typen vom Standpunkt der Augenhygiene aus«. »Der eine hat Prüfungen in der Sprechstunde an etwa 50 Patienten mit verschiedenen Augenbeschwerden vorgenommen. Mit großer Übereinstimmung (88 Prozent) sei die alte Type als besser zu lesen und als weniger ermüdend empfunden worden. Sie sei auch fehlerfreier gelesen worden. Das Schriftbild als Ganzes sei dagegen bei der neuen Type leserlicher, weil die Wortabstände größer sind.«[79] Der zweite Augenarzt – selbst ein Leser des *Spiegels* – teilte Zickert auf seine Anfrage Folgendes mit: »Die Typen des neuen Druckes sind den alten fast gleich, sind gleich groß und scharf konturiert. Durch ein Näherrücken der Buchstaben im Wort sind aber die Wortbilder etwas verändert. Die Buchstaben beider Drucke sind demnach gleich gut leserlich.«[80]

Zum Schluss führte Zickert aus, es sei nicht beabsichtigt gewesen, »den *Spiegel* vollständig in der einen oder anderen Type zu drucken, sondern beide Typen zu verwenden, und das scheint mir auch jetzt wieder das Zweckmäßigste zu sein nach dem Ergebnis der Rundfrage.«[81]

Zickert startete mit der Herausgabe seiner Finanzzeitschrift inmitten der größten Wirtschaftskrise des 20. Jahrhunderts. Was die Leute damals am nötigsten brauchten, war eine fundierte Börsenberatung. Aber wer vertraut schon anderen in solchen Zeiten? In mühevoller Kleinarbeit und durch die Qualität seiner Publikationen gelang es Zickert, langsam einen Kundenkreis für den *Spiegel der Wirtschaft* aufzubauen. Der eigentliche Erfolg kam jedoch erst 1936.[82] Nach seinen eigenen Angaben hatte die Zeitschrift im Juli 1936 »Bezieher in 29 verschiedenen Ländern, bis nach China und Südamerika«, wobei – wie er schrieb – der *Spiegel* »überwiegend von den deutschsprechenden Geschäftsleuten« gelesen werde. Die Abonnentenzahl in Deutschland war seit der Gründung im Jahr 1931 bis 1936 von 1 500 auf 2 000 angestiegen.[83] »Nach der Frankenabwertung ... 1936 erlebte der *Spiegel der Wirtschaft* eine Hochkonjunktur. Die Periode dauerte bis 1939. Dann folgten die mageren Kriegszeiten. Nach dem Krieg blieben die Einnahmen aus dem Vertrieb ziemlich stabil. Was nicht mehr stabil war, das waren die ständig anwachsenden Kosten für Gehälter, Druck, Porti, Telegraf usw.«[84]

## Korrespondenz mit *Spiegel*-Lesern

Bereits in der zweiten Ausgabe von *Wachet auf!*[85] wurden unter dem Titel »Aus unserer Briefmappe« Leserbriefe (»Eingänge«) sowie Zickerts Repliken (»Ausgänge«) publiziert. Hier einige Kostproben von Leserzuschriften, die im September 1931 in der elften Nummer veröffentlicht wurden und – wie in der damaligen Zeit üblich – keine Namens- und Adressangaben enthielten, also anonym waren: »Ich begrüße das Erscheinen einer neuen Zeitschrift unter Ihrer Leitung ganz außerordentlich ... Es freut mich, dass Herr Dr. Zickert wieder auf dem Plan erscheint. Zu begrüßen wäre es auch, wenn seine scharfsinnige und klare Fragebeantwortung

[77] *Spiegel der Wirtschaft*, Nr. 6, Juni 1948, S. 183.
[78] Ebenda.
[79] Ebenda.
[80] Ebenda, S. 183/184.
[81] Ebenda, S. 184.
[82] *Spiegel der Wirtschaft*, Nr. 9, September 1936. S. 286.
[83] LLA RF 163/065, Schreiben vom 6. Juli 1936 von Hermann Zickert betreffend *Spiegel der Wirtschaft*. Dieses wurde als Anhang dem Brief der liechtensteinischen Regierung an das Eidgenössische Politische Departement vom 8. Juli 1936 beigefügt (siehe dazu S. 74/75).
[84] *Spiegel der Wirtschaft*, Nr. 17/18, September 1971, S. 142.
[85] *Wachet auf!*, Nr. 2, 25. Juli 1931, S. 11.

in irgend einer Form erscheinen würde … Ich freue mich, dass Dr. Zickert sich erneut schriftstellerisch betätigen wird.«[86] Ein Leser gratulierte Zickert zur Übersiedlung von Berlin nach Liechtenstein mit der Bemerkung: »Ohne Abstand von den täglichen Ereignissen in Deutschland kann man heute keinen klaren Kopf behalten.«[87]

### Echo aus Übersee

Zickert bekam öfters Zuschriften aus Übersee. So schrieb ein Leser aus New York: »Die Lektüre Ihrer Wochenschrift ist direkt ein Genuss hier, wo das Wesentliche in spaltenlangen Artikeln verquatscht wird. Manchmal erklären Sie, 5 000 km von New York entfernt, die Vorgänge viel besser und klarer, als man es hier kennt. Der *Spiegel* ist eine der wenigen Zeitschriften in deutscher Sprache, die ich hier lese, nicht zuletzt wegen Ihres kristallklaren Stiles.«[88] Ein anderer Bezieher in New York begrüßte die Umstellung auf monatliches Erscheinen des *Spiegels* ab 1940 mit den Worten: »Es ist zwar sehr schade, dass unter den gegebenen Beförderungsverhältnissen die Ausgabe mindestens drei Wochen später eintrifft, als sie ausgegeben wird. Aber es ist dann doch angenehmer, einen gesammelten Überblick zu erhalten.«[89]

### Gesunder Sarkasmus

Der Leserschaft gefielen die treffenden und humorvollen Formulierungen im *Spiegel*, was auch aus folgenden Brief-Zitaten hervorgeht: »Als einer Ihrer ersten Leser und als ein Bewunderer Ihrer ungetrübten Kritik (Ihre satirisch geistreiche Art mit einbegriffen!) … möchte ich auf Ihre Ausführungen zurückkommen.«[90] Aus einer Zuschrift aus Genf: »Ich las mit Interesse die Septembernummer des *Spiegels*, welche in der heutigen humorlosen Zeit die allzu nüchterne Form glücklicherweise vermeidet.«[91] Ein anderer Schweizer Leser schrieb: »Ferner gestatte ich mir, Ihnen meinen aufrichtigen Dank auszusprechen für die im *Spiegel* enthaltenen Richtlinien. Die Offenheit und der gesunde Sarkasmus gefallen mir so ausgezeichnet, dass ich den *Nebelspalter* gar nicht mehr brauche.«[92]

## Zweck der Kapitalanlage

Bei der Beantwortung von Leserbriefen betonte Zickert immer wieder, ein Hauptkriterium sei, »welchen Zweck man mit einer Anlage erreichen will, und dann kann man diesen Zweck bei der einen oder anderen Anlage wahrscheinlicher erreichen als bei einer anderen.«[93] Nach seiner Auffassung kann es für eine Kapitalanlage drei Gründe geben:

1. Die Erhaltung des nominellen Kapitals. Diese erreicht man am sichersten durch Barguthaben, kurzfristige Anleihen usw.
2. Die Sicherstellung einer guten Rendite des Kapitals. Als Voraussetzung dafür muss »die Rendite nach einem längeren Jahresdurchschnitt hoch genug bzw. der Kurs demgegenüber niedrig genug sein, um wirklich eine angemessene Rendite zu bieten.«
3. Die Aussicht auf einen Kapitalzuwachs. Auch dafür ist die wichtigste Bedingung ein preiswert erscheinender Kurs.[94]

Aufgrund von Zickerts Erfahrungen entstehen die meisten Kursverluste, weil Papiere zu teuer erworben werden. Auch Titel von höchster Qualität sollten »im Preis günstig« sein, so »dass man entweder mit einer guten Rendite von Dauer oder mit einiger Wahrscheinlichkeit auf einen Kursgewinn rechnen kann.«[95] Für Zickert sind Papiere dann »im Preis günstig«, wenn die Kurse im Vergleich zu früher erreichten niedrig sind oder wenn sie als »Wuchsaktien« eingestuft werden können (Definition Zickert: »Aktien, bei denen auf Zuwachs an Ertrag und Wert gerechnet wird«).[96] Die drei »Zwecke« – Erhaltung des Kapitals, Sicherstellung einer guten Rendite, Aussicht auf Kapitalzuwachs – lassen sich gemäß Zickert jeweils kombinieren.[97]

Auch heute noch ist das grundsätzliche Ziel – Zickert sprach von Zweck – einer jeden Kapitalanlage »die Erhaltung der Substanz [Kapital], wünschenswert ist darüber hinaus ein Ertrag oder ein Wertzuwachs.«[98] Welcher Stellenwert diesen Prinzipien zukommt, hängt von der Anlagestrategie des einzelnen Investors ab.

[86] *Wachet auf!*, Nr. 11, 26. September 1931, S. 9.
[87] Ebenda.
[88] *Spiegel der Wirtschaft*, Nr. 29, 18. Juli 1937, S. 239.
[89] *Spiegel der Wirtschaft*, Nr. 7, Juli 1940, S. 216.
[90] *Spiegel der Wirtschaft*, Nr. 41, 23. Oktober 1932, S. 9.
[91] *Spiegel der Wirtschaft*, Nr. 10, Oktober 1947, S. 312.
[92] *Spiegel der Wirtschaft*, Nr. 4, April 1948, S. 120. Der *Nebelspalter* ist die älteste Satirezeitschrift der Welt. Er wurde 1875 in Zürich gegründet.
[93] *Spiegel der Wirtschaft*, Nr. 6, Juni 1947, S. 182.
[94] *Spiegel der Wirtschaft*, Nr. 7, Juli 1944, S. 206.
[95] Ebenda.
[96] *Spiegel der Wirtschaft*, Nr. 7, Juli 1953, S. 189.
[97] *Spiegel der Wirtschaft*, Nr. 7, Juli 1944, S. 206.
[98] Max Boemle und Max Gsell: Geld-, Bank- und Finanzmarkt-Lexikon der Schweiz. Zürich 2002, S. 630.

### Kurz- oder langfristige Anlage?

Auf eine Leserfrage bezüglich Anlagedauer antwortete Zickert 1951: »Unter einer vorübergehenden Anlage – in einem bereits stark gestiegenen Papier – verstehen Sie doch offenbar einen spekulativen Kauf, der Ihnen einen baldigen Kursgewinn in sozusagen sichere Aussicht stellen soll. Derartige ›Anlagen‹ empfehle ich grundsätzlich nicht, und auch niemand sonst kann sie Ihnen mit gutem Gewissen empfehlen.

Man soll den Kauf eines Papieres stets nur unter dem Gesichtspunkt beurteilen, ob es sich für eine langfristige Anlage eignet bezw. für eine solche preiswert erscheint. Eine solche langfristig gut erscheinende Anlage kann zu einer kurzfristigen werden, wenn nämlich der Kurs schnell so stark sich erhöht, dass der Titel für eine langfristige Anlage nunmehr ›uninteressant‹ geworden ist.

Dann ist es eine kurzfristige Anlage gewesen, aber von vornherein sollte man niemals auf eine vermeintlich kurzfristige Anlage ausgehen. Wenn ein Papier für eine unter Umständen langfristige Anlage zu teuer oder zu gefährlich erscheint, fällt es für einen Kauf überhaupt aus. Oder man soll dann wenigstens nicht von ›Anlage‹ sprechen.«[99]

Zickert plädierte für einen langfristigen Anlagehorizont (»Daueranlage«). Für Spekulationen – das Ziel des Spekulanten ist schneller Kapitalgewinn, keine nutzlose Position darf deshalb zu lange gehalten werden – gab er keine Empfehlungen ab. Den gleichen vorausschauenden Wertansatz wie Zickert praktizieren heute der legendäre Value-Investor[100] Warren Buffett[101] und seine Schüler mit Erfolg. Befragt nach dem Zeithorizont, den man sich nach dem Kauf einer Aktie geben soll, hat der Börsenmilliardär unter anderem die Aussage geprägt: »Wer eine Aktie nicht für zehn Jahre halten will, sollte sie nicht einmal zehn Minuten besitzen.«[102]

---

[99] *Spiegel der Wirtschaft*, Nr. 11, November 1951, S. 340.

[100] Die Value-Strategie ist der erfolgreichste Anlagestil der Welt. »Zahlreiche finanzwissenschaftliche Untersuchungen belegen die langfristige Überlegenheit des Value-Investierens. Für keinen anderen Anlagestil lassen sich so viele Hinweise für eine relativ leicht erreichbare Outperformance finden. Je nach Studie, Aktienmarkt und Untersuchungszeitraum beträgt die durchschnittliche jährliche Mehrrendite des Value-Stils 5 bis 15 Prozent. Die Bandbreite der untersuchten Märkte reicht dabei von den USA über Japan und Europa bis hin zur Schweiz und umfasst Zeiträume von 1929 bis 1998. Als Kriterium für Value wurde in diesen wissenschaftlichen Studien entweder das Kurs/Buch-, das Kurs/Gewinn- oder das Kurs/Cashflow-Verhältnis verwendet. Dabei galt: Je tiefer die Bewertungskennzahl, desto mehr Value und desto höher die Outperformance gegenüber dem Gesamtmarkt in den folgenden ein bis fünf Jahren.« Aus: *Stocks*, Nr. 25, 15. Dezember 2005, S. 26.

Nicht geeignet für eine Daueranlage erscheinen Zickert zu teure (im Vergleich mit früheren Kursen oder dem erwirtschafteten Gewinn) und zu gefährliche (risikobehaftete) Papiere. Das hohe Preis- und Risikobewusstsein haben die heutigen erfolgreichen Investoren mit Zickert gemeinsam.

»**Geduld, Geduld!**«
Im März 1939 begründete ein Abonnent seine Abbestellung des *Spiegels* so: Er müsse schon zu viele technische Zeitschriften lesen und die im *Spiegel* verwendeten Ein- und Ausstiegssignale für die New Yorker Börse seien »zu wenig präzise«. Zickert gab darauf eine bemerkenswert klare Antwort: Die in der Leserzuschrift ausgedrückte Meinung, es gebe Mittel, die Börsentendenz vorauszusagen, sei weit verbreitet. Dies sei aber ein vergebliches Bemühen. Er kenne kein anderes Mittel für eine erfolgreiche Vermögensverwaltung, »als sich gute Kapitalanlagen zu preiswerten Kursen anzuschaffen mit planmäßiger Verteilung und dann den unvoraussehbaren Schwankungen der Börsentendenz zu folgen, um entstehende Gewinne zu realisieren und in aller Ruhe und Geduld die Gelegenheit zu einem billigeren Rückkauf abzuwarten.«[103]

Immer wieder hielt Zickert seine Leserschaft an, im Zusammenhang mit der Kapitalanlage Geduld aufzubringen. Im November 1951 zitierte er im *Spiegel der Wirtschaft* unter dem Titel »Geduld, Geduld!« die »beherzigenswerte Mahnung«, die er in einer Broschüre aus den USA[104] gefunden hatte: »Die wichtigste Voraussetzung für die Erreichung eines Erfolges in der Kapitalanlage ist, glaube ich, Geduld. Wenigstens ist es die Ungeduld – die Unfähigkeit zu warten –, welche die Kapitalanlagepläne mehr scheitern lässt als sonst etwas.

[101] »Superinvestor«, »Das Orakel von Omaha«, »Das Börsengenie« – dies sind nur einige der Titel, mit denen der US-Multimilliardär Warren Buffett bedacht wird. Buffett ist tatsächlich eine Ausnahmeerscheinung: Sein Vermögen von über 50 Milliarden Dollar verdankt er allein seinen Investments im Value-Stil. Hätte ein Anleger 1964 den Betrag von 1 000 Dollar in Buffetts Beteiligungsgesellschaft Berkshire Hathaway investiert, besäße er heute dank einer durchschnittlichen Rendite von 21,9 Prozent im Jahr ein Vermögen von 2,9 Millionen Dollar. Warren Buffett, 1930 als Sohn eines Wertpapierbrokers in Omaha (Nebraska) geboren, interessierte sich schon als Kind für die Aktienmärkte. 1951 schloss er sein Wirtschaftsstudium ab. Sein Lehrer Benjamin Graham (siehe Anmerkung 111) sowie dessen Publikation *The Intelligent Investor* brachten Buffett Anfang der 1950er-Jahre auf den Weg des Value-Anlagestils. Siehe dazu auch Robert G. Hagstrom: *Warren Buffett – Sein Weg. Seine Methode. Seine Strategie.* 4. Aufl. Kulmbach 1998.
[102] Horst Weissenfeld und Stefan Weissenfeld: *Börsen-Gurus und ihre Strategien. Mit den erfolgreichsten Investoren zum Erfolg.* 2. Aufl. Rosenheim 2000, S. 73.
[103] *Spiegel der Wirtschaft*, Nr. 11, März 1939, S. 81
[104] H. G. Carpenter: *This is Investment Management*. Ohne Angabe von Ort und Jahr.

Ich könnte Hunderte Beispiele zitieren. Da sind zunächst und vielleicht am meisten typisch die armen, verleiteten Seelen, die es sich irgendwie in den Kopf gesetzt haben, der Weg zur Erreichung finanziellen Erfolges sei das ›Handeln‹ – an der Börse hineinzuspringen und herauszuspringen, einige Punkte Gewinn hier und einige andere da zu schnappen; und dann werden sie, so sicher wie die Sonne aufgeht und wieder untergeht, einige Punkte Verlust hier und einige andere Punkte Verlust da haben.

Eines Tages werden sie einen größeren Verlust erleiden, und das wird sie bei ihrem fehlerhaften Denken dazu veranlassen, ein größeres Risiko auf sich zu nehmen. Das kann nur zu einem Ergebnis führen. Wenn sie damit nicht aufhören, werden sie alle ihre Dollars verlieren, buchstäblich alle ihre Dollars.«[105]

Im April 2006, knapp 55 Jahre nachdem Zickert über die Geduld als wichtigste Voraussetzung für die Erreichung eines Erfolges in der Kapitalanlage schrieb, wird in einem Invest-Bulletin der Schweizer Finanzzeitschrift *Finanz und Wirtschaft* unter dem Titel »Geduld zahlt sich aus« einer der erfolgreichsten Anlagefonds, nämlich der 1928 in Amerika gegründete Pioneer Fund, vorgestellt. Philip L. Carret lancierte den Fonds, der heute ein Vermögen von über sieben Milliarden Dollar verwaltet, mit lediglich 25 000 Dollar. John A. Carey, promovierter Historiker und erst der dritte Manager, der den Pioneer Fund leitet, meint, nach dem Erfolgsrezept gefragt: »Es braucht oft viel Geduld … Ist ein Unternehmen erfolgreich und ertragsstark, werden seine Aktien früher oder später steigen.«[106] Mit »Geduld und Disziplin« ist im gleichen Bulletin ein Artikel überschrieben, in dem die besten Fonds vorgestellt werden. Im Fünf-Jahres-Vergleich schneidet in der Kategorie »Aktien Global« der Classic Global Equity Fund mit einer Performance von 87,9 Prozent am besten ab. Worauf führen die Verwalter des Fonds diesen Erfolg zurück? Dazu Thomas Braun, Partner der Firma Braun, von Wyss & Müller, Zürich: »Langfristig antizyklisch in Aktien investieren, die klar unterbewertet sind, und geduldig warten, bis sie den inneren Wert erreicht haben. Dann verkaufen und umgehend in andere, unterbewertete Titel anlegen. Wir verhalten uns diszipliniert und lassen uns als

Value-Investoren nicht von Modeerscheinungen irritieren [Zickert lässt grüßen!].«[107]

Wie sich Geduld in der Geldanlage auszahlt, dokumentiert eine Studie der Bank Leu, in der die Chancen und Risiken auf den Finanzmärkten seit 1950 analysiert werden. Von 1950 bis 2004, also binnen 54 Jahren, stieg gemäß dieser Studie der Wert eines global diversifizierten Aktienportfolios trotz Crashs und zeitweise größerer Schwankungen von einer Million Franken auf 156 Millionen Franken an. Auch nach Abzug der Inflation erreichte das reine Aktienportfolio eine stolze Wertsteigerung um das Dreißigfache.[108]

Während meiner Banklaufbahn erhielt ich immer wieder Anschauungsunterricht, wie es sich lohnt, an einer einmal gefassten Anlagestrategie oder an einzelnen soliden Titeln, die man ins Depot aufgenommen hat, auch in schwierigen Börsenzeiten geduldig festzuhalten. Erfahrungsgemäß sollte man Aktien nicht verkaufen, solange die Grundcharakteristika (Zickert sprach unter anderem von technischer, finanzieller und juristischer Konstitution) des Unternehmens stimmen, das hinter der Aktie steht. Ich erinnere mich an einen älteren Anlageberater bei der Liechtensteinischen Landesbank, der in den 1970er- und 1980er-Jahren den Kunden konsequent – auch in Schwächephasen – Aktien von Royal Dutch, Philips und Unilever empfohlen hat. In den von ihm verwalteten Depots legte er die anfallenden Zinsen und Dividenden wieder umgehend in diesen Titeln an. Rückblickend kann man sagen: Geduld und Disziplin haben sich gelohnt.

### Index und »Mister Trend«

Vor allem im deutschsprachigen Raum wurde der *Spiegel* immer mehr zum Ratgeber für Kapitalanleger, wie auch dem Auszug eines Leserbriefs aus dem Jahr 1954 und der Antwort von Zickert zu entnehmen ist: »Soll man den Mut haben, zu den jetzigen m. E. reichlich hohen Kursen mit einem Ruck alles ruhig zu verkaufen? Da ich Ihre

[105] *Spiegel der Wirtschaft*, Nr. 11, November 1951, S. 341.
[106] Invest. Magazin zur Ausgabe Nr. 27 der *Finanz und Wirtschaft*, 8. April 2006, S. 12.
[107] Ebenda, S. 6.
[108] Bank Leu (Hrsg.): Chancen und Risiken auf den Finanzmärkten. Irrationales Anlegerverhalten und eine Analyse von Anlagestrategien seit 1950. Juni 2005, S. 20/21.

Sachkenntnis und Ihre Nüchternheit der Beurteilung sehr hoch schätze, erlaube ich mir, diese Frage an Sie zu stellen.«[109] Zickert vertrat folgenden Standpunkt: »Zu Ihrer Erwägung eines totalen Verkaufes Ihrer amerikanischen Aktien muss ich sagen, dass ich grundsätzlich gegen solche ›totalen‹ Transaktionen eingestellt bin, die schließlich doch auf eine reine Tendenzspekulation hinauslaufen, dazu eine Spekulation im ›Index‹, obwohl es sich doch stets um einzelne Titel handelt, die man nur verkaufen kann.«[110]

Welchen Rat würde man heute geben? Heute wird dem Index eine bedeutendere Rolle beigemessen als zu Zickerts Zeiten. So werden bei der Performance-Bemessung Referenzindizes – häufig ist auch von Benchmarks die Rede – verwendet, so zum Beispiel in der Schweiz der Swiss Performance Index, der alle Schweizer und Liechtensteiner Aktien umfasst, die an der Schweizer Börse notiert sind. Das Ziel der Investoren besteht darin, eine bessere Performance zu erreichen als der Referenzindex. Daneben gibt es die Kursindizes, welche die Entwicklung der größten und umsatzstärksten Aktien (Blue Chips) eines Landes nachzeichnen, wie der SMI in der Schweiz und der DAX in Deutschland. Sowohl der SMI als auch der DAX enthalten maximal 30 Aktien. Zudem hat »Mr. Trend« heute eine andere Bedeutung als zu Zickerts Zeiten. Die technische Aktienanalyse basiert vorwiegend auf einem Konzept, das sich an der Tendenz orientiert; sie spricht von Unterstützung, Widerstand, Trendlinien usw. Je nachdem, wie diese Trendlinien im Chart durchbrochen werden, ist von Kauf- oder Verkaufsignalen die Rede. Erleichtern uns diese Informationen den Entscheid, das gesamte Depot oder nur einzelne Titel zu verkaufen? Kaum. Zwei Dinge sind wohl ausschlaggebend: erstens das Temperament des einzelnen Investors und zweitens die Art seiner Auseinandersetzung mit der Frage »Was mache ich mit dem Verkaufserlös?«

**»Erst prüfe, dann kaufe.«**
Im *Spiegel* nahm Zickert wiederholt Stellung zu der Anlagephilosophie von Benjamin Graham (1894 bis 1976)[111], der als »Urvater der Finanz-

analyse« gilt. So bemerkte er beispielsweise in der Juni-Ausgabe von 1953: »Das Wesen der menschlichen Natur (und damit der menschlichen Wirtschaft) bleibt sich gleich. Diesen Gedanken finde ich auch in einem für die gute Kapitalanlage wertvollen Buch, ›The Intelligent Investor‹ von B. Graham.«[112] Im März 1954 schrieb ein *Spiegel*-Leser, dass er auf die Empfehlung von Zickert hin die Publikation »The Intelligent Investor« gekauft habe; diese enthalte kluge Behauptungen. In seiner Antwort zitierte Zickert einen der Grundsätze, die Graham formuliert hatte: »Erst prüfe, dann kaufe.«[113]

Wie wertvoll dieser Ratschlag sein kann, zeigt Zickert mit folgendem Beispiel auf: Graham hatte mit dem Erwerb der Aktien von Northern Pacific für seinen Trust eine besonders glückliche Hand. Als er Jahre später einen Aktienposten der Philadelphia & Reading Coal übernommen habe, seien ihm die Anleger wieder in Scharen gefolgt. Zickert selbst sei von einem Mandanten geradezu gedrängt worden, für ihn ebenfalls Aktien dieser Firma zu kaufen. Da sich Zickert nicht allein auf den Rat von Graham verlassen wollte, habe er die Bilanzen angefordert und diese studiert. Dabei sei ihm aufgefallen, dass »die Erträge aus zwei Quellen stammten, nämlich dem ›gross profit from sales‹ und den ›other operating incomes‹.«[114] Er habe aber keine plausiblen Erklärungen für die Herkunft der »anderen Einkommen« gefunden. Sein »dickköpfiger Standpunkt« habe sich, so Zickert, später als richtig erwiesen. Die Gesellschaft Philadelphia & Reading Coal musste 1953 die Dividende ausfallen lassen, und die »other operating incomes« gingen von 5,49 Millionen Dollar (1951) auf 0,6 Millionen Dollar (1953) zurück. Der Aktienkurs hat sich in diesem Zeitraum mehr als halbiert. Nach

[109] *Spiegel der Wirtschaft*, Nr. 4, April 1954, S. 115/116.
[110] Ebenda, S. 116.
[111] Der Wirtschaftswissenschaftler und Börsenspezialist Benjamin Graham unterrichtete von 1928 bis 1957 an der Columbia University, wo auch Warren Buffett zu seinen Schülern gehörte. 1934 veröffentlichte Graham gemeinsam mit David Dodd das Buch *Security Analysis*, welches noch heute als Bibel für Value-Investoren gilt. Bedeutend ist auch seine 1949 erstmals erschienene Publikation *The Intelligent Investor*, die bereits mehrere Auflagen erfahren hat und zwischenzeitlich auch in deutscher Übersetzung (*»Intelligent Investieren«*) vorliegt. Benjamin Graham vertrat die Lehre, dass eine Aktie nur unter ihrem fundamentalen Wert gekauft werden sollte. Um den Wert einer Aktie bestimmen zu können, setzte er neben der fundamentalen Wertpapieranalyse auf die Verwendung von Kurskennzahlen wie Kurs-Gewinn- und Kurs-Buchwert-Verhältnis, Dividendenrendite oder Gewinnwachstum – die wichtigsten Faktoren beim Value Investing.
Siehe dazu Benjamin Graham: Intelligent Investieren. Der Bestseller über die richtige Anlagestrategie. München 2005.
[112] *Spiegel der Wirtschaft*, Nr. 6, Juni 1953, S. 161.
[113] *Spiegel der Wirtschaft*, Nr. 3, März 1954, S. 84.
[114] Ebenda, S. 85.

Schilderung dieser Story gelangt Zickert zum Fazit: »So hat gerade die Befolgung der Regel von Mr. Graham: ›Erst prüfe, dann kaufe‹ dazu geführt, dass ich dem Beispiel von Mr. Graham mit dem Kauf von Philadelphia & Reading keine Folge leisten konnte.«[115]

### Die »Nase« der Verwaltungsräte

Im *Spiegel* vom Mai 1941 nimmt Zickert zu einem Leserbrief Stellung, der sich mit der Frage auseinandersetzt, ob es genüge, sich als Finanzanalyst nur mit den Bilanzen des Unternehmens zu beschäftigen, oder ob es nicht vorteilhaft wäre, auch das Management und den Verwaltungsrat zu durchleuchten. In der Zuschrift heißt es unter anderem: »Zur Beurteilung der Lage einer Gesellschaft scheint mir das Studium der Bilanzen zwar sehr wichtig, aber nicht ausschließlich maßgebend zu sein. Ich würde als Laie und Ketzer – entschuldigen Sie – eine sozusagen biologische Methode damit verbinden. Gefällt mir die Nase des Verwaltungsrates oder nicht? Oder werden die Räte von den Machern der Gesellschaft (Direktion, Delegation usw.) selber genasführt? Die Aktiengesellschaft ist im Allgemeinen nicht als Wohlfahrtsinstitut zu bezeichnen, höchstens für gewisse Teile der Verwaltung und ihren Anhang, niemals jedoch für die Aktionäre allein, die lediglich ihr gutes Geld dritten zur Verfügung halten. Wird also eine Gesellschaft von innen heraus ausgehöhlt, so mag das der Clique wohl bekommen, die fest darin sitzt, aber der Aktionär wird das Nachsehen haben.«[116]

Zickert antwortet auf diese hochaktuelle Frage: »Die ›biologische‹ Methode ist gewiss reizvoll und wird zu keinen schlechten Ergebnissen führen. Wie erkennt man aber die ›Nase‹ der Verwaltungsräte, wenn man nicht die seltene Gelegenheit zu persönlicher Bekanntschaft hat? Müsste man da auf eine Fotografie, Handschrift oder den Lebenslauf das größere Gewicht legen? Aber auch das sind alles Dinge, die sich schon im Inlande, besonders aber aus dem Auslande kaum oder überhaupt nicht beschaffen lassen. Der ›Methode‹ liegt der richtige Ansatz zugrunde, dass nicht nur jede Unternehmung eine ziemlich konstante Betriebseinheit in wirtschaftlicher Beziehung darstellt, sondern dass ebenso jede ›Verwaltung‹ einen persönlichen, ziemlich konstanten Charakter hat. Diesen hat sie selbst dann, wenn einzelne Personen der Verwaltung wechseln. Man wird sie ergänzen durch neue Personen, die in den ›Verwaltungskörper hineinpassen‹. Im allgemeinen pflegt eine Verwaltung, die zwanzig Jahre lang für eine sparsame Wirtschaft und Anhäufung von Reserven jeder Art besorgt gewesen ist, nicht plötzlich im 21. Jahre mit dem Geld um sich zu werfen, nichtverdiente Dividenden auszuschütten, um den Kurs der Aktien heraufzutreiben usw. Ebensowenig wird eine jahrelang auf Agiotage schielende Verwaltung plötzlich das Muster sparsamer Solidität werden. Solche Wechsel gehören zu den großen Seltenheiten und sind meist die Folge eines Wechsels in den leitenden Personen der Gesellschaft durch Übergang der Mehrheit in andere Hände usw. Deshalb ist schon die ›Nasenmethode‹ richtig. Um sie aber ohne persönliche Bekanntschaft anwenden zu können, dazu ist eben das Studium der Bilanzen, ihrer Entwicklung in einer längeren Zeitperiode unerlässlich, wobei hier unter Bilanzen die gesamte Geschäftsgebarung, Dividendenpolitik, Publizität über Geschäftsvorfälle usw. eingeschlossen ist. Dieses Studium der Bilanzen enthüllt sehr oft mit Erfolg den Charakter der Gesellschaft, damit den Charakter der Verwaltung und zeigt auch die ›Nase‹ der Verwaltungsräte. Das wäre dann doch biologische ›Methode‹.«[117]

Ich war in den 1970er-Jahren selbst in der Finanzanalyse tätig und erinnere mich gerne an die Firmenbesuche, die von der Schweizer Finanzanalystenvereinigung organisiert wurden. In persönlichen Gesprächen konnten die Bilanzzahlen und die Perspektiven des Unternehmens hinterfragt werden. Wo und allenfalls wie viele stille Reserven wurden »versteckt«? Wo und in welchem Umfang wird beispielsweise in Forschung und Entwicklung investiert? Vor allem aber bot sich die Gelegenheit, die »Nase« des Managements kennenzulernen. Sind die Menschen, die im Unternehmen Verantwortung tragen, konservativ und »erdig« oder forsch und risikofreudig? Passen die Personen in den Verwaltungskörper hinein (Zickert)? Im Rahmen der Betriebsbesichti-

---

[115] *Spiegel der Wirtschaft*, Nr. 3, März 1954, S. 85.
[116] *Spiegel der Wirtschaft*, Nr. 5, Mai 1941, S. 145.
[117] Ebenda, S. 146.

gung bekam man auch einen Einblick in die Produkte und Produktionsanlagen. Diese Informationen und die persönlichen Bekanntschaften (Zickert) vermittelten ein ziemlich abgerundetes Bild des Unternehmens sowie der Anlagequalität der Aktie.

**Planerei – Währungsproblem**
Im Oktober 1947 schrieb Zickert in einem Artikel mit dem Titel »Planerei« unter anderem: »In der ›Bizone‹ ist jetzt endlich eine Kommission zu einem Währungsplan gekommen. Dieser ›Mindener‹ Plan trägt sicher allein unter den Währungsplänen schon eine Nummer über 100. Er geht davon aus, dass die Währung vor der Produktion geordnet werden müsse, schlägt ein ›Einfrieren‹ von 80 Prozent der Bargeldbestände, Ausgabe neuen Geldes usw. vor.

Aber schon ist der Einwand zu lesen, dass ein Produktionsplan wichtiger sei als die Wiederherstellung einer Währung. Es kommt mir das so vor wie ein Streit darüber, ob man eine Hühnerzucht mit einem Huhn oder mit einem Hühnerei beginnen solle, wobei man das Huhn für die Produktion nehmen kann und das Ei für die Währung oder ebensogut auch umgekehrt.

Bei der Hühnerzucht wird doch wohl die ›vernünftige‹ Antwort auf die Frage sein: Wenn Sie ein Huhn haben, so fangen Sie mit diesem an, und wenn Sie nur ein Hühnerei besitzen, dann damit! Die Hauptsache ist doch, dass überhaupt angefangen wird.«[118]

Der Leiter der obersten Preisbehörde der amerikanisch-britischen Bizone, Professor Dr. Heinrich Rittershausen, nahm zu diesen Ausführungen Zickerts in einem Leserbrief Stellung: »In Ihrem Aufsatz ›Planerei‹ im *Spiegel der Wirtschaft* vom Oktober 1947 erwähnen Sie den ›Mindener Währungsplan‹, dessen Mitautor ich bin. Wenn ich dazu Ihnen und vielleicht Ihren Lesern gegenüber das Wort ergreife, so tue ich das zunächst aus einem Gefühl der Einsamkeit heraus, das mich zu dem wohl einzigen in Europa verbliebenen Kreise klar denkender, sauber rechnender Wirtschafter und Kapitalanleger zieht, den Ihr Leserkreis zweifellos darstellt.

Die hinter Ihren geldwirtschaftlichen und börsentechnischen Ratschlägen stehenden Theorien dürften die große Geldtheorie des kommenden, hoffentlich wieder rational denkenden Jahrhunderts begründen, die zu sammeln und zu systematisieren sich bisher leider niemand die Mühe gemacht hat. Seit 1931 ist es für Ihre Leser ein Genuss, Ihren Ausführungen zu folgen.

Wenn man sich zur Aufgabe gestellt hat, dieses zweimal braun eroberte, widerspruchsvolle und seiner Oberschicht beraubte Land einer gesünderen Entwicklung zuzuführen, stößt man auf dem wirtschaftlichen Gebiet auf nahezu unüberwindliche Schwierigkeiten. Aufgrund großer wirtschaftlicher Erfahrungen und mit konstruktiver Phantasie findet man eigentlich für alle wirtschaftlichen Situationen Rat, hier aber steht man hilflos da.«[119]

Zickert bedankte sich bei Professor Rittershausen für die »offene Schilderung der Widerstände, welche der Wiederherstellung einer ›ordentlichen‹ Wirtschaft auch im westlichen Deutschland entgegenstehen.«[120]

**Einzelne kritische Stimmen …**
Neben den überwiegend dankbaren und positiven Reaktionen, die Zickert auf seine Aktienempfehlungen und -beurteilungen erhielt, gab es hin und wieder auch unzufriedene Leser, wie eine Zuschrift aus dem Jahr 1944 belegt: »Betrifft Aktien des Motor-Columbus: Für diese Papiere waren Sie immer sehr pessimistisch eingestellt. Ich verweise auf Ihre Ausführungen vom Jahre 1943, dann wieder vom Februar 1944. Glücklicherweise ist das das erste Mal, dass ich mich von Ihnen habe beeinflussen lassen. Aber es genügt das eine Mal, denn ich habe eben einen größeren Posten Motor-Columbus-Aktien verkauft, und zwar zu 330 Fr., und heute stehen sie auf 382 Fr. Mit Ihrer Einstellung haben Sie also gehörig danebengehauen und ich wollte, ich wäre nicht Abonnent Ihres *Spiegels* gewesen.«[121] Zu diesem Vorwurf nahm Zickert ausführlich Stellung: »Sie haben anscheinend vom *Spiegel* Kursvoraussagen

[118] *Spiegel der Wirtschaft*, Nr. 10, Oktober 1947, S. 283.
[119] *Spiegel der Wirtschaft*, Nr. 12, Dezember 1947, S. 352.
[120] Ebenda.
[121] *Spiegel der Wirtschaft*, Nr. 10, Oktober 1944, S. 318.

erwartet, und deshalb ist es vielleicht angebracht, nochmals ausdrücklich zu erklären, dass solche Kursvoraussagen hier nicht zu finden sind, und dass auch Meinungen – ausdrücklich Meinungen – darüber, ob der Tageskurs eines Wertpapiers als hoch oder als niedrig anzusehen sei, nicht bedeuten sollen und auch nicht bedeuten können, dass der Kurs des Papieres nicht noch weiter steigen bzw. zurückgehen könne oder werde.

Speziell in den Aktien Motor-Columbus ist an den Schweizer Börsen in den letzten Monaten sehr viel ›los gewesen‹, es haben sich auch Aktionärgruppen gebildet mit dem Zweck, eine höhere Dividende und sogar eine Aufwertung der Aktien sozusagen mit Gewalt durchzusetzen. Jedenfalls hat die Phantasie reichlichen Spielraum gehabt und ist auch scheinbar oder tatsächlich durch den Vorschlag einer höheren Dividende durch die Verwaltung bestätigt worden …

Nach meiner Ansicht – ausdrücklich meiner persönlichen Meinung – ist eine Kapitalanlage in Aktien Motor-Columbus stets spekulativ, und auch die Berechnungen von Renditen können höchstens einen Maßstab für das größere oder geringere Risiko einer solchen spekulativen Anlage abgeben …

Eine Diskussion über den ›inneren‹ Wert oder die ›Aussichten‹ oder die spekulativen Möglichkeiten der Aktien Motor-Columbus würde ins Endlose gehen. Was ich darüber sagen kann, glaube ich bereits geschrieben zu haben … Aber nicht uninteressant ist vielleicht, dass offenbar auch andere ›danebengehauen‹ und zu früh, und zwar schon viel früher verkauft haben.«[122]

1947 darf sich Zickert über die Zuschrift eines langjährigen Lesers, eines Mediziners aus Bern, freuen, der seine zunächst kritische Einstellung gegenüber dem *Spiegel* geändert hat: »Früher schrieb ich Ihnen einmal, Ihre Ausführungen im *Spiegel* wären nach meiner Ansicht etwas zu theoretisch und zu allgemein gehalten. Seither sind viele Jahre vergangen, und ich habe den *Spiegel* regelmäßig studiert, etwa wie ich eine Fachzeitschrift durcharbeite, und ganz allmählich hat sich mir die Erkenntnis durchgesetzt, dass eine Kapitalverwaltung nur dann erfolgreich sein kann, wenn sie zuerst die allgemeinen Grundlagen erarbeitet. Sich auf ›Tips‹ verlassen, gleicht dem Blindekuh-Spiel.

Deshalb möchte ich meinen früheren Vorbehalt in aller Form zurücknehmen. Gerade durch seine allgemein gültigen Betrachtungen und Untersuchungen gibt uns der *Spiegel* jene Grundlagen, die wir unbedingt brauchen, um ein Kapital mit Erfolg zu verwalten. Aber der *Spiegel* muss durchgearbeitet, nicht durchgeblättert werden.«[123]

»Hei lewet noch.«
Diesen »Spaziergang« durch die »Briefmappe« des *Spiegels* von 1931 bis 1954 wollen wir mit einer Zuschrift vom September 1953 beenden: »*Die Prognose* in Stuttgart erwähnt in einem Artikel den Baltic-Verlag in Vaduz, der den *Spiegel der Wirtschaft* herausgeben soll. Wie teuer ist diese Zeitschrift, und wie oft erscheint sie im Monat? Können Sie mir eine Probenummer schicken? In diesem Zusammenhang erlaube ich mir die Anfrage, ob ein Herr Dr. Zickert noch lebt, dem ich die Erhaltung eines großen Teiles meines Vermögens zu verdanken habe.«[124] Zickert erwiderte trocken: »Hei lewet noch.«[125]

## Lesermeinung ist gefragt

Zickert zog die Leser mit in die Diskussion um die Gestaltung des *Spiegels* ein. So wurden in der Zeitschrift regelmäßig die Kurse von 259 Aktien und 60 Anleihen publiziert. Mithilfe der Leserschaft wollte er die Auswahl der Wertschriften im Januar 1939 überprüfen und verbessern. Er listete zu diesem Zweck die Anleihen nach Ländern auf und gruppierte die Aktien in folgende Rubriken: Rohstoffe und Waren, Gewinnung und Verarbeitung vegetabiler und tierischer Rohstoffe, Allgemeine industrielle Produktion, Handelsunternehmungen, Tarifunternehmungen, Finanz- und Holdinggesellschaften. Innerhalb der einzelnen Aktiengruppe (Branche) wählte er einige Spitzenwerte aus. Nach Meinung von Zickert werden in der gleichen Branche einerseits gemeinsame Einflüsse und andererseits bei der einzelnen Gesellschaft spezifische

[122] *Spiegel der Wirtschaft*, Nr. 10, Oktober 1944, S. 318.
[123] *Spiegel der Wirtschaft*, Nr. 2, Februar 1947, S. 50.
[124] *Spiegel der Wirtschaft*, Nr. 9, September 1953, S. 265.
[125] Ebenda.

Einflüsse wirksam. Als Beispiel für gemeinsame Einflüsse nennt Zickert die Bleibergwerke, welche alle vom steigenden Bleipreis profitieren würden. »Die besondere Struktur kann«, so Zickert, »im Standort gegründet sein (z. B. bei Bergwerken im Umfang und der Beschaffenheit der Minerallager), oder im Besitz von Patenten und Erfahrungen, oder in einer besonders erfolgreichen Leitung und Organisation, oder schließlich in der Kapitalisierung und dem finanziellen Stand.«[126]

Unter den Abonnenten des *Spiegels der Wirtschaft* vermutete Zickert viele Fachleute, die in den einzelnen Wirtschaftszweigen viel bessere Kenntnis über die Struktur und Ertragskraft der Unternehmungen hätten, als er je erreichen könne. Deshalb forderte er diese in der ersten Nummer des Jahres 1939 auf: »Stellen Sie diese Erfahrungen auch anderen Lesern zur Verfügung, und Sie werden durch den Austausch der Meinungen selbst davon Nutzen ziehen.« Zudem bat er »um präzise Vorschläge mit einer kurzen Begründung.«[127]

Offenbar auf Anregung von Abonnenten ergänzte Zickert ab März 1939 seinen Kurszettel im *Spiegel* und führte künftig Notizen zu den Kursbewegungen der einzelnen Papiere an. Den Zweck dieser Zusatzinformationen erklärte Zickert wie folgt: »Erstens soll der Leser eine Kontrolle haben, ob ihm nicht bei ›seinen‹ Papieren eine Veröffentlichung der Tageszeitungen im letzten Monat entgangen ist. Zweitens soll im Laufe der Zeit die Möglichkeit eines bequemen Nachschlagens erreicht werden, welche Veränderungen von Bedeutung bei den einzelnen Anleihen und Aktien [u. a. Vorschläge und Zahlungen von Dividenden, Kapitalveränderungen] eingetreten sind.«[128]

In der heutigen Finanzpresse ist es üblich, die Leserschaft in die Meinungsbildung einzubeziehen. So stellt beispielsweise der »Praktikus« in der *Finanz und Wirtschaft* regelmäßig Fragen zu aktuellen Themen der Kapitalanlage, die über das Internet beantwortet werden können. Das Ergebnis der Umfrage wird in einer späteren Zeitungsausgabe bekannt gegeben und kommentiert. Zickert praktizierte dies bereits 1939! War Zickert auch auf diesem Gebiet im deutschsprachigen Raum ein Pionier und Wegbereiter?

## *Spiegel* und Baltic-Verlag nach dem Tod von Zickert

Hermann Zickert gründete 1931 die Baltic-Verlag G.m.b.H. in Berlin, in welcher die ersten acht Ausgaben der Finanzzeitschrift *Wachet auf!* erschienen sind.

Am 12. September 1931 wurde die »Baltic-Verlag und Verwaltungs-Gesellschaft mit beschränkter Haftung in Schaan« ins liechtensteinische Öffentlichkeitsregister eingetragen. Deren Zweck lautete: »Herausgabe einer finanzpolitischen Zeitschrift, Betrieb von Verlagsgeschäften jeder Art, sowie Verwaltungsgeschäfte«. Einziger Geschäftsführer mit Einzelzeichnungsrecht war »Dr. Hermann Zickert, Schriftsteller in Schaan«. Als Repräsentant fungierte Guido Feger, Vaduz. Das Stammkapital betrug 5 000 Schweizer Franken, »geleistet durch zwei voll und bar einbezahlte Stammeinlagen von 4 000 Frs. und 1 000 Frs.«[129]

Nach dem Tod von Hermann Zickert im August 1954 erlebten der Baltic-Verlag und die Redaktion des *Spiegels der Wirtschaft* eine ausgesprochen wechselvolle Geschichte. Am 29. Oktober 1954 wurde die Ehefrau von Hermann Zickert, Herta Zickert, als Geschäftsführerin des Baltic-Verlags ins Öffentlichkeitsregister eingetragen. Die Redaktion des *Spiegels* übernahm nach Zickerts Tod für rund drei Jahre Martin Antel, Diplom-Volkswirt aus Berlin.[130] In der Dezember-Ausgabe von 1958 wird das Ende einer Reorganisationsperiode angekündigt, die durch einen zweimaligen Wechsel in der Redaktion – zu Beginn und in der zweiten Hälfte des Jahres – notwendig geworden war. »In diesem Übergangsabschnitt haben sich natürlich Schwierigkeiten ergeben, die oft nicht leicht zu meistern waren ... Im kommenden Jahre werden diese Unzuträglichkeiten überwunden sein, und der *Spiegel der Wirtschaft* wird wieder jeweils zu Beginn des Monats erscheinen.«[131]

Am 30. Mai 1959 wurde der Sitz des Verlags von Schaan nach Vaduz verlegt und gleichzeitig Herta Zickert, wird weiter vorne bereits erwähnt,

---

[126] *Spiegel der Wirtschaft*, Nr. 1, 1. Januar 1939, S. 7.
[127] Ebenda, S. 8.
[128] *Spiegel der Wirtschaft* Nr. 9, 5. März 1939, S. 65.
[129] Kundmachung des Fürstl. liechtenst. Land- als Handelsgericht, Nr. H VIII/52, vom 12. September 1931.
[130] *Spiegel der Wirtschaft*, Nr. 10, Oktober 1954, S. 273.
[131] *Spiegel der Wirtschaft*, Nr. 12, Dezember 1958, S. 349.

als Geschäftsführerin mit Einzelzeichnungsrecht gelöscht. 1961 konnte der *Spiegel der Wirtschaft* sein 30-jähriges Jubiläum feiern. In einem aus diesem Anlass verfassten Schreiben heißt es unter anderem: »Unser Verlag zählt somit zu den drei ältesten Kapital-Anlageberatern in der Welt. Es sind dies: Standard & Poors, United Business Service, Baltic-Verlag G.m.b.H. In diesen 30 Jahren haben wir nach den alten, stets für richtig befundenen Systemen und Methoden gearbeitet und die äußere Form unserer Publikationen kaum verändert. Nun haben zahlreiche Abonnenten den Wunsch geäußert, wir möchten uns den heutigen modernen Gegebenheiten anpassen und uns von den etwas erstarrten, althergebrachten ›Gebräuchen‹ lösen.«[132] In welcher Form der Verlag den Anliegen und Anregungen der Leserschaft nachkam, zeigen die weiteren Ausführungen: »... und [wir] haben die Angelegenheit mit unserem Mitarbeiterstab eingehend besprochen. Wir freuen uns, Ihnen heute das Resultat unserer Überlegungen ankündigen zu können:

1. Wir werden im *Spiegel der Wirtschaft* jährlich eine Gruppe von 75 empfehlenswerten Aktien und Obligationen nach folgendem Schema diskutieren:
   - 20 Titel mit Wuchsaussichten
   - 10 zurückgebliebene Dividendenpapiere mit guten Erholungsmöglichkeiten
   - 10 interessante Wandelobligationen
   - 10 Aktien mit hoher Rendite
   - 5 interessante Aktien mit bevorzugter steuerlicher Behandlung im Hinblick auf Dividende und Veräußerungsgewinn
   - 10 Aktien von Gesellschaften, die üblicherweise Stockdividenden ausschütten
   - 10 Obligationen mit kurzfristiger Laufzeit zur vorübergehenden Anlage freiwerdender Mittel.

Diese 75 Papiere werden durch unseren Mitarbeiterstab einer laufenden Beobachtung unterzogen und die letzten Nachrichten über die betreffenden Gesellschaften im *Spiegel der Wirtschaft* publiziert.

2. Erhält jeder *Spiegel*-Abonnent in Zukunft gratis ein Jahrbuch mit umfassenden Informationen, statistischen Daten etc., die für jeden Anleger von Interesse sind.
3. Haben wir für Sie eine große Attraktion: Wir nennen Ihnen zu Beginn jeden Jahres 10 Papiere, die Ihnen Kursgewinne bringen werden. Diese Informationen sind streng vertraulich und nur für Abonnenten des *Spiegels* bestimmt…

Trotz dieser Verbesserungen wird der Abonnementspreis des *Spiegels der Wirtschaft* einstweilen nicht erhöht.«[133]

Im Juli 1961 ging der traditionelle Baltic-Verlag in eine neue Inhaberschaft über. In den Sechzigerjahren wurde eine Filiale in Buchs, St. Gallen, eröffnet, wo nun auch die Redaktion ihren Sitz hatte. Die Firma »Anef-Baltic Börsenberatung, Verlag- und Verwaltungsgesellschaft mit beschränkter Haftung« in Vaduz gab neben dem *Spiegel der Wirtschaft* auch die vierseitige Wochenpublikation *IBV Internationale Börsenvorschau* heraus, die aus dem 1956 erstmals erschienenen *Kommentar zur Börsenlage* hervorgegangen war.[134]

Von 1959 bis 1972 wechselte der Firmawortlaut mehrmals, und die Statuten erfuhren immer wieder Anpassungen. Im Oktober 1970 verschwand der Name Baltic im Wortlaut der Firma. Gemäß Beschluss der Generalversammlung wurde dieser geändert in: »Spiegel der Wirtschaft (SW-Magazin) Gesellschaft mit beschränkter Haftung«. Seit 1990 ist im liechtensteinischen Öffentlichkeitsregister die »Wirtschafts-Verlag Spiegel der Wirtschaft von 1931 Gesellschaft mit beschränkter Haftung« mit Sitz in Schaan eingetragen.[135]

Aufgrund der verfügbaren Unterlagen muss davon ausgegangen werden, dass die Herausgabe des legendären *Spiegels* in der ersten Hälfte der Siebzigerjahre eingestellt wurde.

[132] Schreiben der Baltic-Börsenberatung, Verlags- und Verwaltungs-G.m.b.H., Vaduz, undatiert.
[133] Ebenda.
[134] Diese Information verdanke ich Ingrid Hassler-Gerner, Eschen, die von 1964 bis 1989 als Redakteurin und Geschäftsleitungsmitglied für die Verlagsgruppe »Spiegel der Wirtschaft« tätig war.
[135] Handelsregister des Fürstentums Liechtenstein, Vaduz, Band VIII, S. 77, Nr. 52.

# Verbot des *Spiegels der Wirtschaft* in Nazi-Deutschland

### Intervention der liechtensteinischen Regierung

Am 30. Juni 1936 erfuhr Hermann Zickert vom Postamt Vaduz von einem Verbot seiner Zeitschrift *Spiegel der Wirtschaft* in Deutschland. Das Verbot mit dem Zusatz »bis auf weiteres«[136] kam für ihn offenbar wie ein Blitz aus heiterem Himmel. Zickert verständigte umgehend die liechtensteinische Regierung, die bereits am 8. Juli ein Schreiben an das Eidgenössische Politische Departement, Abteilung für Auswärtiges, Bern, richtete mit der Bitte »um gefl. Intervention bei den Deutschen Reichsbehörden«. Weiter ersuchte sie, in Erfahrung zu bringen, »welche Gründe zur Erlassung des Verbotes geführt haben.«[137] Im Brief der Regierung wird der *Spiegel der Wirtschaft* näher vorgestellt: Die Zeitschrift habe in 29 verschiedenen Ländern Abonnenten und die Zahl der deutschen Bezüger sei auf rund 2 000 gestiegen. »Der Ausfall der deutschen Bezüger« hätte für die Zeitschrift gravierende Folgen, »ja es ist zu befürchten, dass unter diesen Umständen sogar die Einstellung des Erscheinens der Zeitung erfolgen muss.«[138] Aber auch »vom Standpunkte der Arbeitsbeschaffung im liechtensteinischen Buchdruckergewerbe« habe die Regierung »ein Interesse daran, dass die Druckauflage der Zeitschrift nicht eine so namhafte Kürzung« erfahre.[139] Erwähnt werden auch Bemühungen, beim deutschen Generalkonsulat in Zürich Näheres über die Gründe des Verbots zu erfahren. Diese seien jedoch erfolglos geblieben. Deshalb sei man »auch nicht in der Lage, die Mängel zu beheben oder allfällige Missverständnisse zu beseitigen, die dem Verbote zugrunde liegen könnten.«[140]

Diesem Schreiben der Regierung vom 8. Juli 1936 an das Eidgenössische Politische Departement waren persönliche Bemerkungen Zickerts im Umfang von rund zweieinhalb A4-Seiten – unterzeichnet mit »Baltic-Verlag, Zickert« – beigefügt. Zickert erläuterte in seinen Ausführungen die Entstehung der Zeitschrift *Spiegel der Wirtschaft* sowie deren Zweck (u. a. »objektive wirtschaftswissenschaftliche Untersuchung der gegenwärtigen wirtschaftlichen Vorgänge und ihrer Beziehungen zur Vergangenheit u. Zukunft«) und machte Angaben zum Leserkreis (meist deutschsprachige Geschäftsleute auch außerhalb Europas) und zum Vertrieb (Belieferung nur auf Empfehlung, kein »Straßenhandel«, keine »allgemeine Propaganda«). Die Zeitschrift vertrete »keinerlei politische oder sonstige Tendenz« und der Inhalt des *Spiegels* sei nie beanstandet worden. Im Gegenteil – dem Herausgeber seien »dauernd Anerkennungen in großem Maße zugegangen.«[141] Als Beispiel führte Zickert das Schreiben einer großen Wuppertaler Firma vom Juni 1936 an.

Zu seiner Person gab Zickert an, er sei deutscher Reichsangehöriger und seine Familie rein arischer Abstammung. Er habe im Ersten Weltkrieg im Rang eines Offiziers an der Westfront als Luftbeobachter gedient und sei mit dem Frontkämpfer-Ehrenkreuz ausgezeichnet worden. Während seiner Tätigkeit in Deutschland habe er »niemals einer Partei angehört und sich auch sonst niemals parteipolitisch betätigt.«[142]

## Gründe für das Verbot des *Spiegels*

In einem handgeschriebenen Brief bedankte sich Zickert am 11. Juli 1936 bei Dr. Josef Hoop für die Bemühungen der liechtensteinischen Regierung. Wie stark das Verbot des *Spiegels* in Deutschland Zickert belastet haben muss, zeigt folgende Anmerkung: »An die Gesandtschaft in Bern habe ich gleichfalls geschrieben.«[143] Weiter heißt es: Ein Leser habe das Verbot der Zeitschrift auch im »Reichsgesetzblatt« gelesen. »Anscheinend ist das aber weder in Bern noch in Zürich bekannt.«[144]

Am 21. Juli 1936 teilte das Eidgenössische Politische Departement der liechtensteinischen Regierung mit, »dass laut der bei der Presseabteilung des Auswärtigen Amtes eingezogenen Erkundigung die im Baltic-Verlag in Vaduz erscheinende Zeitschrift *Spiegel der Wirtschaft* in Deutschland wegen zweier Artikel ›Die Konjunkturprognose‹ und ›Schacht gegen Schacht‹ in Nummer 1 vom 5. Januar d. J. verboten worden sei.«[145] Die liechtensteinische Regierung bedankte sich nur zwei Tage später ver-

[136] LLA RF 163/065, Visitenkarte mit Aktenvermerk, undatiert.
[137] LLA RF 163/065, Schreiben vom 8. Juli 1936.
[138] Ebenda.
[139] Ebenda.
[140] Ebenda.
[141] LLA RF 163/065, Schreiben vom 6. Juli 1936.
[142] Ebenda.
[143] LLA RF 163/065, Schreiben vom 11. Juli 1936.
[144] Ebenda.
[145] LLA RF 163/065, Schreiben vom 21. Juli 1936.

**EIDGENÖSSISCHES POLITISCHES DEPARTEMENT**
**DÉPARTEMENT POLITIQUE FÉDÉRAL**

ABTEILUNG FÜR AUSWÄRTIGES
DIVISION DES AFFAIRES ÉTRANGÈRES

B 24.Liecht.66.- JV

Bitte dieses Zeichen in der Antwort wiederholen
Prière de rappeler cette référence dans la réponse

    In Beantwortung der geschätzten Note vom 8. d.M. beehrt sich das Eidgenössische Politische Departement der Fürstlich Liechtensteinischen Regierung auf Grund eines Berichts der Schweizerischen Gesandtschaft in Berlin mitzuteilen, dass laut der bei[...] des Auswärtigen Amtes eingezogenen E[...]
Vaduz erscheinende Zeits[...]
Deutschland wegen zweier [...]
und "Schacht gegen Schach[...]
verboten worden sei.

    Das Politisc[...]
um die Fürstliche Regi[...]
tung zu versichern.

    Bern,

An die
Fürstlich Liechtensteinisc[...]

---

Dr. Hermann Zickert

Vaduz, 11. Juli 1936
Fürstentum Liechtenstein

Sehr geehrter Herr Regierungschef. Mit bestem Dank stelle ich Ihnen anbei nach Kenntnisnahme das gefl. Schreiben wieder zurück.

An die Gesandtschaft in Bern habe ich gleichfalls geschrieben.

Wie mir ein Leser aus Deutschland mitteilt, hat er durch Zufall das Verbot der Zeitschrift im "Reichsgesetzblatt" gelesen. Ausscheinend ist das aber weder in Bern noch in Zürich bekannt.

Mit verbindlichster Empfehlung
Ergebenst
Zickert.

Regierungschef Dr. Josef Hoop.

Korrespondenz im Zusammenhang mit dem Verbot des *Spiegels der Wirtschaft*.

bindlichst »für die liebenswürdigen Erkundigungen in Berlin ... Der Baltic-Verlag wurde über das Ergebnis der Erkundigungen verständigt.«[146]

Welches waren die wirklichen Gründe für das *Spiegel*-Verbot durch Nazi-Deutschland? War es die Kritik am deutschen Konjunkturforschungsinstitut und an der Politik des Reichsbankpräsidenten? Waren es die Widersprüche, die Zickert in den Äußerungen des Reichsbankpräsidenten aufgedeckt hatte? War es die von Zickert geforderte massive Abwertung der Reichsmark? Oder war das Verbot des *Spiegels der Wirtschaft* einfach eine Folge der Gleichschaltung der Presse durch das Goebbel'sche Propagandaministerium, auf deren Grundlage man unbequeme Publikationsorgane auch im Ausland verboten hatte?

## Reaktionen auf das Verbot des *Spiegels*

Am 28. Juli 1936 schrieb Zickert – unter Beilage der Nummer 1 des *Spiegels* vom 5. Januar 1936, welche die beiden umstrittenen Artikel enthält – im Namen des Baltic-Verlags an die Regierung in Vaduz: »Die nähere Durchsicht dieser beiden Aufsätze läßt deutlich erkennen, dass es sich dabei fast ausschließlich um die Wiedergabe aus dem Inhalt eines in Deutschland im Jahre 1935 erschienenen Buches handelt. Es ist dies das Werk von Albrecht Forstmann ›Der Kampf um den internationalen Handel‹, erschienen in Berlin in der Haude & Spenerschen Buchhandlung. Dieser Verlag gilt als führend gerade für die Herausgabe nationalsozialistischer Wirtschaftsliteratur.«[147] Zickert habe seine Informationen stets öffentlichen deutschen Quellen entnommen. Ihm könne »kein Vorwurf daraus gemacht werden, dass er seine Leser mit dem Inhalt eines in Deutschland öffentlich erschienenen wirtschaftswissenschaftlichen Buches bekannt gemacht« habe, von dem er annehmen musste, dass die Diskussion dieser Fragen auch in Deutschland erlaubt sei.[148] Und gegen Schluss des Briefes heißt es: »Wir unterbreiten diese Sachlage zu einer geneigten Prüfung mit der ergebensten Bitte, bei den zuständigen Stellen um eine Aufhebung des nach sechs Monaten nach Erscheinen der fraglichen Artikel ergangenen Verbotes des *Spiegels der Wirtschaft* für

Deutschland bemüht zu bleiben.«[149] Die liechtensteinische Regierung schrieb dann am 8. August 1936 an das Eidgenössische Politische Departement, die »fürstliche Regierung« beehre sich, »anbei ein Schreiben des Baltic-Verlages in Vaduz samt einer Nr. 1 des *Spiegels der Wirtschaft* vom 5. Jänner 1936 zur gefl. Einsicht zu übersenden. Der Baltic-Verlag bittet, die Schweizerische Gesandtschaft in Berlin möge unter Hinweis auf die Gründe des mitfolgenden Ansuchens vom 28. Juli 1936 bei den Reichsbehörden die Aufhebung des Verbotes für den *Spiegel der Wirtschaft* erwirken. Die fürstliche Regierung unterstützt dieses Ansuchen bestens.«[150]

Im Brief an die Regierung fällt unter anderem der ausdrückliche Hinweis Zickerts auf, dass er in den beanstandeten Beiträgen lediglich Passagen aus dem Buch »Der Kampf um den internationalen Handel« von Albrecht Forstmann wiedergegeben oder sich auf öffentliche und daher allgemein zugängliche deutsche Quellen berufen habe. Zum Inhalt der fraglichen Artikel werden keine Angaben gemacht.

## »Die Konjunkturprognose« und »Schacht gegen Schacht«

Im Aufsatz »Die Konjunkturprognose« kritisiert Zickert die Arbeit des 1925 gegründeten Instituts für Konjunkturforschung, vor allem dessen Wirtschaftsprognose im Jahr 1929. Er stützt sich bei seiner Kritik teilweise auf Ausführungen von Albrecht Forstmann im Buch »Der Kampf um den internationalen Handel«, meint dann aber, ohne diesen zu zitieren: »Das letzte Restchen Achtung vor den statistischen Konjunkturprognosen ist jetzt auch noch weg.«[151] Oder an anderer Stelle führt Zickert sinngemäß aus: Er sei sich bewusst, dass die Konjunkturforschung keine exakte Wissenschaft sein könne, aber das deutsche Institut habe sich 1929 schon ganz gewaltig geirrt. »Wenn so große Institute mit so großen Aufwendungen an Personen und Geldmitteln in ihren Forschungsergebnissen so gründlich versagen, wie muss dann die Planwirtschaft aussehen, die sich auf solchen ›Wahrheiten‹ aufbaut!«[152]

146 LLA RF 163/065, Schreiben vom 23. Juli 1936.
147 LLA RF 163/065, Schreiben vom 28. Juli 1936.
148 Ebenda.
149 Ebenda.
150 LLA RF 163/065, Schreiben vom 8. August 1936.
151 *Spiegel der Wirtschaft*, Nr. 1, 5. Januar 1936, S. 2.
152 Ebenda.

Mit dem Artikel »Schacht gegen Schacht« deckt Hermann Zickert Widersprüche in der Argumentation des damaligen Reichsbankpräsidenten Dr. Hjalmar Schacht[153] auf. Entgegen der Meinung von Schacht spricht sich Zickert für eine massive Abwertung der Reichsmark aus. »Das Nachdenken über die Gründe des Widerspruchs steht frei.«[154] Und in einem etwas zynischen Ton fährt Zickert fort: »Ich glaube, dass die ungeheure Kleinarbeit des Tages die für große Entschlüsse notwendige Kraft raubt. Deshalb wird ›fortgewurstelt‹. Nämlich in der Devisenwirtschaft.«[155]

In den Beiträgen »Die Konjunkturprognose« und »Schacht gegen Schacht« zitiert Zickert immer wieder Passagen aus der bereits genannten Publikation »Der Kampf um den internationalen Handel« von Albrecht Forstmann. Gleichzeitig identifiziert sich Zickert mit dem Werk von Forstmann, wenn er sagt: »Selten habe ich ein Buch über moderne Wirtschaftsfragen gelesen, dessen Ausführungen ich so weitgehend zustimmen konnte.«[156] Zickert fordert wie Forstmann eine massive Abwertung der Reichsmark und die »Aufgabe der Pseudo-Stabilität«. Es ist die Rede von einer Abwertung bis zu 70 Prozent. In einem Punkt geht Zickert mit Forstmann jedoch nicht einig. Während dieser »schlagartig« eine »neue Parität« verkünden will, plädiert Zickert für »einen beweglichen Devisenkurs«.[157] Reichsbankpräsident Schacht war offenbar gegen eine Abwertung. Zickert schreibt nämlich: »Die Bekämpfung einer wohlbegründeten Devalvationsforderung mit dem Entgegenhalten des Schreckgespenstes der Inflation wird durch die eigenen Worte von Dr. Schacht gekennzeichnet: ›Wenn man nichts mehr gegen den Gegner zu sagen weiß, so beschuldigt man ihn der Inflationstendenz.‹«[158]

### Liechtensteinische Regierung erhöht Druck auf Berlin

Am 31. März 1937 – also neun Monate nachdem der *Spiegel* in Deutschland durch das nationalsozialistische Regime verboten worden war – schrieb die Regierung in Vaduz an das Eidgenössische Politische Departement in Bern: »Unter Bezugnahme auf unsere Note vom 8. Juli 1936

Nr. 162/65 und vom 8. August 1936 Nr. 163/65 beehrt sich die fürstliche Regierung um gefl. Auskunft zu ersuchen, ob bezüglich der Aufhebung des deutschen Verbotes der in Vaduz erscheinenden Zeitschrift *Spiegel der Wirtschaft* noch keine Entscheidung der Deutschen Behörden eingelangt ist.«[159] Und weiter heißt es: »Nach den der fürstlichen Regierung zugekommenen privaten Meldungen soll deutscherseits die Aufhebung des Verbotes bereits ausgesprochen sein, indessen ist eine offizielle Mitteilung hierüber bisher nicht eingelangt.«[160]

## Aufhebung des Verbots

Gemäß einer »Verbalnote« (nicht unterschriebene, vertrauliche diplomatische Note) vom 29. Juni 1937 wird der Schweizerischen Gesandtschaft in Berlin vom Auswärtigen Amt in Berlin – gestützt auf die Verbalnote vom 6. April d. J., V 1/96 – mitgeteilt, »dass das Verbot dieser Zeitschrift [*Spiegel der Wirtschaft*] mit Wirkung vom 15. Juni aufgehoben worden ist.«[161] Das Verbot erstreckte sich somit fast über ein ganzes Jahr.[162] Gründe für die Aufhebung des Verbots werden in der Verbalnote nicht angeführt.

»Für die erfolgreichen Bemühungen für die in Vaduz erscheinende Zeitschrift *Spiegel der Wirtschaft*« bedankte sich die fürstliche Regierung beim Eidgenössischen Politischen Departement mit Schreiben vom 7. Juli 1937 »verbindlichst«.[163] Noch am gleichen Tag wurde Zickert von der Regierung schriftlich informiert, dass die Zeitschrift *Spiegel der Wirtschaft* »mit Wirkung vom 15. Juni in

[153] Bereits im September 1934 hatte sich Zickert kritisch über Dr. Schacht geäußert: »Die große Rede des Reichsbankpräsidenten in Leipzig war nicht das erwartete Programm. Sie war eine Verteidigungsrede. Hauptsächlich für Dr. Schacht selbst. Für seine Nichtschuld an der gegenwärtigen Lage.« Aus: *Spiegel der Wirtschaft*, Nr. 33, 2. September 1934, S. 3. – »Das [von Dr. Schacht angekündigte] Programm wird die Schwierigkeiten des deutschen Aussenhandels, der Rohstoffeinfuhr und Fabrikatausfuhr aus diesen Rohstoffen nicht beseitigen. Es führt notwendig zu einer weiteren Veramtung des Außenhandels. Über deren Folgen Dr. Schacht ganz richtig gesagt hat: ›Sie legen jedes Transitgeschäft völlig lahm, leiten den Handel in unnatürliche Kanäle und lassen eine Bürokratie entstehen, unter deren Einfluss jede freie kaufmännische Initiative verschwindet.‹ – Also bleibt nur eine konstruktive Lösung! Die sieht aber zunächst einem Experiment zum Verwechseln ähnlich. Wie kann man das eine fordern und das andere *a limine* ablehnen?« Aus: *Spiegel der Wirtschaft*, Nr. 33, 2. September 1934, S. 6.
[154] *Spiegel der Wirtschaft*, Nr. 1, 5. Januar 1936, S. 5.
[155] Ebenda.
[156] Ebenda.
[157] Ebenda, S. 6.
[158] Ebenda, S. 7/8.
[159] LLA RF 163/065, Schreiben vom 31. März 1937.
[160] Ebenda.
[161] LLA RF 163/065, Verbalnote vom 29. Juni 1937.
[162] Für die *Neue Zürcher Zeitung* beispielsweise dauerte das Verbot in Deutschland – nach einer erstmaligen kurzfristigen Verfügung im September 1933 – wesentlich länger, nämlich vom 30. Juni 1934 bis zum Ende des nationalsozialistischen Regimes im Mai 1945. Aus Conrad Meyer: Das Unternehmen NZZ 1780 bis 2005. 225 Jahre *Neue Zürcher Zeitung*. Zürich 2005, S. 148.
[163] LLA RF 163/065, Schreiben vom 7. Juli 1937.

Deutschland wieder zugelassen worden ist.«[164] Zickert bedankte sich im Namen des Baltic-Verlags bei der Regierung »ergebenst für die erfolgreichen Bemühungen zur Aufhebung des Verbotes unserer Zeitschrift *Spiegel der Wirtschaft* in Deutschland.«[165]

Was führte zur Aufhebung des *Spiegel*-Verbots in Deutschland? Spielte Zickerts arische Abstammung oder seine Dienstzeit während des Ersten Weltkrieges, die er im Rang eines Offiziers beendete, eine Rolle? Da die liechtensteinische Regierung und Zickert keine offizielle Begründung für das Verbot erhielten, kann man über die Gründe wohl nur spekulieren.

Für Zickert persönlich stand viel auf dem Spiel, hatte doch der *Spiegel der Wirtschaft* damals rund 2 000 Abonnenten in Deutschland. Wahrscheinlich hätte ein mehrjähriges Nichterscheinen des *Spiegels* für Zickerts Baltic-Verlag gravierende finanzielle Konsequenzen gehabt.

Die liechtensteinische Regierung nahm die Angelegenheit sehr wichtig, »auch vom Standpunkte der Arbeitsbeschaffung im liechtensteinischen Buchdruckergewerbe«.[166] Sie unterstützte Zickert tatkräftig im Notenwechsel über Bern nach Berlin. Regierungschef Hoop, der mit Zickert freundschaftlich verbunden war, engagierte sich in dieser Angelegenheit persönlich. Hat sich dies positiv ausgewirkt? Wurden Wirtschaftskreise in Deutschland, die Zickerts Publikationen lasen und schätzten, für ihn bei der Reichsregierung vorstellig? Über all dies lässt sich heute nur rätseln.

---

[164] LLA RF 163/065, Schreiben vom 7. Juli 1937.
[165] LLA RF 163/065, Schreiben vom 10. Juli 1937.
[166] LLA RF 163/065, Schreiben der liechtensteinischen Regierung vom 8. Juli 1936 an das Eidgenössische Politische Departement, Abteilung für Auswärtiges, Bern.

# Zickert als Finanzanalyst

Dr. Hermann Zickert (1885 bis 1954).

Benjamin Graham verfasste zusammen mit David Dodd 1934 das Buch »Security Analysis«[167]. Vor allem aufgrund dieser Publikation gilt Graham als »Urvater der Finanzanalyse«. »Diese Auszeichnung wurde ihm verliehen, da es vor ihm diesen Beruf [des Finanzanalysten] nicht gab und diese Bezeichnung erst nach ihm eingeführt wurde.«[168]

Zickert analysierte bereits 1926 – also acht Jahre vor der Veröffentlichung von »Security Analysis« – nach einem von ihm entwickelten Modell börsenkotierte Unternehmen. Er hat dieses Modell und die Aktienanalysen von rund achtzig deutschen Unternehmungen im Buch »Aktien-Analysen des Wirtschaftlichen Ratgeber« zusammengefasst, das 1927 erschienen ist.[169] Worauf basiert das von Zickert entwickelte Analysemodell? Was wollte er mit den Aktienanalysen erreichen? Wie sah Zickerts »Asset Allocation« 1938 aus? Wie und wann zum ersten Mal verwendete Zickert den Fachausdruck Kurs-Gewinn-Verhältnis?

## Das Aktienanalyse-Modell

Zur Frage, wie man Aktiengesellschaften analysiere, äußerte sich Zickert 1927 wie folgt: »Dafür gibt es noch keine Erfahrungen und auch in den vorliegenden Untersuchungen sind gewiss noch keine endgültigen Ergebnisse überall erzielt worden. Vielmehr sollen die Methoden ja erst gefunden werden.«[170] Für Zickert war eine Aktiengesellschaft »ein Organismus«, dessen Existenz und Entwicklung von bestimmten Bedingungen abhängen. So wie ein Arzt über die wahrscheinliche Entwicklung einer natürlichen Person ein Urteil abgebe, so sollte es nach Meinung von Zickert auch möglich sein, aufgrund spezifischer Merkmale ein Urteil über die wahrscheinliche Entwicklung einer juristischen Person abzugeben. »Die vorliegenden Arbeiten sind ein Versuch nach dieser Richtung.«[171] Zickert vertrat die Auffassung, dass »die Ermittlung des Gesundheitszustandes der Aktiengesellschaften« immer wichtiger

[167] Deutsche Ausgabe: Geheimnisse der Wertpapieranalyse. Überlegenes Wissen für Ihre Anlageentscheidungen. München 1999.
[168] Robert G. Hagstrom: Buffettissimo! Die 12 Erfolgsprinzipien für die Börse von heute. Mit Warren Buffett in die Zukunft. Frankfurt 2002, S. 75/76.
[169] Hermann Zickert: Aktien-Analysen des Wirtschaftlichen Ratgeber. Königs Wusterhausen bei Berlin 1927.
[170] Ebenda, S. 6.
[171] Ebenda, S. 5.

werde, da sich das Aktienwesen in allen Ländern stark ausbreite. Wie geht Zickert bei der Unternehmens- beziehungsweise Aktienanalyse vor? Er schildert zunächst die Vorgeschichte des Unternehmens. »Zur Vorgeschichte gehören die früheren Veränderungen im Vermögensbestand, in den Leistungen, die Kapitalerhöhungen, Sanierungen, Dividenden.«[172] Dann unterscheidet Zickert in seiner Schrift »Aktien-Analysen des Wirtschaftlichen Ratgeber« zwischen technischer Konstitution eines Unternehmens (Umfang der Betriebsanlagen, Betriebsleistungen und ihre Grenzen), finanzieller Konstitution (Bilanzen, Gewinn- und Verlust-Rechnungen), juristischer Konstitution (Verwaltung und Aktionäre), Art der Berichterstattung und schließlich Stellung der Aktien an der Börse.

Jede Unternehmens- beziehungsweise Aktienanalyse, so Zickert 1927, »muss zu einem Ergebnis führen, zu einem Urteil, ob und wie die Aktie für eine Kapitalanlage geeignet ist.«[173] Dieses Ergebnis gliederte er in ein Urteil über die Sicherheit der Kapitalanlage, die Aussichten der künftigen Rente (laufende Erträge, Dividende) sowie die Größe des Marktes. Was die Sicherheit betrifft, so war für Zickert das Verhältnis Grundkapital (Substanzwert) zu Aktienkapital wichtig: »Je mehr das erste das zweite übersteigt, desto größer ist die Sicherheit der Erhaltung des Kapitals und einer dauernden Rente.«[174] Allerdings schränkte er diese Aussage wieder ein, wenn er schreibt: »Auch bei einer guten Relation von Gesamtkapital zu Aktienkapital kann die Sicherheit gering sein, wenn die Art und der Umfang der Geschäfte große Risiken in sich bergen.«[175] Zickert verwendete für die Charakterisierung der Sicherheit fünf Grade: sehr groß, groß, ausreichend, gering und sehr gering. Für die Beurteilung der Aussichten diente Zickert das Verhältnis zwischen wirklichem Ertrag und ausgeschütteter Dividende. Als »gut« beurteilte er beispielsweise die Aussichten, wenn das Unternehmen durch hohe zurückbehaltene Gewinne die Substanz vergrößert und damit »künftige Mehrerträge vorbereitet«.[176]

Zickert analysierte 1926 auch die beiden deutschen Elektrokonzerne Siemens & Halske[177] und Allgemeine Elektrizitäts-Gesellschaft (A.E.G.)[178]. In Bezug auf die Sicherheit erhielt Siemens & Halske die Note »sehr groß«, A.E.G. wurde mit »groß« bewertet. Die Beurteilung der Aussichten lautete für Siemens & Halske »gut« und für die A.E.G. (Stammaktien) »mittelmäßig«. 1937, also rund zehn Jahre nach Veröffentlichung dieser Aktienanalysen, schrieb Zickert im *Spiegel*: »Als ich vor reichlich zehn Jahren mit den Untersuchungen über die Lebenskraft von Unternehmungen, den sog. Aktienanalysen begann, befanden sich unter den ersten ›Proben‹ auch die beiden großen deutschen Elektrokonzerne… In der großen Krise [Börsenkrach in New York 1929] zeigte sich der Unterschied in der Kapitalisierung dann deutlich genug. Während Siemens & Halske mit der Dividende nur bis auf 7 Prozent heruntergingen, schloss die A.E.G. mit Verlusten ab und legte dann 1936 das Kapital 3:1 zusammen. An der Stelle der ungefähr gleichen Bewertung von 1926 steht jetzt ein Verhältnis der Kurse von etwa 210 Prozent zu 42 Prozent (für die alte A.E.G.-Aktie). Diese verschiedene Entwicklung ist kein Zufall, sondern in erster Linie eine Folge der verschiedenen Konstitution, die für über ein Jahrzehnt bestimmend war.«[179] Neben der Beurteilung der Sicherheit und den Aussichten des Unternehmens war für Zickert die Größe des Marktes der Aktien an der Börse das dritte wichtige Kriterium für die Bewertung von Aktien. Bereits 1924 wies Zickert in seiner Publikation »Die acht Gebote der Finanzkunst« auf die Bedeutung der Marktgängigkeit von Börsenpapieren hin. So lautet das 3. Gebot: »Kaufen Sie nur marktgängige Sachen!«[180]

Am Schluss einer jeden Unternehmensstudie fasste Zickert das Pro und Contra zusammen, womit er aufzeigen wollte, was der Anleger von der Aktie in den nächsten Jahren zu erwarten hat. Nicht der kurzfristige Börsenerfolg, sondern die langfristigen Börsen- und Gewinnperspektiven waren für Zickert wichtig. Als Quintessenz lautete 1927 sein »Pro-Argument« für die Siemens-Aktie: »Die Aktien von Siemens & Halske sind stets eines der besten Anlagepapiere der Berliner Börse gewesen.«[181] Und

[172] Zickert, Aktien-Analysen des *Wirtschaftlichen Ratgeber*, S. 6.
[173] Ebenda, S. 8.
[174] Ebenda, S. 11.
[175] Ebenda.
[176] Ebenda.
[177] Ebenda, S. 132 bis 138. Nachstehend publiziert auf S. 88 bis 94.
[178] Ebenda, S. 139 bis 146.
[179] Spiegel der Wirtschaft, Nr. 43, 24. Oktober 1937, S. 369/370.
[180] Hermann Zickert: Die acht Gebote der Finanzkunst. Alles, was jeder wissen muss, der ein Vermögen erwerben oder vermehren will. Berlin 1924.
[181] Zickert, Aktien-Analysen des Wirtschaftlichen Ratgeber, S. 138.

Die Entwicklung der deutschen Elektrizitätskonzerne in den letzten Jahren ist ein sehr interessantes Kapitel. Die einzelnen Unternehmungen haben dabei nicht die gleichen Wege eingeschlagen, und auch die Resultate sind nicht gleich. Wir beginnen mit dem wichtigsten Glied des Siemens-Schuckert-Konzerns, der sich selbst als das größte elektrotechnische Unternehmen Deutschlands bezeichnet hat.

## Siemens & Halske.

Geschäftszweig: Betrieb von Fabriken und Unternehmungen jeder Art im Gebiet der Elektrotechnik.

Gründungsjahr: 1847.

Sitz der Gesellschaft: Berlin.

**Kapital.** Aktienkapital: 91 Mill. RM. Stammaktien.
6,5 Mill. RM. Vorzugsaktien.

Stückelung: 130 000 Stammaktien zu je 700 RM.
130 000 Vorzugsaktien zu je 50 RM.

Goldmarkumstellung: Stammaktien 10 : 7.
Vorzugsaktien: 20 : 1.

Obligationen: 10 Mill. Doll. 7prozentige Anleihe von 1925, davon 50 Prozent Anteil der Siemens-Schuckert-Werke.
24 Mill. Doll. 6½prozentige Anleihe von 1926, bisher mit 50 Prozent eingezahlt, davon 50 Prozent Anteil der Siemens-Schuckert-Werke.
25 Mill. RM. 6½prozentige Anleihe von 1926, davon 50 Prozent Anteil der Siemens-Schuckert-Werke.

Vorkriegskapital: 63 Mill. M.

**Geschichte.** Die Siemens & Halske A.G. ist eine Großfirma von Weltbedeutung der deutschen Elektrizitätsindustrie. Die Firma selbst wurde als offene Handelsgesellschaft im Jahre 1847 gegründet und dann gegen Ende des Jahrhunderts in eine Aktiengesellschaft mit 35 Mill. M. Aktienkapital umgewandelt. Die Krisis der deutschen Elektrizitätsindustrie um die Jahrhundertwende brachte die Aufnahme des Schuckert-Konzerns und die Gründung der Siemens-Schuckertwerke G. m. b. H. Während des Krieges stand die Expansion still. Erst im Jahre 1919 wurde das Glühlampenwerk in die gemeinsam mit der A. E. G. und der Auergesellschaft errichtete Osram-G. m. b. H. eingebracht. Das nächste Jahr zeitigte den s. Zt. angestaunten Zusammenschluß des Siemens-Schuckert-Konzerns mit dem Montankonzern Rhein-Elbe-Union auf die Dauer von 80 Jahren, der aber schon nach wenigen Jahren seinen Nimbus verlor, so daß die Interessengemeinschaft praktisch im Jahre 1925 bezw. 1926 wieder aufgelöst wurde. Wie weit die Auflösung formell gediehen ist, darüber besteht gegenwärtig noch keine Klarheit. Nach dem Vertrage der Interessengemeinschaft wurden die Gewinne aller beteiligten Großunternehmungen zusammengeworfen und von dem Gesamtgewinn sollten Siemens und Halske einen Anteil von 100/345 erhalten. Dieser Anteil würde dann den Reingewinn von Siemens & Halske im Sinne der Satzungen dargestellt haben. In Wirklichkeit hat aber niemals eine solche Gewinnteilung stattgefunden, und die Siemens & Halske A.G. dürfte die selbständige Verfügung über die in ihrem Betriebe erzielten Reingewinne vollständig wiedererlangt haben. Eine genaue Aufklärung über diese Frage ist aber bisher nicht gegeben worden. Im Juli 1927 wurden dann die Siemens-Schuckert-Werke G. m. b. H. in eine Aktiengesellschaft umgewandelt, ohne daß dabei die Kapitalziffern verändert wurden.

**Betriebsanlagen.** Die Fabrikationsbetriebe von Siemens & Halske sind schon lange vor dem Kriege in Siemensstadt bei Berlin konzentriert worden. Die Anlagen im einzelnen zu beschreiben ist nicht möglich. Das wichtigste Werk ist das Wernerwerk — zur Fabrikation von elektrischen Meßinstrumenten usw. sowie das Blockwerk zur Fabrikation von elektrischen Blockanlagen, Verbrennungsmotoren usw. Das Wernerwerk hat eine Nutzfläche von 225 000 Quadratmeter, das Blockwerk von 30 000 Quadratmeter. Die Belegschaft des Wernerwerks beläuft sich allein auf 20 000 Köpfe. Die der Gesellschaft gehörenden Grundstücke haben insgesamt eine Größe von etwa 320 Morgen, wovon 132 Morgen bebaut sind. Zum Eigenbesitz der Gesellschaft gehören außer den Werken in Siemensstadt noch die Werke von Gebr. Siemens & Co. in Berlin-Lichtenberg und Meidingen mit einer Nutzfläche von 79 000 Quadratmeter und ein Werk in Wien mit 28 500 Quadratmeter Nutzfläche. In der Bilanz vom Ende Juli 1914 waren die Grundstücke mit 8,1 Mill. M., die Gebäude mit 9,8 Mill. M. und die Neubauten mit 0,6 Mill. M. aufgenommen, während in der Goldmarkeröffnungsbilanz die Grundstücke mit 13,3 Mill. M., die Gebäude mit 14,1 Mill. M. bewertet wurden. Maschinen, Werkzeuge usw. standen vor dem Kriege stets mit 1.— Mark zu Buch und sind auch in die Goldmarkeröffnungsbilanz sowie in die folgenden Bilanzen nur mit diesem Markwerte aufgenommen. Die Gesellschaft verbucht fast die gesamten jährlichen Investitionen über die laufende Jahresrechnung und führt in den Bilanzen nur die Abschreibungen auf Gebäude auf. Eine ungefähre Schätzung des wirklichen Wertes des Gesamtvermögens der Gesellschaft erreicht man über die Dawes-Belastung, die nach einer Angabe im amerikanischen Prospekt über die Dollarobligationen sich auf 8,24 Mill. Dollar für Siemens & Halske und Siemens-Schuckert zusammen beläuft. Da diese Belastung etwa 15 Prozent des Vermögenssteuerwertes beträgt, so gewinnt man einen Steuerwert des Vermögens von etwa 225 Mill. M., von dem ein Teil aber auf Schuckert & Co. entfällt. Wenn in dem Vermögenswert auch die Beteiligungen und der Betriebsmittelüberschuß stecken, so ist doch zweifellos, daß die Buchwerte der Immobilien und Maschinen ganz ungewöhnlich hohe stille Reserven enthalten.

**Geschäftsumfang.** Der Geschäftskreis von Siemens & Halske erstreckt sich über den Erdball. Große Bauten der Vergangenheit sind die Hoch- und Untergrundbahn in Berlin und Hamburg, der Gegenwart das Shannonwerk zur Elektrifizierung des ganzen Freistaates Irland. Nach dem Stande von Ende Mai 1927 hatten die Siemens-Schuckertwerte allein 59 000 Angestellte und Arbeiter, der Konzern eine Belegschaft von 98 000 Köpfen und einschließlich des Anteils an Osram sogar von über 100 000 Köpfen. Das ist weniger als am Ende des Geschäftsjahres 1924/25, wo die Belegschaft auf 112 000 Personen angegeben war. Die Minderung stimmt aber mit der Bemerkung im Geschäftsbericht für 1925/26 überein, wonach infolge Betriebsrationalisierung bei beträchtlicher Verminderung der Belegschaft erhöhte Fabrikationsleistungen erzielt wurden. Im Januar 1925 hatte die Belegschaft 103 000 betragen, im Jahre 1913 noch 81 000. Alle Ziffern zeigen ein ständiges Wachstum des Geschäftsumfanges im Siemens-Konzern. Der Schwerpunkt der Fabrikation des Konzerns liegt jedoch, wie aus den obigen Ziffern der Belegschaft zu ersehen ist, nicht bei Siemens & Halske, sondern in den

Siemens-Schuckert-Werken, die 1903 bei der Konstituierung des Konzerns als G. m. b. H. errichtet wurden und die Starkstromwerke der vereinigten Gesellschaften übernommen hatten. Jetzt sind sie in eine A. G. mit 120 Mill. RM. Kapital umgewandelt worden, wovon 61,90 Mill. RM. der Siemens & Halske, der Rest von 58,10 Mill. RM. der Schuckert & Co. gehören werden. Der Grundbesitz von Siemens-Schuckert erreicht einen Umfang von 1208 Morgen, wovon 344 Morgen nutzbare Fläche sind. Die Fabrikationsstätten liegen in der Hauptsache in Siemensstadt, Gartenfeld, Charlottenburg und Tempelhof bei Berlin, in Nürnberg. Sie sind in den letzten Bilanzen mit 47 Mill. RM. bewertet. Auch die Siemens-Schuckert-Werke sind wieder maßgebend beteiligt an einer Reihe vorwiegend ausländischer Gesellschaften, der Zahl nach 43, vor allem mit 67 Prozent des Kapitals bei den österreichischen Siemens-Schuckert-Werken. Wegen der großen Bedeutung dieser Beteiligung geben wir nachstehend eine Uebersicht über die Gliederung des Vermögens der Siemens-Schuckert-Werke.

### Anlagekapital.

|  | Immobilien | Maschinen Mobilien | Beteiligungen | Anlagewerte zusammen | Eigenkapital |
|---|---|---|---|---|---|
|  | M. | M. | M. | M. | M. |
| 30. 9. 26 | 46 358 271 | 5 | 26 221 837 | 72 580 113 | 145 230 527 |
| 30. 9. 25 | 47 102 160 | 5 | 25 413 389 | 72 515 554 | 140 832 631 |
| 30. 9. 24 | 47 535 600 | 5 | 30 430 056 | 77 965 661 | 137 792 945 |
| 1. 10. 23 | 48 454 009 | 5 | 28 651 000 | 77 105 014 | 137 250 000 |

### Betriebskapital.

|  | Betriebsmittel 1. Ordnung | Betriebsmittel 2. Ordnung | Betriebsmittel zusammen | Schulden | davon langfristig | Passiv-Verrechnungsposten |
|---|---|---|---|---|---|---|
|  | M. | M. | M. | M. | M. | M. |
| 30. 9. 26 | 174 436 992 | 65 791 891 | 240 228 883 | 156 772 517 | 73 291 777 | 10 805 952 |
| 30. 9. 25 | 161 194 142 | 110 463 187 | 271 657 329 | 186 930 057 | 51 104 530 | 16 410 195 |
| 30. 9. 24 | 101 438 480 | 84 587 296 | 186 025 776 | 111 684 795 | 19 694 511 | 14 513 697 |
| 1. 10. 23 | 74 070 630 | 91 597 480 | 165 668 110 | 91 759 595 | 20 625 767 | 13 763 532 |

Die Bilanzierungsgrundsätze bei Siemens-Schuckert sind die gleichen wie bei Siemens & Halske. Einen Buchwert haben nur die Grundstücke und Gebäude, dagegen nicht die Maschinen, die Investitionen werden größtenteils über die jährliche Betriebsrechnung verbucht. Auffällig ist im letzten Jahre der Rückgang der Läger (Betriebsmittel 2), was mit der Rationalisierung des Fabrikationsganges, vielleicht auch stillen Reserven zu erklären ist. Die Siemens-Schuckert-Werke hatten für das Geschäftsjahr 1912/13 einen Reingewinn von 14,78 Mill. M. ausgewiesen, für 1923/24 einen solchen von 1,52 Mill. RM., für 1924/25 von 9,61 Mill. RM. und für 1925/26 von 12,56 Mill. RM., wovon 8½ Prozent Dividende oder 7,65 Mill. RM. an die Gesellschafter ausgeschüttet wurden. Das Eigenkapital hat sich in den letzten Jahren um 8 Mill. RM. offene Reserven erhöht.

**Beteiligungen.** Die Beteiligungen mit einem Buchwert von 92 Mill. M. in der letzten Vorkriegsbilanz und von 83 Mill. RM. in der Goldmarkeröffnungsbilanz bilden den Hauptposten in der Bilanz von Siemens & Halske. Es stecken darin allein 45 Mill. RM. nominal Anteile und 15 Mill. RM. festes Darlehen an die Siemens-Schuckert-Werke, so daß nur ein Buchwert von etwas über 20 Mill. RM. auf die sonstigen Beteiligungen entfällt. Darunter befinden sich 40 Prozent des Kapitals der Osram G. m. b. H. von 40 Mill. RM. Ferner ist Siemens & Halske beteiligt an der Siemensbau-Union G. m. b. H., der Telefonfabrik Zwietusch & Co. G. m. b. H., der Reiniger, Gebbert & Schall A. G., der Inag, mit etwa 50 Prozent an der Telefunken-Gesellschaft, mit etwa 16 Prozent am Stammkapital der Transradio, sowie an anderen, insgesamt ebenfalls 43 Gesellschaften. Fast alle diese Beteiligungen bestehen nicht in börsenfähigen Aktien, so daß auch schätzungsweise nicht angegeben werden kann, welche stille Reserve etwa in dem Buchwert des Beteiligungskontos von etwa 87 Mill. RM. liegt.

Das Aktienkapital von Siemens & Halske ist bei der Goldmarkumstellung (ohne die Vorzugsaktien) um 28 Mill. RM. höher angesetzt worden, als es vor dem Kriege gewesen war. Außerdem sind die offenen Reserven mit 30 Mill. RM. gegen 22,5 Mill. M. in der letzten Vorkriegsbilanz eingesetzt worden. Die Differenz ist wesentlich durch die Entwertung der Obligationen entstanden, die vor dem Kriege 44 Mill. M. ausgemacht hatten, in der Goldmarkeröffnungsbilanz nur noch 8 Mill. RM. betrugen. Auch das in der letzten Vorkriegsbilanz mit 17 Mill. M. ausgewiesene Konto: Sparkonto und Depositen dürfte Geldentwertungsgewinne gebracht haben. Es ist erst im vorletzten Geschäftsjahr wieder aufgewertet worden. Im ganzen hat sich die Kapitalisierung der Gesellschaft wenig verändert, wenn auch der Ersatz von Obligationen durch Aktien bei der Dividendenhöhe der Gesellschaft vor dem Kriege eine gewisse Verwässerung der Dividende bedeutet. **Kapitalisierung.**

Die Vermögenslage von Siemens & Halske selbst zeigt an den letzten vier Bilanzterminen folgendes Bild: **Bilanzen.**

### Anlagekapital.

|  | Immobilien M. | Maschinen, Mobilien M. | Beteiligungen M. | Anlagewerte zusammen M. | Eigenkapital M. | Investitionsgrad |
|---|---|---|---|---|---|---|
| 30. 9. 26 | 26 543 450 | 3 | 87 088 290 | 113 631 743 | 128 816 004 | 88,20 |
| 30. 9. 25 | 27 454 921 | 3 | 85 761 108 | 113 216 032 | 127 264 188 | 88,97 |
| 30. 9. 24 | 27 339 298 | 3 | 84 127 741 | 111 467 042 | 126 589 350 | 88,07 |
| 1. 10. 23 | 27 412 734 | 3 | 83 631 145 | 111 043 882 | 123 800 000 | 89,66 |

### Betriebskapital.

|  | Betriebsmittel 1. Ordnung M. | Betriebsmittel 2. Ordnung M. | Betriebsmittel zusammen M. |
|---|---|---|---|
| 30. 9. 26 | 129 943 012 | 52 103 803 | 182 046 815 |
| 30. 9. 25 | 76 512 357 | 47 718 599 | 124 230 956 |
| 30. 9. 24 | 47 178 583 | 39 964 040 | 87 142 623 |
| 1. 10. 23 | 29 650 904 | 43 564 049 | 73 214 953 |

|  | Schulden M. | davon langfristig M. | Saldo M. | Aktiv-Verrechnungsposten M. | Passiv-Verrechnungsposten M. |
|---|---|---|---|---|---|
| 30. 9. 26 | 157 799 946 | 69 407 786 | +24 246 869 | 44 575 | 9 107 183 |
| 30. 9. 25 | 103 114 091 | 42 933 372 | +21 116 865 | 92 653 | 7 161 360 |
| 30. 9. 24 | 66 910 942 | 10 871 775 | +20 231 681 | 10 233 | 5 119 607 |
| 1. 10. 23 | 60 484 072 | 10 991 521 | +12 730 881 | 25 237 | — |

Die Buchwerte der Anlagen machten demnach bei Siemens & Halske an sämtlichen Bilanzterminen 88 bis 89½ Prozent des Eigenkapitals aus, während bei den Siemens-Schuckert-Werken die verfügbaren Betriebsmittel relativ größer waren, weil dort die Buchwerte der Anlagen nur 50 bis 56½ Prozent des Eigenkapitals (einschließlich des festen Darlehns) betragen hatten. Die Liquidität der Bilanzen hat sich in den letzten beiden Geschäftsjahren bei beiden Gesellschaften verbessert, wobei ein Teil der Schulden durch die Aufnahme von Dollaranleihen langfristig konsolidiert worden ist. Disagio und Unkosten dieser Dollaranleihen sind aus den Betriebseinnahmen vollständig gedeckt worden. Aus den Anleihen hatte Siemens & Halske Ende 1925/26 noch ein Bankguthaben von 65 Mill. RM.

Geschäftsjahr: 1. Oktober bis 30. September. **Dividenden.**
Vorkriegsdividenden: 12, 12, 12 Prozent.
Neue Dividenden: 0, 6, 10 Prozent.
Letzte Dividendenzahlung: 14. 3. 27.

In den beiden Prospekten der Gesellschaft für die amerikanischen Anleihen befinden sich sehr wichtige Angaben über die jährlichen Umsätze des Konzerns, und zwar für die beiden Fabrikationsgesellschaften getrennt. **Umsätze.**

|         | Siemens u. Halske | Siemens-Schuckert |
|---------|-------------------|-------------------|
|         | Doll.             | Doll.             |
| 1924/25 | 43 600 000        | 93 100 000        |
| 1923/24 | 29 650 000        | 63 050 000        |
| 1913/14 | 21 750 000        | 72 100 000        |
| 1912/13 | 20 935 000        | 70 900 000        |
| 1911/12 | 20 115 000        | 55 100 000        |

In diesen Ziffern sind gegenseitige Lieferungen zwischen den beiden Gesellschaften nicht enthalten, auch nicht Lieferungen der Tochtergesellschaften mit Ausnahme der Siemens-Bau-Union. Für 1925/26 dürften die Umsätze noch wesentlich größer gewesen sein entsprechend den bedeutend gestiegenen Gewinnen. Doch schon 1924/25 hatten sich die Lieferungen des Konzerns gegenüber 1911/12 beinahe verdoppelt. Rechnet man entsprechend der Beteiligung von dem Siemens-Schuckert-Umsatz 50 Prozent noch zu Siemens & Halske hinzu, so ergibt sich für das Aktienkapital von 91 Mill. RM. ein Umsatz für 1924/25 von ziemlich genau 90 Mill. Dollar oder 380 Mill. RM., also ein mehr als vierfacher Umsatz des Aktienkapitals, der die beste Erklärung für die letztjährige sehr gute Entwicklung der Gewinne der Gesellschaft gibt. In 1911/12 hatte die Gesellschaft ihr Aktienkapital bei entsprechender Rechnung nur reichlich dreimal umgesetzt.

**Erträge.** Die Siemens & Halske A. G. unterläßt neuerdings in der Jahresrechnung auch die Angabe der Unkosten, wie schon vor dem Kriege die Höhe der Abschreibungen nicht beziffert worden war. Einzig der Reingewinn und seine Verteilung werden ausgewiesen. Deswegen ist das Bild der jährlichen Ertragsrechnungen ziemlich dürftig. In den letzten drei Geschäftsjahren sowie im letzten Vorkriegsjahr sah es folgendermaßen aus:

|         | Rohgewinn M. | Unkosten M. | in % des Rohgewinnes | Reingewinn M. | davon ausgeschüttet % | davon zurückbehalten % |
|---------|--------------|-------------|----------------------|---------------|------------------------|-------------------------|
| 1925/26 | ?            | ?           | —                    | 13 502 041    | 95,53                  | 4,47                    |
| 1924/25 | ?            | ?           | —                    | 6 942 120     | 83,36                  | 16,64                   |
| 1923/24 | ?            | ?           | —                    | 3 321 558     | —                      | 100                     |
| 1912/13 | 14 663 706   | 2 985 804   | 20,36                | 11 677 902    | 75,29                  | 24,71                   |

Der Reingewinn 1924/25 war demnach erst halb so hoch wie der von 1912/13. Die Ziffer von 1925/26 geht aber über die Vorkriegszahl hinaus. Dabei ist zu berücksichtigen, daß in 1924/25 die Siemens & Halske den Gewinnanteil des gleichen Geschäftsjahres von Siemens-Schuckert verrechnet hatte, in 1925/26 dagegen diesen Gewinnanteil von etwa 3,8 Mill. RM. nicht verrechnet, sondern für 1926/27 zurückgestellt hat. Um den Ertrag richtig zu vergleichen, muß man daher einen Reingewinn von 6,9 Mill. RM. aus 1924/25 einen solchen von 17,3 Mill. RM. aus 1925/26 gegenüberstellen, so daß also die Ertragsbesserung noch wesentlich größer ist. Ferner fällt ins Gewicht, daß einmal sämtliche Anschaffungen für neue Maschinen usw. über Betriebskosten weiter verbucht werden, und daß vor allem die einmaligen Unkosten der Dollaranleihe den Reingewinn des vorletzten Geschäftsjahres geschmälert haben. Ebenso ist eine Aufwertung der Vorkriegs-Spareinlagen erfolgt, nach Angabe des Geschäftsberichtes aus bei der Goldmarkeröffnungsbilanz gemachten Rückstellungen. — Möglicherweise ist auch hierzu wenigstens teilweise der Betriebsgewinn herangezogen worden. Aehnlich liegen die Verhältnisse bezüglich der Anleihekosten und der Aufwertung bei den Siemens-Schuckert-Werken. Man darf wohl mit Recht annehmen, daß der erzielte Reingewinn der letzten Geschäftsjahre wesentlich größer als die ausgewiesene Ziffer gewesen ist.

**Aktienkurse.** Notiert: amtlich in Berlin (Terminhandel) und Frankfurt a. M.
Emissionsfirmen: Deutsche Bank, Mitteldeutsche Kreditbank.

| Kurs am 30. Juni 27 | Kurse 1926 | Kurse 1925 | Kurse 1913 | Kurs am Tage der ersten Analyse |
|----|----|----|----|----|
| 284¼ % | 63¾—217¾ % | 65—90 % | 202½—233½ % | 21. 7. 26   161 % |

Die Kursbewegung der Siemens & Halske Aktien vor dem Kriege zeigte nur geringe Schwankungen, weil die Aktie durch die Politik einer stabilen Dividende beinahe zu einem festverzinslichen Papier geworden war. Im Jahre 1925 ist der Kurs wesentlich durch die Verbindung mit den Montanwerken gedrückt worden, weil man annehmen mußte daß die Krisis in der Montanindustrie auch den Siemens & Halske Aktien die Dividende nehmen würde. Erst seit der Lösung der Interessengemeinschaft hat sich der Kurs von Siemens & Halske wesentlich erholt.

Ueber die in den Generalversammlungen vertretenen Aktionäre gibt die folgende **Aktionäre.** Zusammenstellung Aufschluß.

|  | 26. 3. 26 M. | 26. 2. 25 M. |
|---|---|---|
| Dir. Georg Mattern | 10 811 500 | — |
| Gen.-Dir. Köhler | 10 548 300 | — |
| Baron Bagge af Boo | 9 581 600 | 9 581 600 |
| Dir. Carl Friedrich v. Siemens A. R. | 6 758 500 | 10 591 000 |
| Werner v. Siemens A. R. | — | 4 155 200 |
| Dr. Herm. v. Siemens | 1 890 700 | 954 800 |
| Robert v. Siemens | 963 900 | 963 900 |
| Ellen v. Siemens | — | 872 900 |
| Elisabeth v. Siemens | — | 63 000 |
| Friedr. C. Siemens A. R. | 210 000 | — |
| Deutsche Bank | 6 020 000 | 5 229 700 |
| Dr. L. v. Winterfeld | 4 776 100 | 181 100 |
| Darmst. u. Nat.-Bank (Richard Krüger) | 3 690 400 | 2 422 700 |
| M. Caminecci | — | 3 037 300 |
| Arthur Hennecke | — | 2 979 200 |
| Disconto-Ges. (Eugen Reinbold) | 2 867 200 | — |
| Disconto-Ges. (Georg Mattern) | — | 3 111 500 |
| Frau Harries (C. F. v. Siemens) | — | 2 778 300 |
| Deutsch-Luxemburg. Bergw. u. Hütten A.-G. | 266 400 | 3 105 300 |
| Gelsenkirch. Bergwerks A.-G. | 1 382 500 | 3 616 300 |
| Elektrizitäts A.-G. vorm. Schuckert u. Co. | 1 166 800 | 2 032 400 |
| Dresdner Bank | 2 545 900 | 2 310 000 |
| Gerh. Pietzschker | 2 543 800 | 192 500 |
| Dr. Käthe Pietzschker | — | 2 351 300 |
| Peter v. Graevenitz | 2 324 000 | — |
| Maria v. Graevenitz (Bagge af Boo) | — | 1 542 800 |
| Anna Zanders (C. F. v. Siemens) | — | 2 377 200 |
| Bayerische Vereinsbank (Georg Mattern) | 1 431 500 | 772 100 |
| Berl. Handelsges. (Dr. Springer) | 1 257 200 | — |
| Berl. Handelsges. (Georg Mattern) | — | 574 700 |
| Dr. Edmund Stinnes | — | 1 153 600 |
| Hugo Stinnes jr. | — | 1 229 200 |
| Otto Winkelmann | 1 050 000 | — |
| A.-G. Charlottenhütte (Georg Mattern) | — | 1 050 000 |
| Ernst v. Münchhausen | 963 900 | 963 900 |
| W. Droste | 962 500 | — |
| Fundus-A.-G. (Georg Mattern) | — | 826 000 |
| Mitteldeutsche Creditbank | 743 400 | 543 200 |
| Charlotte von Buxhoeveden | — | 690 200 |
| Mira A.-G. | 665 000 | — |
| Wilhelm Flohr | — | 490 000 |
| Delbrück, Schickler u. Co. | 471 800 | 259 000 |
| „Nedima" Uitvoermaatschappij (Dr. Pahler) | — | 420 000 |
| Handelsmaatschappij „Homa" (Dr. Pahler) | — | 203 700 |
| Dr. Franz Pahler | — | 175 000 |
| S. Bleichröder | 210 000 | — |

|  |  | M. | M. |
|---|---|---:|---:|
| Dr. Binner | | — | 189 000 |
| Baseler Handelsbank | | 126 000 | 77 000 |
| Arno Siegfeld | | — | 81 900 |
| Wilhelm Ree jun. | | — | 29 400 |
| Verschiedene | | 72 800 | 24 500 |
| | | 78 701 700 | 74 205 400 |

**Placierung.** Das erhebliche dauernde Aktionärinteresse der Familie Siemens ist aus dieser Tabelle deutlich zu ersehen. Auffällig sind starke Veränderungen in den Aktienposten verschiedener Großaktionäre, wenigstens soweit sie in den Aktienanmeldungen zum Ausdruck kommen. Wie weit diese Veränderungen einen Besitzwechsel darstellen oder nur eine Veränderung in der Vertretung gewesen sind, läßt sich vorläufig nicht ersehen. Als sicher kann nur gelten, daß die Familie Stinnes ihren Aktienbesitz aufgegeben hat. Die von den anderen Gliedern der Siemens-Rhein-Elbe-Union vertretenen Posten von Siemens & Halske Aktien sind im wesentlichen die dort befindlichen Vorzugsaktien von Siemens & Halske. Eine Trennung von Vorzugsaktien und Stammaktien hat in den Präsenzlisten nicht stattgefunden. In den Generalversammlungen gewähren je 700 M. Stammaktien und je 50 M. Vorzugsaktien eine Stimme.

**Ergebnis.**  Sicherheit: sehr groß.
Aussichten: gut.
Markt: sehr groß.

**Pro.** Die Aktien von Siemens & Halske sind stets eines der besten Anlagepapiere der Berliner Börse gewesen. Die solide Bilanzpolitik der Gesellschaft, die sichere Aussicht auf eine regelmäßige Dividende haben vor dem Kriege den Aktien eine sehr hohe Qualität verliehen. Erst durch die Verbindung mit dem Montankonzern ist die Dividendenreihe unterbrochen worden. Die erheblichen stillen Reserven in der Bilanz bilden eine Gewähr dafür, daß schlechte Konjunkturen keinen unmittelbaren Einfluß auf die Dividende zu haben brauchen. Die starke freiwillige Beschränkung des letztjährigen Reingewinns läßt erhoffen, daß die Gesellschaft in Zukunft eine Dividendenerhöhung vornehmen kann, auch wenn sie nur die gleichen Betriebsergebnisse wieder erzielt. Aus der Zahl der beschäftigten Arbeiter ist zu ersehen, daß sich das Geschäft dauernd vergrößert hat, und man darf annehmen, daß auch die wirklichen Gewinnziffern nicht zurückgeblieben sind. Die Gesellschaft bzw. der Konzern ist mit umfangreichen Aufträgen im Inlande und Auslande beschäftigt. Die Aktien werden deshalb in den nächsten Jahren voraussichtlich eine gut rentierende und aussichtsreiche Kapitalanlage bilden.

**Contra.** Gegen eine Kapitalanlage in den Siemens & Halske Aktien läßt sich nur zeitweise der hohe Kursstand einwenden, wenn sich die Bewertung durch spekulative Bewegungen zu weit von der Rentabilität entfernt hat.

Aus Hermann Zickert: *Aktien-Analysen des Wirtschaftlichen Ratgeber*. Königs Wusterhausen bei Berlin, 1927, S. 132 bis 138.

zum Contra führte er aus: »Gegen eine Kapitalanlage in den Siemens & Halske Aktien lässt sich nur zeitweise der hohe Kursstand einwenden.«[182] Rund zehn Jahre später, im Oktober 1937, vertrat Zickert den Standpunkt: »Das gilt auch heute noch. Ich möchte aber hinzufügen, dass ich die Aktien jetzt mit etwa 210 Prozent zwar für recht hoch – aber nicht für überbewertet halte.«[183]

Über das Haus Siemens verfasste Zickert immer wieder scharfsichtige Analysen, so auch im *Spiegel* vom Mai 1953. In diesem Artikel bezeichnet er den Konzern »im besten Sinne als repräsentativ« für die deutsche Wirtschaft, seine »leitende Idee« sei die Leistung. Siemens sei auch nicht, wie bei Großkonzernen üblich, stark verschachtelt. »Etwas Versteckspiel« treibe das Unternehmen noch in punkto Publizität, was ein »Schönheitsfehler« sei.[184] Nach einem Vergleich von Siemens mit den amerikanischen Elektrokonzernen General Electric und Westinghouse Electric äußerte sich Zickert zur Anlagequalität der Aktie: »Aber trotz allem sind die Aktien Siemens & Halske ohne Zweifel jetzt eine sehr gute und nicht zu teure Kapitalanlage.«[185] Heute gehört Siemens nach wie vor zu den Blue Chips der deutschen Börse und wird im DAX immer noch am höchsten gewichtet.

## Die Bilanzanalyse als Kern der Aktienanalyse

Den Kern der Aktienanalyse bildete für Zickert die Prüfung der »finanziellen Konstitution« des Unternehmens, was er als Bilanzanalyse bezeichnete. Mit diesem fast unerschöpflichen Thema befasste er sich zeitlebens. So lauteten beispielsweise Leitartikel im *Spiegel*: »Bilanz-Analysen«[186], »Bilanzklarheit«[187] und »Zum Lesen von Bilanzen«[188]. Kurz vor seinem Tod verfasste Zickert einen Artikel mit dem Titel »Bilanzkunde«[189]. Erstmals präsentierte er das von ihm entwickelte Bilanz-Analysemodell 1927 in seinem Buch »Aktien-Analysen des Wirtschaft-

---

[182] Zickert, Aktien-Analysen des *Wirtschaftlichen Ratgeber*, S. 138.
[183] *Spiegel der Wirtschaft*, Nr. 43, 24. Oktober 1937, S. 375.
[184] *Spiegel der Wirtschaft*, Nr. 5, Mai 1953, S. 146.
[185] Ebenda, S. 149.
[186] *Spiegel der Wirtschaft*, Nr. 36, 23. September 1934, S. 3 bis 7.
[187] *Spiegel der Wirtschaft*, Nr. 37, 30. September 1934, S. 3 bis 7.
[188] *Spiegel der Wirtschaft*, Nr. 6, Juni 1942, S. 167/168.
[189] *Spiegel der Wirtschaft*, Nr. 6, Juni 1954, S. 153 bis 157.

# Aktien-Analysen
## des
## Wirtschaftlichen Ratgeber
## 1927

WR 2

---

| | Seite |
|---|---|
| Deutsche Kabelwerke | 193 |
| C. J. Vogel Draht- und Kabelwerke | 198 |
| Charlottenburger Wasser- und Industriewerke | 202 |
| A.-G. für Gas-, Wasser- und Elektrizitätsanlagen | 207 |
| Gesellschaft für Markt- und Kühlhallen | 212 |

**Lokomotivfabriken.**

| | |
|---|---|
| Orenstein & Koppel | 216 |
| Berliner Maschinenbau Schwartzkopff | 221 |

**Automobilfabriken.**

| | |
|---|---|
| Nationale Automobilgesellschaft | 225 |
| Wanderer-Werke vormals Winkelhofer & Jaenicke | 230 |

**Fahrradfabriken.**

| | |
|---|---|
| Excelsior-Fahrrad-Werke | 235 |
| Stoewer Nähmaschinen | 239 |
| Bayerische Motoren-Werke | 243 |

**Waffenfabriken.**

| | |
|---|---|
| Berlin-Karlsruher Industriewerke | 248 |
| Gustav Genschow & Co. | 253 |

**Maschinenfabriken.**

| | |
|---|---|
| Ludw. Loewe & Co. | 258 |
| Schubert & Salzer, Maschinenfabrik | 263 |
| Hallesche Maschinen | 268 |
| Wegelin & Hübner, Maschinenfabrik und Eisengießerei | 272 |
| Zeitzer Eisengießerei | 275 |

# Alphabetisches Verzeichnis.

| | Seite |
|---|---|
| Accumulatoren-Fabrik | 188 |
| A.-G. für drahtlosen Ueberseeverkehr Transradio | 173 |
| A.-G. für Gas-, Wasser- und Elektrizitätsanlagen | 207 |
| A.-G. für Schlesische Leinen-Industrie vormals C. G. Kramsta & Söhne | 319 |
| A.-G. Johannes Jeserich | 82 |
| Allgemeine Elektrizitätsgesellschaft | 139 |
| Allgemeine Lokalbahn und Kraftwerke | 164 |
| Ammendorfer Papierfabrik | 338 |
| Bayerische Motorenwerke | 243 |
| Julius Berger, Tiefbau A.-G. | 77 |
| Bergmann-Elektrizitätswerke | 147 |
| Berliner A.-G. für Eisengießerei u. Maschinenfabrik (Freund Maschinen) | 279 |
| Berliner Kindl-Brauerei | 17 |
| Berliner Maschinenbau Schwartzkopff | 221 |
| Berliner Weißbierbrauerei Landré | 37 |
| Berlin-Karlsruher Industriewerke | 248 |
| H. Berthold Messinglinienfabrik | 284 |
| Bodenges. Hochbahnhof Schönhauser Allee | 374 |
| Bolle Weißbierbrauerei | 41 |
| Braunkohlen- & Brikettindustrie | 54 |
| Braunschweigische Kohlenbergwerke | 58 |
| Bubiag, Braunkohlen- & Brikettindustrie | 54 |
| „Caroline", Cons. Braunkohlenbergwerk | 62 |
| Charlottenburger Wasser- u. Industriewerke | 202 |
| Concordia Spinnerei und Weberei | 305 |
| Cons. Braunkohlenbergwerk „Caroline" | 62 |
| Deutsche Kabelwerke | 193 |
| Deutsche Nickelwerke, Vereinigte | 292 |
| Deutscher Eisenhandel | 193 |
| Diamond Cons. Mines of South-West-Africa | 378 |
| Drahtloser Uebersee-Verkehr Transradio | 173 |
| J. Eichenberg A.-G. für Wäschefabrikation | 330 |
| Eintracht Braunkohlenwerke | 45 |
| Elektrische Licht- und Kraftanlagen | 156 |
| Elektrizitäts-Lieferungsgesellschaft | 160 |
| Elsässisch-Badische Wollfabriken | 310 |
| Engelhardt-Brauerei | 22 |
| Excelsior-Fahrrad-Werke | 235 |
| Falkensteiner Gardinenweberei | 334 |
| G. Feibisch Akt.-Ges. | 315 |
| Freund Maschinen, Berliner Akt.-Ges. für Eisengießerei und Maschinenfabrik | 279 |
| Gas-, Wasser- und Elektrizitätsanlagen | 207 |

| | Seite |
|---|---|
| Gustav Genschow | 253 |
| Germania Portland Zementfabrik | 98 |
| Gerresheimer Glashüttenwerke | 119 |
| Gesellschaft für elektrische Unternehmungen | 152 |
| Gesellschaft für Markt- und Kühlhallen | 212 |
| Grube Leopold Akt.-Ges. | 66 |
| F. A. Günther | 347 |
| Hallesche Maschinen | 268 |
| Hamburgische Elektrizitätswerke | 168 |
| Heine & Co. | 365 |
| Hohenlohe Werke Akt.-Ges. | 71 |
| Hüttenwerke Kayser | 5 |
| Jeserich, Johannes | 82 |
| Kindl-Brauerei | 17 |
| Kramsta C. & G. Söhne, A.-G. für Schlesische Leinen-Industrie | 319 |
| Landré, Berliner Weißbierbrauerei | 37 |
| Lausitzer Glaswerke, Vereinigte | 128 |
| Leipziger Bierbrauerei | 32 |
| Leopoldgrube | 66 |
| Ludw. Loewe & Co. | 258 |
| Lokalbahn & Kraftwerke, Allgemeine | 164 |
| C. Lorenz Telephon- & Telegraphenwerke | 178 |
| Löwenbrauerei-Böhmisches Brauhaus | 27 |
| Mal-Kah-Zigarettenfabrik | 361 |
| Markt- & Kühlhallen | 212 |
| Herm. Meyer & Co. Akt.-Ges. | 357 |
| Methner & Frahne, Schlesische Textilwerke | 324 |
| Mix & Genest, Telephon- und Telegraphenwerke | 183 |
| Nationale Automobilgesellschaft | 225 |
| Natronzellstoff und Papierfabriken | 342 |
| Niederlausitzer Kohlenwerke | 50 |
| Orenstein & Koppel | 216 |
| Polyphonwerke | 288 |
| Portland Zementfabrik Germania | 98 |
| Porzellanfabrik Ph. Rosenthal & Co. | 115 |
| Rheinische Spiegelglasfabrik | 124 |
| Riebeck, Leipziger Bierbrauerei | 32 |
| J. D. Riedel | 369 |
| Ph. Rosenthal & Co., Porzellanfabrik | 115 |
| Ruberoidwerke | 87 |
| Sächsische Ofen- und Wandplattenwerke, Somag | 112 |
| Schlesische Leinenindustrie vorm. C. & G. Kramsta Söhne | 82 |
| Schlesische Textilwerke Methner & Frahne | 324 |

lichen Ratgeber«. Zickert schreibt dazu: »Da die von den Aktiengesellschaften vorgelegten Bilanzen und Gewinn-und-Verlust-Rechnungen ein buntes Bild zeigen, gilt es, einigermaßen vergleichsfähige Ziffern zu gewinnen.«[190] Er vertrat die Auffassung, dass die Bilanzanalyse nur nützlich sei, wenn die Grundziffern entweder mit den Vorjahren der gleichen Gesellschaft oder mit ähnlichen Gesellschaften derselben Branche verglichen werden könnten.

Wie sah nun das zickert'sche Bilanzanalyse-Modell – vereinfacht dargestellt – aus, mit dem er 1926 mehr als achtzig deutsche Aktiengesellschaften analysierte? Die Passivseite der Bilanz zerlegte er in das Eigenkapital und die Schulden. Die kurzfristigen Schulden trennte er klar von den langfristigen, »da sie anders zu bewerten sind«. Diese Zweiteilung sollte, so Zickert, möglich sein, wenn es auch »einige minder wichtige Zweifelsposten geben kann«, wie zum Beispiel versteckte Reserven. Er rechnete auf der Passivseite alles zum Eigenkapital, »worauf kein anderer rechtlichen Anspruch hat.«[191] Der zweigeteilten Passivseite der Bilanz stellte Zickert auf der Aktivseite »die Anlagewerte und die Betriebsmittel« gegenüber.[192] Was die Anlagewerte betrifft, nahm er eine Dreiteilung vor. Er unterschied zwischen Immobilien (Grundstücke, Gebäude usw., d. h. alles, was eine lange Lebensdauer hat und sich verhältnismäßig wenig abnutzt), Mobilien (Maschinen, Werkzeuge usw., d. h. alles, was einer starken Abnutzung und Wertverminderung unterliegt) und dauernden Beteiligungen. Alles, was nicht zu den Anlagewerten zu rechnen ist, gehört nach Zickert zu den Betriebsmitteln. Er sprach von Betriebsmitteln erster Ordnung (Kasse, Postscheck, Bankguthaben usw.) und Betriebsmitteln zweiter Ordnung (börsengängige Effekten, Hypotheken, Vorräte und Materialien, Halbfabrikate usw.).[193]

Zickert äußerte sich immer wieder kritisch zu der europäischen, vor allem zu der schweizerischen Bilanzpraxis. So schrieb er 1951 im *Spiegel* unter dem Titel »Bilanzwahrheit in den USA«: »Der Hauptgrund, weshalb ich mich viel lieber mit der Analyse amerikanischer als der von Schweizer Aktien beschäftige, liegt in dem Unterschied zwischen einem Ball und einem Maskenball. Die Bilanzen der amerikanischen Gesellschaften sind im allgemeinen offen und ehrlich. Aus ihnen lässt sich der wirkliche Stand von Ertrag und Vermögen jederzeit zuverlässig erkennen. In der Schweiz versucht man – meist erfolglos – Masken zu lüften.«[194] Bereits 1934 stellte er in Bezug auf die Gewinn-und-Verlust-Rechnung fest, dass diese in der europäischen Bilanzpraxis nur eine untergeordnete Rolle spiele. Ganz anders sei dies in den Vereinigten Staaten, wo die Erfolgsrechnung im Vergleich zur Bilanz »eine ungleich größere Wichtigkeit« habe. In den Vereinigten Staaten stelle man sich weniger die Frage, was eine Gesellschaft an Werten besitze, sondern vielmehr, was sie jährlich pro Aktie verdiene. Und so würde man in amerikanischen Börsenhandbüchern vergeblich nach der Bilanz suchen, hingegen würde man stets ausführliche Tabellen mit den »Earnings« der letzten Jahre finden.[195]

Welche Grundkennziffern der Gewinn-und-Verlust-Rechnung verwendete Zickert 1927 für die Analyse von deutschen Aktiengesellschaften in seiner Publikation »Aktien-Analysen des *Wirtschaftlichen Ratgeber*«? Zickert begann mit dem Rohgewinn (»das, was nach Abzug der Betriebsausgaben übrig bleibt«).[196] »Vom Rohgewinn abgezogen werden dann die Unkosten. Dazu rechnen wir die auf die Führung des Gesamtbetriebes als solchen entfallenden jährlichen Ausgaben, also die Gehälter, Mieten, Steuern, Zinsen, Vorstandstantiemen, feste Aufsichtsratsvergütungen usw.«[197] Das Verhältnis der Unkosten zum Rohgewinn bezeichnete Zickert als die »Rationalität der allgemeinen Verwaltung«[198]. Welch schöne Bezeichnung! Heute spricht man trocken von »Kosten/Ertragsverhältnis« oder verwendet den englischen Ausdruck »cost/income-ratio«[199]. Die wichtigste Grundziffer der Gewinn-und-Verlust-Rechnung war für Zickert der Reingewinn, wobei nach seiner Auffassung das Wort

[190] Zickert, Aktien-Analysen des *Wirtschaftlichen Ratgeber*, S. 6.
[191] Ebenda.
[192] Ebenda.
[193] Ebenda, S. 7.
[194] *Spiegel der Wirtschaft*, Nr. 5, Mai 1951, S. 137.
[195] *Spiegel der Wirtschaft*, Nr. 37, 30. September 1934, S. 7.
[196] Zickert, Aktien-Analysen des *Wirtschaftlichen Ratgeber*, S. 7.
[197] Ebenda.
[198] Ebenda.
[199] Auch als Messgrösse für die Wirtschaftlichkeit einer Bank ist das Kosten/Ertragsverhältnis (cost/income-ratio) wichtig, also die Frage nach der Höhe des gesamten Geschäftsaufwandes (Personal- plus Sachaufwand) im Verhältnis zum Gesamtertrag. Je niedriger dieser Prozentsatz ist, umso größer ist die Effizienz und Flexibilität einer Bank. Geldinstitute mit einem hohen Kosten/Ertragsverhältnis sahen sich bei rückläufigen Erträgen gezwungen, mit teilweise drastischem Personalabbau den Geschäftsaufwand zu reduzieren. Siehe dazu Karlheinz Heeb: Bankbilanz, Bankkennzahlen und weiche Faktoren. In: *Wirtschaft regional*, 14. Februar 2004, S. 2.

Reingewinn in der Praxis und in der Literatur verschieden angewendet werde. Als Reingewinn betrachtete er »den Teil der Einnahmen, über den die Gesellschaft verfügen kann, nachdem sie alle im Geschäftsjahr entstandenen Ansprüche anderer an die Einnahmen wenigstens rechnungsmäßig befriedigt hat.«[200] Die Reingewinnziffer unterteilte Zickert in den Teil, den das Unternehmen ausschüttet (Dividenden, Aufsichtsratstantiemen, Gratifikationen usw.), und den Rest des Reingewinns, den das Unternehmen zurückbehält (Abschreibungen, Reservestellungen, Vortrag auf neue Rechnung).

Welche Reaktionen löste das zickert'sche Bilanzanalyse-Modell von 1927 aus? Im September 1934 wird ein Leser des *Spiegels* wie folgt zitiert: »Ich muss sagen, dass es meines Erachtens für Sie [Zickert] eine Genugtuung bedeuten muss, dass jetzt die *Deutsche Bergwerks-Zeitung [D. B. Z.]* in Düsseldorf die Art Ihrer Bilanzanalyse angenommen hat.«[201] Zickert antwortete: »Ob die *Deutsche Bergwerks-Zeitung* mit ihren seit dem Sommer 1934 eingeführten Bilanz-Analysen auf meinen Arbeiten aufgebaut oder eine eigene Methode entwickelt hat, ist mir nicht bekannt. Jedenfalls ist sie im ganzen zu dem gleichen Ergebnis der Aufgliederung gekommen. Sie lässt die vielen irritierenden Einzelziffern aus den Bilanzen ganz weg und fasst Gruppen zusammen. Auf der Aktivseite die Anlagewerte mit den Unterabteilungen der Anlagen und der Beteiligungen. Dann die Betriebswerte mit ihren zahlreichen Unterabteilungen. Auf der Passivseite werden Eigenkapital, langfristige und kurzfristige fremde Mittel gruppiert. Die Rechnung der Liquidität wird aus dem Überschuss der Betriebsmittel über das kurzfristige Fremdkapital aufgemacht. Entsprechend eine Rechnung der Kapitalanlage.«[202] Und Zickert weiter: »Die geringen Abweichungen von meiner Methode sollen hier nicht kritisiert werden. Von den Zusammenstellungen hat der Aktionär jedenfalls mehr und bekommt ein bedeutend klareres Bild von den Geschäften einer Gesellschaft als aus dem sonst meist üblichen Abdruck der Geschäftsberichte und der Bilanzziffern in der Form und Gliederung, wie die Gesellschaft selbst sie gibt.«[203] Die *Deutsche Bergwerks-Zeitung* ziehe, so Zickert, selbst keine Schlüsse aus ihren Analysen, was jedoch »der interessanteste Punkt« wäre.[204]

Jede Analyse müsse zu einem brauchbaren Resultat, zu einem Ergebnis kommen, nur so habe sie für den Kapitalanleger einen Nutzen.

## Gewinnrendite und Kurs-Gewinn-Verhältnis

Zickert entwickelte sein Aktienanalyse-Modell von 1926 in den folgenden Jahren weiter, wobei sein Blick – gerade in Bezug auf den Analyseansatz – stets auch nach Amerika gerichtet war, wo der erwirtschaftete Gewinn in der Aktienbewertung das Maß aller Dinge ist. Bereits 1934 schrieb er, dass die Amerikaner »die Aktie im Kurs« nicht nach der verteilten Dividende, sondern nach diesem »earnings on common« (Gewinn pro Stammaktie) kapitalisieren würden.[205]

Für Zickert rückte in den Dreißigerjahren »die Rendite auf längere Dauer« – die er unter Punkt zwei seiner »Grundregeln der Kapitalanlage«[206] anführt – als zentraler Faktor für die Bewertung von Wertpapieren in den Vordergrund. Was meinte er damit? Er achtete auf eine hohe und stabile Dividendenrendite. Noch wichtiger war für ihn jedoch die Rendite des Reingewinns, also die Frage: Wie viel macht der Gewinn pro Aktie in Prozent des Aktienkurses aus? Und dabei strebte er eine Rendite auf längere Dauer an. Heute würde man wohl von einer nachhaltigen Rendite sprechen.

1940 untersuchte Zickert in einem Aufsatz mit dem Titel »Aktienbewertung in New York«[207] nach seinem Analyseansatz 57 Aktien der New Yorker Börse, »die aus den verschiedensten Wirtschaftszweigen für den Kurszettel des *Spiegels* ausgewählt« wurden. Für jeden einzelnen Titel errechnete er in einer arbeitsintensiven Studie den Durchschnitt des Reingewinns pro Aktie der vergangenen drei Geschäftsjahre und stellte diesen einerseits dem Tageskurs und andererseits dem Kursdurchschnitt der Aktien von 1938 sowie dem Kursdurchschnitt vom 1. Januar bis 31. August 1939

[200] Zickert, Aktien-Analysen des *Wirtschaftlichen Ratgeber*, S. 8.
[201] *Spiegel der Wirtschaft*, Nr. 36, 23. September 1934, S. 5/6.
[202] Ebenda, S. 6.
[203] Ebenda.
[204] Ebenda.
[205] *Spiegel der Wirtschaft*, Nr. 37, 30. September 1934, S. 7.
[206] *Spiegel der Wirtschaft*, Nr. 1, 2. Januar 1938, S. 2 bis 8; *Spiegel der Wirtschaft*, Nr. 38, 24. September 1939, S. 297 bis 303; *Spiegel der Wirtschaft*, Nr. 1, Januar 1942, S. 1/2.
[207] *Spiegel der Wirtschaft*, Nr. 6, Juni 1940, S. 179 bis 182.

(bis Kriegsausbruch) gegenüber. Mithilfe der Mittelkurse wollte er Zufälligkeiten möglichst ausschließen. Zu welchem Ergebnis kam Zickert? Nur 33 der 57 Aktien warfen aufgrund des durchschnittlichen Reingewinns zu den aktuellen Kursen eine Rendite zwischen 5 und 10 Prozent ab. 8 Aktien – darunter auch heute noch bekannte Namen wie Dow Chemical, Dupont, General Electric – wiesen eine Rendite von weniger als 5 Prozent auf, womit die Erwartung auf künftig bessere Erträge hoch gespannt sei, und bei 16 Aktien (u. a. Kennecott, Woolworth, Goodyear, Int. Nickel) betrug die von Zickert errechnete Rendite mehr als 10 Prozent. Nach seiner Meinung handelte es sich dabei um Aktien, »die unter diesem Gesichtspunkt jetzt niedrig bewertet« seien.

Die von Zickert bei diesen Untersuchungen von 1940 verwendete Gewinnrendite ist der Kehrwert des Kurs-Gewinn-Verhältnisses (Price-Earning-Ratio), eine Bewertungsziffer, die heute in keiner Aktienanalyse fehlen darf. Er erklärte das Kurs-Gewinn-Verhältnis einem *Spiegel*-Leser, der das erste Mal von diesem englischen Fachausdruck hörte, im April 1954 so: »Wenn etwa der Tageskurs einer Aktie 40 Dollar ist, und die Gesellschaft für das letzte Geschäftsjahr einen Reingewinn von 4 Dollar pro Aktie ausgewiesen hat, so ist die Price-Earnings-Ratio 10, d. h. die Aktie wird im Tageskurs mit dem 10-fachen Reingewinn des letzten Geschäftsjahres bezahlt.«[208] Treffender kann man das Kurs-Gewinn-Verhältnis, welches Zickert bei Analysen von amerikanischen Aktien häufig verwendete, nicht erklären. Diese Ratio sei für die Bewertung von Aktien geeigneter als die willkürliche Dividende. Deshalb sei es schade, dass nur die amerikanischen Gesellschaften den Aktionären »ehrlich den Reingewinn pro Aktie« bekannt geben würden.[209]

Sind nun für die Kapitalanlage die Aktien mit der niedrigen oder die mit dem hohen Kurs-Gewinn-Verhältnis vorzuziehen? Auf diese Frage antwortete Zickert 1952: »Keine von beiden ist deswegen besonders empfehlenswert, auch nicht ein ›Kompromiss‹ durch Auswahl von Aktien mit einer ›mittleren‹ Ratio. Sondern nützlich kann auch hier nur die Verteilung und Mischung sein, die Aktien mit der niedrigen Ratio für den ›defensiven‹ und die mit der hohen Ratio für den ›offensiven‹ Teil der Anlage.«[210]

Und im Januar 1954 schrieb Zickert zur Problematik der Price-Earning-Ratio: »Wenn Ende 1936 bei den 50 New Yorker Aktien des Index von ›Barron's‹ die Price-Earnings-Ratio 18 war, d. h. die Kurse das 18-fache der Jahresgewinne betrugen, wenn andererseits Ende 1941 und Ende 1950 diese ratio 7,6 betrug, so war es einigermaßen wahrscheinlich – sicher ist an der Börse nichts –, dass im ersten Falle ein Höhepunkt der Aktienkurse, in den beiden anderen Fällen ein Tiefpunkt erreicht war. Gegenwärtig steht diese Ratio auf 9,6. Aber der Kapitalanleger hat es ja nicht mit Durchschnitten zu tun, sondern mit einzelnen Titeln, und da bleibt ihm keine andere Richtlinie für gute Disposition, als nach den erwiesenen und erwarteten Erträgen unter Berücksichtigung des Risikos und durch Vergleich mit ähnlichen Titeln [jede Branche hat ein spezifisches Kurs-Gewinn-Verhältnis] zu versuchen, sich einen Begriff vom ›persönlichen‹ Wert des Papieres zu bilden. Was wieder darauf hinausläuft, nicht in der Welt mit seinen Titelkäufen ›herumzufahren‹, sondern sich auf das Übersehbare und Errechenbare zu konzentrieren.«[211]

Zickerts Antworten erscheinen auch aus heutiger Sicht bemerkenswert. Papiere mit niedriger Ratio bezeichnet man als wertorientierte Aktien (Value Stocks), diejenigen mit hoher Ratio als Wachstumsaktien (Growth Stocks), wobei es in der Praxis sehr schwierig ist, eine vernünftige Trennlinie zwischen Value Stocks und Growth Stocks zu ziehen. »In« sind bilanzstarke Value Stocks mit Ertragspotenzial. Sollte man also nur solche Aktien kaufen? Aktien bleiben immer Risikopapiere. Auch mit niedrig bewerteten Papieren kann der Anleger böse Überraschungen erleben, wenn beispielsweise das Unternehmen, das hinter der Aktie steht, Produkte herstellt, die nicht mehr gefragt sind, das Management auf Veränderungen nicht rechtzeitig reagiert oder Liquiditätsprobleme auftauchen. Und wie ist es mit Wachstumsaktien, die eine hohe Ratio haben? Sie werden im Fall von Kursrückschlägen weniger abgefedert als solche mit einer tiefen Ratio, was das Platzen der Technologieblase vor ein paar Jahren deutlich machte. Aktien mit hoher Ratio bieten hingegen überdurchschnittliche Chancen.

[208] *Spiegel der Wirtschaft*, Nr. 4, April 1954, S. 113/114.
[209] Ebenda, S. 114.
[210] *Spiegel der Wirtschaft*, Nr. 1, Januar 1952, S. 29.
[211] *Spiegel der Wirtschaft*, Nr. 1, Januar 1954, S. 8.

Wenn es dem Unternehmen gelingt, das eingeschlagene Tempo im Umsatz- und Ertragswachstum bei solider Finanzlage einige Jahre zu halten, so ist mit weiter steigenden Kursen zu rechnen. Dies untermauert Zickerts Empfehlung: vernünftig diversifizieren beziehungsweise mischen – ein Grundsatz, der all die Jahre überdauert hat.

Eine Binsenwahrheit: Für die weitere Kursentwicklung der Aktie sind nicht die vergangenen, sondern die künftigen Erträge entscheidend. Zickert war sich dessen sehr wohl bewusst. So schrieb er bereits 1940: »Wenn auch die Erwartungen des künftigen Ertrages wichtiger sind als die Erträge der Vergangenheit, so ist doch die Zukunft unbekannt, die Vergangenheit aber immer noch der beste Maßstab für ihre Schätzung.«[212] Und im Januar 1954 ist dazu in seinem Aufsatz »Wie bewertet man Titel?« zu lesen: Jeder Aktieninteressent sollte versuchen, »sich eine Vorstellung davon zu bilden, welchen Ertrag pro Aktie eine Gesellschaft für absehbare Zeit erzielen wird. Die Größe des Unternehmens, sein Rang in seiner Branche, die bisherige Entwicklung – sprunghaft oder stabil, aufwärts oder abwärts – werden für die Gestaltung dieser Erwartungen eine Rolle spielen. Dann hat der Anleger aber auch einen wenigstens ganz ungefähren Begriff vom persönlichen Wert einer Aktie. Dabei kann er sich einmal irren, nach der einen oder nach der anderen Seite. Aber wer nicht wenigstens versucht, sich aus eigenem Urteil einen solchen Begriff zu bilden, wird beim Kauf und Verkauf von Aktien nur auf Zufall spekulieren.«[213]

Zickerts Mahnungen, sich ein Bild vom künftigen Ertrag pro Aktie zu machen, wären auch nützlich gewesen, als im März 2000 Aktien von Technologiefirmen teilweise Kurs-Gewinn-Verhältnisse von deutlich mehr als 100 erreichten, »die unmöglich zu rechtfertigen waren, selbst wenn sich die optimistischsten Gewinnwachstumsprognosen bewahrheitet hätten. Die folgende Baisse war unvermeidbar.«[214]

### Feste Disposition der Kapitalanlage (Asset Allocation)

In einem *Spiegel*-Artikel mit dem Titel »Berechnung der Kapitalanlage« schrieb Zickert 1938: »Weiter ist es notwendig, eine feste Disposition der gesamten Kapitalanlage zu machen und an dieser festzuhalten, solange nicht zwingende Gründe eine Änderung notwendig machen. Darunter verstehe ich zunächst die Einteilung in Gruppen ... als Beispiel: Ein Viertel in Gold, ein Viertel liquid, ein Viertel in spekulativen Anleihen, ein Viertel in Aktien. Das richtet sich ganz nach der persönlichen Lage.«[215]

Wenn man von der hohen Goldquote absieht und berücksichtigt, dass es Hedge-Fonds usw. im Jahr 1938 noch nicht gab, erscheint Zickerts Ansatz für die damalige Zeit als sehr fortschrittlich. Was man heute mit Asset Allocation bezeichnet, nannte Zickert »feste Disposition der Kapitalanlage«. Gemäß Lehrbuch wird die strategische Asset Allocation nur dann verändert, »wenn sich gewisse Rahmenbedingungen [Zickert sprach von zwingenden Gründen] oder die Verhältnisse beim Anleger selbst geändert haben.«[216]

Der zickert'schen »Einteilung in Gruppen« entsprechen heute die Begriffe »Anlageklassen« oder »Assetklassen«. Zickert unterschied vier Anlagekategorien: Gold, Liquidität, Anleihen und Aktien. Heute spricht man von den drei klassischen Anlagekategorien Aktien, Obligationen und Liquidität. Häufig kommen im modernen Portfolio-Management noch zwei Kategorien hinzu, nämlich »Alternative Kapitalanlagen« (z.B. Private Equity, Hedge-Fonds) und eine Sammelkategorie »Übriges«.[217]

Die Disposition der Kapitalanlage sollte sich nach Meinung von Zickert »ganz nach der persönlichen Lage« des Investors richten. Auch die moderne Asset Allocation stellt die individuellen Anlagebedürfnisse in den Mittelpunkt der zu wählenden Strategie. So heißt es etwa in der Fachliteratur: »Die Frage nach der ›idealen Asset Allocation‹ ist nicht zu beantworten, richtet sie sich doch nach Alter, Risikofähigkeit und -bereitschaft und anderen anlegerspezifischen Kriterien.«[218]

Zur Anlageklasse »Liquidität« meinte Zickert, dass sich auch »kurzfristige erste Papiere darin

[212] *Spiegel der Wirtschaft*, Nr. 6, Juni 1940, S. 182.
[213] *Spiegel der Wirtschaft*, Nr. 1, Januar 1954, S. 4/5.
[214] Jeremy J. Siegel: Langfristig investieren. Warum langfristige Aktienstrategien funktionieren.
[215] *Spiegel der Wirtschaft*, Nr. 41, 9. Oktober 1938, S. 454.
[216] Urs Emch, Hugo Renz und Reto Arpagaus: Das Schweizerische Bankgeschäft. Das praktische Lehrbuch und Nachschlagewerk. 6. Aufl. Zürich 2004, S. 584.
[217] Boemle und Gsell, S. 74.
[218] Emch, Renz und Arpagaus, S. 584.

befinden« könnten.[219] Eine Gewichtung der Liquidität mit einem Viertel an den gesamten Kapitalanlagen erscheint aus heutiger Sicht hoch. Zickert plädierte jedoch dafür, mit der vorhandenen Liquidität gelegentlich auch andere Anlagen aufzustocken, so beispielsweise, wenn sich an der Börse gute Kaufgelegenheiten ergeben – allerdings »nur mit dem Ziel, baldigst wieder durch entsprechende Verkäufe das liquide Viertel herzustellen.«[220] Mit anderen Worten: Er unterschied bereits 1938 zwischen strategischer Asset Allocation (sie bleibt unter Umständen über Jahre unverändert) und taktischer Asset Allocation (vorübergehende Über- und Untergewichtung einzelner Anlageklassen werden festgelegt).

Zickert berücksichtigte Gold mit einem Viertel an der gesamten Kapitalanlage. Dies hängt wohl damit zusammen, dass er den Ersten Weltkrieg und die Inflationszeit, als man vor allem mit Goldmünzen, Goldbarren, Rohwaren und Agrarland überleben konnte, hautnah miterlebte. Gold spielt heute als Kapitalanlage eine untergeordnete Rolle. Es figuriert bei vielen Bankinstituten in der Asset Allocation unter der Anlageklasse »Übriges«.

Das Viertel »spekulative Anleihen« war für Zickert nur eine strategische Richtgröße: »Dies schließt nicht aus, einen Teil dieses Viertels spekulative Anleihen vorübergehend in liquider Form zu halten, zum Beispiel, wenn die Kurse der Anleihen wegen ihrer Höhe den Reiz verlieren.«[221] Oder: Die Richtgröße von einem Viertel Anleihen »schließt auch einen gelegentlichen Wechsel der Anlagen nicht aus.«[222] »Ziel sollte es sein,« so Zickert, »dasselbe Papier teuer zu verkaufen und billig zu kaufen.«[223]

In Bezug auf das Viertel »Aktien« führt er aus: Es »erfordert die gleiche Disposition, möglichst in demselben Papier billig zu kaufen und teuer zu verkaufen.«[224] »Da niemand mit Gewissheit voraussagen kann, ob die gesamte Börse, ob die einzelne Aktie steigen oder fallen wird, so muss man sich mit seiner Disposition zugleich auf Steigen und Fallen einrichten, d. h. einen (teilweisen) Verkauf bei einer bestimmten Kurshöhe und auch einen Zukauf bei Kurstiefe vorbereiten. Aus dem gleichen Papier ist diese ›Operation‹ am zuverlässigsten und der Erfolgsgrad am genauesten zu sehen.«[225]

In seinen »15 Grundregeln der Kapitalanlage«, die im September 1939 im *Spiegel*[226] veröffentlicht und später häufig nachgedruckt wurden, vertrat Zickert den Standpunkt, man solle höchstens 20 Prozent des Kapitals in ein einzelnes Wertpapier (Aktie) stecken: »Dieser Prozentsatz wird je nach der Größe des Gesamtkapitals verschieden sein. Es sollte von etwa 5 Prozent anfangen – sonst lohnt sich die einzelne Anlage nicht –, im Durchschnitt nicht über 10 Prozent hinausgehen und auch unter den außergewöhnlichsten Bedingungen nicht über 20 Prozent steigen.«[227] Es gibt »eine Grenze, über die das einzelne Risiko nicht steigen sollte. Dabei wird man das einzelne Risiko nicht auf ein Papier allein beziehen dürfen, sondern muss mehrere gleichartige Papiere als eine Risiko-Einheit behandeln.«[228] Zickert spricht hier vor allem die Branchenselektion im Aktienbereich »zum Zwecke der Kompensation der verschiedenen Risiken« an, die für ihn zeitlebens »Hauptprinzip einer guten Disposition« für das Vermögen war.[229]

Die Branchenselektion ist auch ein zentrales Anliegen der modernen Asset Allocation. Gemäß Anthony M. Gallea sollte ein Branchenengagement auf 15 Prozent des Portfolios beschränkt werden: »Sie haben so die Möglichkeit, Ihre Investments auf mindestens sechs Industriezweige zu verteilen, was im Sinne der Risikominderung ein echter Vorteil sein kann.«[230] Seine in diesem Zusammenhang formulierte Warnung könnte auch von Zickert stammen: »Mehrere Industriezweige bilden einen Sektor. Wenn Sie also 15 Prozent in Halbleiterfirmen und 15 Prozent in Computerhersteller angelegt haben, müssen Sie bedenken, dass Sie jetzt mit 30 Prozent in Technologiewerten investiert sind und sich damit in erklecklichem Maße das Risiko des Technologiesektors aufhalsen.«[231]

Hat sich die Sektorstrategie, auf die Zickert so viel Wert legte, auch in der jüngsten Vergangenheit bewährt? Ein Vergleich der Aktienmärkte über einen längeren Zeitraum zeigt, welche Ergeb-

[219] *Spiegel der Wirtschaft*, Nr. 41, 9. Oktober 1938, S. 454.
[220] Ebenda.
[221] Ebenda.
[222] Ebenda, S. 455.
[223] Ebenda.
[224] Ebenda.
[225] Ebenda.
[226] *Spiegel der Wirtschaft*, Nr. 38, 24. September 1939, S. 297 bis 303.
[227] Ebenda, S. 302.
[228] Ebenda.
[229] *Spiegel der Wirtschaft*, Nr. 6, Juni 1952, S. 16.
[230] Anthony M. Gallea: The Trend is Your Friend. 155 wetterfeste Börsenregeln. München 2002, S. 215.
[231] Ebenda.

nisse in einzelnen Branchen erzielt werden konnten. Von 1995 bis 2005 sind die Aktienmärkte – gemessen am MSCI-Index in Dollar – weltweit um 106 Prozent gestiegen. Die beste unter den zehn MSCI-Branchen, nämlich Energie, verzeichnete in dieser Periode ein Plus von 284 Prozent. Auf den Plätzen zwei und drei folgen mit immer noch stolzen Zuwächsen das Gesundheitswesen (+16 Prozent) und die Basiskonsumgüter (+119 Prozent). Abgeschlagen auf dem letzten Platz landet dagegen der Telekom-Bereich mit einem bescheidenen Plus von 28 Prozent.[232]

Je nachdem, welchen Zeitabschnitt man für die Betrachtung auswählt, resultieren unterschiedliche Ergebnisse. So findet man den Bereich Roh-, Hilfs- und Betriebsstoffe im Zehnjahresvergleich mit einem durchschnittlichen Ergebnis (+107 Prozent) lediglich auf Platz 6; hingegen nimmt diese Branche im Fünfjahresvergleich (2000 bis 2005) mit einem Plus von 89 Prozent den Spitzenplatz ein. Während die »Techno«-Aktien in der Dekade 1995 bis 2005 noch überdurchschnittlich gut abschneiden (+117 Prozent), fällt die Bilanz im Fünfjahresvergleich wegen des Platzens der Technologieblase mit einem Minus von 31 Prozent und dem letzten Platz äußerst negativ aus. Auffallend bei diesen Vergleichen ist die relativ große Spannbreite zwischen dem besten und dem schlechtesten Sektor. Mit einer geschickten Auswahl zur richtigen Zeit kann es also dem Anleger gelingen, eine »über dem Marktdurchschnitt liegende Überschussrendite – im Jargon Alpha genannt – «[233] zu erwirtschaften. Wie bereits Zickert verfolgen auch die heutigen Anlageexperten und Investoren dieses ehrgeizige Ziel.

---

[232] Diese und die im folgenden Abschnitt verwendeten Daten wurden mir in dankenswerter Weise von der Liechtensteinischen Landesbank AG, Vaduz, zur Verfügung gestellt.
[233] Intensivierte Suche nach Überschussrenditen. In: *Neue Zürcher Zeitung*, Nr. 18, 23. Januar 2006, S. 20.

# Zickert als Börsianer

Zickert analysierte mit Witz und Scharfsinn – wie kaum ein anderer vor ihm – die Unternehmensbilanzen, die Aktien, das Börsengeschehen und das Verhalten der Anleger. Wer hat aber je vom Zickert'schen Kapitalverein, dem ersten Investmentverein in Deutschland, gehört? Wer kennt Zickerts »Erfolgsbuchhaltung für Wertpapiere« und seinen Aktienführer von 1934, wohl dem ersten in Deutschland? Wer weiß von Zickerts Börsenberatung anfangs der Dreißigerjahre des letzten Jahrhunderts?

### Der Zickert'sche Kapitalverein – Eine Pionierleistung

Hermann Zickert gründete 1923 – das genaue Datum ist dem Autor nicht bekannt – in Königs Wusterhausen bei Berlin den Zickert'schen Kapitalverein: »eine Vereinigung«, wie es in einem Inserat hieß, »zur gemeinsamen Anlage und Verwaltung von Vermögen und Kapital«.[234] Aufgrund der Recherchen von Jürgen Baur war der Zickert'sche Kapitalverein, der am 3. März 1928 in Deutscher Kapitalverein umbenannt wurde, »ein erster Versuch, den Investmentgedanken in Deutschland zu verwirklichen.«[235] Der Hauptzweck des Vereins bestand darin, »eine gleichmäßige und gerechte Verteilung am Vereinsvermögen zu erzielen«.[236]

Am 30. September 1923 zählte der Zickert'sche Kapitalverein 1 641 Mitglieder.[237] Diese Zahl stieg kontinuierlich an und erreichte Ende Dezember 1924 einen Stand von 1 876.[238]

Seine Arbeitsweise umschrieb der Verein wie folgt: »Der Kapitalverein stellt für jeden Monat eine Wahrheitsbilanz des gesamten Vermögens auf. Darin gibt es keine willkürlichen Bewertungen, keine versteckten Rückstellungen, keine zweifelhaften Posten. Sondern der Tageswert sämtlicher Wertpapiere, in denen das Vereinsvermögen angelegt ist, wird nach den Börsenkursen des letzten Tages im Monat errechnet, Bankguthaben und Kassenbestände werden hinzugefügt, etwaige Schulden abgezogen, und auf diese Weise wird der Tageswert des Vermögens genau festgestellt. Das Vermögen wird dann durch die Zahl der Anteile dividiert, und so ergibt sich der genaue Wert jedes einzelnen Anteils am Monatsschluss. Mit diesem Betrage werden die Anteile auf Wunsch ausgezahlt, und mit dem gleichen Betrage können neue Anteile eingezahlt werden. Bei dem Wechsel von Anteilen gibt es keine Kursdifferenz.«[239]

Bis zur Einführung der Goldmark kam es in Deutschland zu einer rasanten, kaum vorstellbaren Entwertung der Papiermark. Zunächst wurde das Vermögen des Zickert'schen Kapitalvereins noch in Milliarden Mark, später in Billionen und schließlich in Billiarden Mark ausgewiesen.

Am 4. November 1923 schrieb Zickert im *Wirtschaftlichen Ratgeber*: »In Holland gibt es nämlich Inhaber von Schnapsdielen und ähnlichen Lokalen, die ihre Räume mit deutschen Geldscheinen tapezieren, um den Lokalen eine besondere Anziehungskraft zu geben … Die deutsche Papiermark ist also bereits zur Tapete herabgesunken, und zwar nicht zu einer besonders kostbaren.«[240]

Anfangs Oktober 1923 hält der *Wirtschaftliche Ratgeber* in der regelmäßig erscheinenden Rubrik »Zickert'scher Kapitalverein« in Bezug auf den Vermögensausweis vom 30. September 1923 fest: »Der Gesamtwert des Vereinsvermögens ist also auf 6,6 Billionen Mark gestiegen und der Wert des einzelnen Vollanteils von 2 Mill. M. auf 5,38 Milliarden M.«[241] Am 4. November 1923 hieß es in der gleichen Zeitschrift, das Vereinsvermögen betrage bereits 6 Billiarden. Es habe »sich also in der Papiermarkziffer nahezu vertausendfacht«.[242] Ende Dezember 1923 wurden die Mitglieder des Zickert'schen Kapitalvereins in einem Rundschreiben benachrichtigt, »dass für den 31. Dezember 1923 eine Umstellung des Vereins auf Goldmarkrechnung stattfindet.«[243] Damals wurde der Wert eines Anteils mit 9,4 Billionen Mark angegeben, was neu 9,4 Goldmark entsprach.[244]

Hermann Zickert berichtete im *Wirtschaftlichen Ratgeber* detailliert über den Geschäftsgang des Zickert'schen Kapitalvereins, unter anderem

[234] *Wirtschaftlicher Ratgeber*, Nr. 25 (2275), 22. Juni 1924.
[235] Jürgen Baur: Investmentgesetze. Kommentar zum Gesetz über Kapitalanlagegesellschaften (KAAG) und zum Gesetz über den Vertrieb ausländischer Investmentanteile (AuslInvestmG). Berlin 1970, S. 75.
[236] *Wirtschaftlicher Ratgeber*, Nr. 39 (2238), 30. September 1923.
[237] *Wirtschaftlicher Ratgeber*, Nr. 40 (2239), 7. Oktober 1923.
[238] *Wirtschaftlicher Ratgeber*, Nr. 52 (2302), 28. Dezember 1924.
[239] Zitiert nach Rudolf Goldschmidt: Investment Trusts in Deutschland. In: *Wirtschaftsrechtliche Abhandlungen*, Heft 9. Mannheim/Berlin/Leipzig 1932, S. 67.
[240] *Wirtschaftlicher Ratgeber*, Nr. 44 (2243), 4. November 1923.
[241] *Wirtschaftlicher Ratgeber*, Nr. 40 (2239), 7. Oktober 1923.
[242] *Wirtschaftlicher Ratgeber*, Nr. 44 (2243), 4. November 1923.
[243] *Wirtschaftlicher Ratgeber*, Nr. 1 (2251), 6. Januar 1924.
[244] Ebenda.

Die Zürcher Börse um 1930.

über den Stand des Vereinsvermögens, den Wert eines Anteils und eventuelle Ausschüttungen. Zudem wurden die Vereinsmitglieder über wichtige Entscheide, wie etwa über die an der Generalversammlung vom 1. März 1924 beschlossenen Abänderungen der Satzungen informiert, die Zickert im *Wirtschaftlichen Ratgeber* vom 16. März 1924 erläuterte. Diese Änderungen standen im Zusammenhang mit der Einführung der Goldmark, mit der Verkürzung der Einzahlungsfrist (neu: die ersten fünf Tage des Monats anstatt wie bisher die ersten zehn Tage), mit der Verzinsung der nach dem Fünften eines jeden Monats eingehenden Einzahlungen und mit der Bevorschussung von Anteilen in Ausnahmefällen.[245]

Regelmäßig wurden im *Wirtschaftlichen Ratgeber* in den Berichten über den Zickert'schen Kapitalverein die Wertpapiere aufgelistet, in die der Verein investiert hatte. Am 30. Juni 1924 bestand das Wertschriftenportfolio aus Aktien von Chemische Heyden, Deutsche Post und Eisenbahn, Gebr. Krüger, Hartmann Maschinen, Heinecke Ladenbau, Lindes Eismaschinen, Prang Mühlen, Ferd. Rückforth, Seck Mühlenbau, Schomburg Porzellan, Stettiner Vulkan, Thüringer Gas, Ver. Gumbinner Maschinen, Anteilen von Otavi, Deutscher Zuckerwertanleihe und jungen Roggenrentenbriefen.[246]

Wenn Jürgen Baur erwähnt, der Zickert'sche Kapitalverein habe »anfänglich den Charakter eines Spekulationsklubs« gehabt,[247] so wird er damit den effektiven Fakten kaum gerecht. Allfällige Unzulänglichkeiten, wie die vorübergehende »Ablehnung von Einzahlungen«, hingen mit der damaligen Inflation zusammen. In einer Phase, als das ganze Sparvermögen binnen kürzester Zeit wertlos wurde, konnte der Inhaber von Anteilen am Zickert'schen Kapitalverein zumindest einen Teil der Entwertung der Papiermark durch eine Höherbewertung der Wertpapiere auffangen.

Ende 1928 zählte der Verein gemäß Angaben von Baur 1 532 Mitglieder mit einem Vermögen von rund drei Millionen RM bei einem Umlauf von etwa 300 000 Anteilen. Die Ausschüttungen in den Jahren 1926 bis 1929 waren verhältnismäßig hoch. Sie lagen bei 8 bis 10 Prozent des Anteilwertes.[248]

[245] *Wirtschaftlicher Ratgeber*, Nr. 11 (2261), 16. März 1924.
[246] *Wirtschaftlicher Ratgeber*, Nr. 27 (2277), 6. Juli 1924.
[247] Baur, S. 75.
[248] Ebenda.

# Wirtschaftlicher Ratgeber

**Der Ratgeber auf dem Kapitalmarkt**
**Berliner Aktionär — Internationaler Volkswirt**

Erscheint jeden Sonntag

**Bezugspreis**
monatl. 1,20 G.-M. Der Bezug ist nur vom Verlag direkt unt. Streifband möglich.
Jahresbezugspreis für das Ausland:
Gegenwert von 4 Dollar.

Alle Bestellungen sind Dauerbestellungen. Kündigung muß spätestens 8 Tage vor Ablauf des Monats erfolgen.

Schriftleitung u. Geschäftsstelle
**Königs Wusterhausen bei Berlin**
Verlag: Dr. Hermann Zickert in Königs Wusterhausen
Postscheck: Berlin 51550.

**Anzeigen-Verwaltung:**
Francken & Lang G. m. b. H. in Berlin W. 57, Bülowstr. 56.
Fernruf:
Kurfürst 9848/49 und 7101
Postscheckkonto:
Berlin Nr. 7818.

**Anzeigenpreis:**
25 G.-Pf. für den Millimeter Höhe 12 gespalten. Bei Wiederholungen Rabatt.
Alle Anzeigenaufträge, Anfragen, Zahlungen usw. sind an die obige Firma zu richten.

Nr. 27 (2277) — Sonntag, den 6. Juli 1924 — 22. (52.) Jahrgang

## Zickert'scher Kapitalverein

Sitz: Königs Wusterhausen bei Berlin. Postscheckkonto: Berlin 131 223.
Vereinigung zur gemeinsamen Anlage und Verwaltung von Vermögen und Kapital.

**Wert eines Anteils am 30. 6. 1924**
**5,80 G.-M.**
Bis zum 5. eines jeden Monats können neue Anteile zum Werte vom Ende des Vormonats erworben werden.

**Dauernde Gelegenheit zu Einzahlungen von barem Gelde.** Für Zahlungen nach dem 5. eines Monats werden bis zum Ende des Monats 24% Zinsen p. a. vergütet.

**Rückzahlung von Anteilen am Schluß eines jeden Monats nach Kündigung.** Den Mitgliedern werden außerdem Vorschüsse auf die Anteile gegen 24% Zinsen p. a. gewährt.

Mitgliederzahl am 30. 6.: 1768     Zahl der Anteile am 30. 6.: 30 485     Gesamtvermögen am 30. 6.: 176 627,99 G.-M.

Interessenten erhalten die Satzungen usw. auf Wunsch kostenlos zugesandt.

### Vermögens-Ausweis vom 30. Juni 1924.

Anfang Juni sind dem Kapitalverein 13 neue Mitglieder beigetreten, sodaß sich die gesamte Mitgliederzahl auf 1768 erhöht hat. Die Summe der neuen Einzahlungen per Anfang Juni war im Verhältnis zu den vorhergehenden Monaten groß. Es wurden 2190 neue Anteile erworben, während nach Kündigung 270 Anteile zurückgezahlt wurden. Am 30. Juni war ein Bestand von 30 485 Anteilen vorhanden.

Trotz der allgemein weiter rückgängigen Kursbewegung an der Börse ist es doch gelungen, den Wert des Vereinsvermögens ungefähr auf der Höhe des Vormonats zu halten. Das Vereinsvermögen hatte nach den Kursen vom 30. Juni folgenden Wert:

| | Goldmark |
|---|---|
| Wertpapiere, bestehend aus Aktien von Chemische Heyden, Deutsche Post und Eisenbahn, Gebr. Krüger, Hartmann Maschinen, Heinecke Ladenbau, Lindes Eismaschinen, Prang Mühlen, Ferd. Rückforth, Sect Mühlenbau, Schomburg Porzellan, Stettiner Vulkan, Thüringer Gas, Ver. Gumbinner Maschinen, Anteilen von Otavi, Deutscher Zuckerwertanleihe und jungen Roggentenbriefen. | 117 911,35 |
| Uebertrag | 117 911,35 |
| Kassenbestand, Bankguthaben, Postscheckguthaben, Vorschüsse an die Mitglieder und Darlehen | 63 971,27 |
| | 181 882,62 |
| Mitgliederguthaben und Vorauszahlungen | 2 057,92 |
| Zinsguthaben der Mitglieder | 3 196,71 |
| **Gesamtwert des Vermögens am 30. Juni 1924** | **176 627,99** |
| Zahl der Anteile 30 485. | |
| Wert des einzelnen Anteils | 5,80 GM. |
| Einnahmen aus Zinsen und Dividenden im Juni 1988,15 GM. | |

Die im Laufe des Juni eingegangenen Vorauszahlungen und die bis zum 5. Juli geleisteten neuen Einzahlungen werden entsprechend dem obigen Ausweise mit einem Werte von

**5,80 GM.**

pro Anteil auf neue Anteile umgerechnet, und ebenso werden die für Ende Juni gekündigten Anteile zu diesem Werte ausgezahlt. Zur Rückzahlung auf den 30. Juni sind insgesamt 86 Anteile gekündigt und mit einem Werte von 498,80 GM. ausgezahlt worden.

Die Einnahmen aus Zinsen und Dividenden haben Ende Juni eine solche Höhe erreicht, daß per Ende Juni zum ersten Mal eine

**Ausschüttung von Zinseinnahmen**

an die Mitglieder des Kapitalvereins erfolgen kann. Von dem gesamten Zinsguthaben der Mitglieder von 3196,71 GM. werden 3048,50 GM. in der Weise an die einzelnen Mitglieder verteilt, daß auf jeden Anteil eine Uebertragung von **10 Pf.** erfolgt. Diese Uebertragung geschieht in der Weise, daß den Mitgliedern die entsprechenden Beträge auf Goldmarkkonto gutgeschrieben werden. Die Mitglieder können die auf sie entfallenden Beträge abheben bezw. sich zusenden lassen, was sich jedoch nur bei einem größeren Anteilbesitz lohnt. Im übrigen verbleiben die Beträge auf Goldmarkkonto als Guthaben der Mitglieder. Sofern jedoch die dadurch entstandenen Goldmarkguthaben für die Zuteilung eines neuen Anteils bzw. neuer Anteile ausreichen, wird der Vorstand eine solche Zuteilung zum Werte von 5.80 GM. vornehmen, falls die Mitglieder nicht bis zum 15. Juni über die Verwendung des Goldmarkguthabens anderweitig verfügt haben.

Dr. Zickert.

Bruppacher beziffert die Ausschüttungen wie folgt: »Im Jahre 1924 gelangten 70 Pf.; 1925: 1 RM.; 1926: 90 Pf.; 1927: 95 Pf. und 1928: 80 Pf. pro Anteilschein zur Ausschüttung. Der Wert eines Anteiles belief sich Ende 1924 auf etwa 10 RM.; Ende 1925 auf etwa 5,70 RM. und Ende 1928 auf ungefähr 9,50 RM.«[249]

Steuerliche Fragen wurden vom Zickert'schen Kapitalverein souverän gelöst: »Die seit der Gründung des Kapitalvereins schwebende Frage der Entrichtung der Kapitalverkehrssteuer ist im Januar 1924 durch Vereinbarung mit dem Finanzamt geregelt worden. Die gesamte für das Jahr 1923 zu zahlende Kapitalverkehrssteuer ist auf 1 102,65 G. M. vereinbart worden. Dieser Betrag ist im Januar dem Finanzamt gezahlt worden. Eine besondere Belastung der Mitglieder mit dem auf sie entfallenden Steueranteil erübrigt sich dadurch, dass die Steuer gleichmäßig auf sämtliche Anteile zu verteilen war, was am einfachsten dadurch erfolgte, dass der Steuerbetrag dem Vereinsvermögen entnommen wurde. Im anderen Falle wären die Unkosten der Verteilung vielleicht höher gewesen als der Steuerbetrag selbst. – Seit dem 1. Januar 1924 wird eine Kapitalverkehrssteuer für den Kapitalverein bezw. für die neu erworbenen Anteile nicht mehr erhoben, da durch die zweite Steuernotverordnung die Erhebung der infrage kommenden Steuer bis auf weiteres eingestellt worden ist. Bis auf weiteres ist also für die neu zu erwerbenden Anteile keine Kapitalverkehrssteuer zu entrichten.«[250]

1929 erlitt der Deutsche Kapitalverein einen erheblichen Verlust, welcher in der dem Verfasser bekannten Literatur nicht näher beziffert wird. Nach Meinung von Rudolf Goldschmidt war der Verlust »überwiegend – nicht ausschließlich – dadurch entstanden«, dass der Vorstand einen beträchtlichen Teil der angekauften Effekten, ohne Nummernverzeichnisse zu verlangen, bei einer Bankfirma (es handelte sich um die Bankfirma Siegfried Brann) beließ, die dann in Konkurs geriet.[251] Dass dem Deutschen Kapitalverein dieses folgenschwere Missgeschick passieren konnte, überrascht, hatte doch Zickert immer wieder mit Vehemenz auf »die ungeheure Bedeutung

[249] C. Rudolf Bruppacher: Investment Trusts. Dissertation. Zürich 1933, S. 236.
[250] *Wirtschaftlicher Ratgeber*, Nr. 7 (2257), 17. Februar 1924.
[251] Goldschmidt, S. 68.

des Stückeverzeichnisses« hingewiesen, weil nur mit dessen Übersendung die rechtliche Übertragung des Eigentums der Effekten von der Bank auf den Kunden erfolgen würde.[252] Bruppacher vertrat die Auffassung: »Zu diesem unrühmlichen Ende des Deutschen Kapitalvereins dürfte seine Rechtsform mit beigetragen haben, da sie keine ausreichende Sicherungs- und Kontrollmöglichkeiten bot.«[253] All dies gab nach Meinung von Goldschmidt den Anstoß zu einer Umbildung des Deutschen Kapitalvereins, der als nicht rechtsfähiger Verein gegründet worden war, in die Rechtsform einer Genossenschaft.[254] So wurden Anfang 1930 die Restbestände der Effektenanlagen aus dem in Liquidation gegangenen Deutschen Kapitalverein in die neu gegründete »Deutsche Investment-Verein e. Genossenschaft m.b.H.« überführt.[255]

Zickert kann aufgrund dieser Recherchen als Pionier des Investment-Sparens in Deutschland bezeichnet werden. Er äußerte sich im *Spiegel* wiederholt zu Anlagemöglichkeiten in Investmentzertifikaten. Deshalb war ich sehr überrascht, dass ich dort keine Hinweise über den Zickert'schen Kapitalverein finden konnte.

## »Die deutschen Aktien in Schlagworten«

In der Wirtschaftskorrespondenz *Wachet auf!* vom 15. Januar 1933 kündigt Zickert an, in der nächsten Ausgabe unter dem Titel »Die deutschen Aktien in Schlagworten« eine Reihe zu starten, die während mehrerer Monate fixer Bestandteil der Zeitschrift sein werde. Recht ausführlich legt er die Gründe dar, die ihn zu einer solchen Analyse und deren Veröffentlichung bewegen: »Die Zahl der deutschen Aktien ist so groß, dass sich kaum der Fachmann herausfinden kann. Besonders nach den einschneidenden Veränderungen der letzten Jahre. Auch der Fachmann wird nicht, selbst nicht bei genauester Prüfung von allen Aktien sagen können, ob sie noch etwas wert sind und wieviel. Dazu müsste man mehr als Prophet sein. Aber es gibt doch immerhin aus der Erfahrung gewisse Anhaltspunkte, die wichtig sind. Man weiß, ob eine Gesellschaft wirklich ein selbständiges Dasein führt. Oder ob sie nur ein Anhängsel eines

Konzerns ist. Oder Kulisse für die Geschäfte eines Großaktionärs. Man weiß, ob die Bilanzen und andere Veröffentlichungen einigermaßen einen Einblick in die Struktur der Gesellschaft gewähren. Oder diese nur verschleiern. Und das soll in kurzen Stichworten mitgeteilt werden ... Die Charakterisierung der einzelnen Aktien soll vor allem auch ein Hilfsmittel sein, dass man sich jederzeit über Empfehlungen einzelner Anlagen durch Banken oder Bankiers orientieren kann. Denn die üblichen Handbücher sind entweder so umfangreich und ausführlich, dass der Privatmann sich aus ihnen nicht unterrichten kann. Oder sie sind in ihrem Inhalt so nichtssagend, dass sie keine Aufklärung bieten. Eine schnelle Orientierung ist aber oft erforderlich, wenn die Börse in lebhafter Bewegung ist. Da vergeht meist zu lange Zeit, ehe eine schriftliche Beratung eingeholt werden kann. – In der nächsten Ausgabe wird die Veröffentlichung beginnen. Und zwar mit den Aktien der Berliner Börse in der Reihenfolge des Alphabets. Die einzelnen Aktien werden der Nummer nach geordnet [Nr. 1 Accumulatorenfabrik], so dass später leicht eine Verweisung erfolgen kann.«[256] Anfang November 1933 schloss Zickert die Reihe der Beurteilung deutscher Aktien mit der Nr. 646 (Schantung Handels AG) ab.

Unter der Überschrift »Eigenlob« durfte sich Zickert im September 1933 über einige Volltreffer freuen, wobei er sich bewusst war, dass Zufälle in diesem Geschäft eine große Rolle spielen. Für seine erfolgreichen »Prophezeiungen« führte er drei Beispiele an: »Die A. G. Ruscheweyh hat kürzlich ihre Zahlungen plötzlich eingestellt. Es wird sogar Konkurs befürchtet, der den Aktionären nichts lassen würde. Wahrscheinlich bleibt ihnen auch sonst nichts. Ende April notierten die Aktien noch $10^{3/4}$ Prozent und hatten 1932 einen Höchstkurs von 17 Prozent gehabt. In Nr. 30 [der Zeitschrift *Wachet auf!*], Seite 9, schrieb ich darüber: ›Hängt nur noch an der Gnade der Bankgläubiger. Vor dem Erwerb der Aktien sei gewarnt.‹ – Die Aktien der Runge-Werke bezeichnete ich an gleicher Stelle als wertlos. Inzwischen ist der Konkurs eröffnet worden, weil das Vergleichsverfahren nicht durchführbar war. –

[252] »Die unbedingte Notwendigkeit des Stückeverzeichnisses«. In: *Wirtschaftlicher Ratgeber*, Nr. 25 (2275), 22. Juni 1924.
[253] Bruppacher, S. 236.
[254] Goldschmidt, S. 68.
[255] Ebenda.
[256] *Wachet auf!*, Nr. 3, 15. Januar 1933, S. 9/10.

173. **Th. Flöther Maschinenbau.** Fabrik für landwirtschaftliche Maschinen in der Niederlausitz. Im Konzern der ehemaligen Ostwerke verschachtelt. An hohen Schulden seit August 1931 pleite. Wird für die Gläubiger liquidiert. Aktienwert Null.
N. Nichts Neues.

    3,6
    0, 0, 0
    ohne
    Kurs

Ohne Kurs

174. **Ford Motor Co.** Die deutsche Niederlassung von Ford in Köln. Seit Börseneinführung 1929 eine schwere Enttäuschung. Ein Geschäft nur für die Deutsche Bank. Gesellschaft ganz abhängig von den jeweiligen Interessen von Ford am deutschen Geschäft. Keinesfalls etwas für Aktionäre.
N. Wieder dividendenlos. 6 Mill. Betriebsverlust.

    15
    10, 10, 0
    72
    35

81 : 35½

175. **Frankfurter Chaussee.** Gesellschaft sitzt seit Jahrzehnten auf Terrains im Osten Berlins. War im zusammengebrochenen Runck-Konzern verschachtelt. Zahlte Dividenden, um das Aktienlombard zu halten. Auf jeden Fall Hände weg davon! Für immer!
N. Nichts Neues.

    1
    7, 0, 0
    ohne
    Kurs

Ohne Kurs

176. **Fraustadt Zuckerfabrik.** Alte Fabrik für Verbrauchszucker in Niederschlesien. Verarbeitet Rüben und gekauften Rohzucker. Rentabilität mit der Zuckerkonjunktur stark wechselnd. In den letzten Jahren durch Staats- und Zollhilfe wieder steigend. Bilanzbild normal. Ohne größere Schulden. Hat vielleicht bei Autarkie bessere Aussichten. Sonst bei der internationalen Zuckerkrise kaum. In gewissem Sinne Substanzwert.
N. Dividende auf 6% erhöht.

    1,8
    0, 4, 5
    77½
    40½
    S

102 : 67

177. **Friedrichshütte.** Eisenhütte und Erzbergwerk im Siegerland. 1931 stillgelegt. Im Konzern der Ver. Stahlwerke. Mit diesen Interessengemeinschaft. 2% mehr Dividende als beim Stahlverein garantiert. Als ganz kleines Minderheitspapier interesselos.
N. Dividende mit ½% für 32 und 2% für 33 wieder aufgenommen.

    4
    6, 6, 0
    ohne
    Kurs

Ohne Kurs

178. **Froebeln Zuckerfabrik.** Alte Fabrik für Rohzucker in Niederschlesien. Auch Raffinerie. 2910 Morgen eigene Rittergüter für den Rübenbau. Seit 6 Jahren wieder regelmäßige Dividende. Zukunft abhängig von der deutschen Zuckerwirtschaft. Bilanz einigermaßen ausgeglichen. Ankauf der Aktien eine Spekulation auf die Autarkie.
N. Dividende auf 8% erhöht.

    4,072
    8, 6, 6
    84½
    42
    S

114 : 79

179. **Gebhard & Co.** Seidenweberei in Wuppertal und Krefeld. Regelmäßig befriedigend rentierend. Bis auf die letzten Jahre, die gerade die Seidenindustrie getroffen haben. Vorher 1929 auch noch stark ausgedehnt. In letzter Bilanz Gläubiger gleich der Hälfte des Aktienkapitals. Finanziell damit wohl festgefahren. Aussichten mindestens sehr ungewiß. Vielleicht noch Sanierung. Von einer Beteiligung sehr abzuraten.
N. Wieder ohne Dividende. 0,3 Mill. Verlust.

    4,4
    7, 0, 0
    36
    25

45 : 28

Aus Hermann Zickert:
»Die deutschen Aktien in Schlagworten«. Vaduz 1934.

Über die Cartonagen Loschwitz schrieb ich in Nr. 10, Seite 9: ›Aktien Juli 1932 2:1 zusammengelegt. Opfer der Aktionäre noch lange nicht abgeschlossen.‹ Die Gesellschaft schlägt jetzt eine nochmalige Zusammenlegung 5:2 vor.«[257]

»Da diese Veröffentlichungen [über die deutschen Aktien in der Zeitschrift *Wachet auf!*] nicht nur einen vorübergehenden Wert haben, sollen sie in einiger Zeit in neuer Zusammenfassung als Buch erscheinen. Zugleich mit den inzwischen notwendig gewordenen Ergänzungen bei einzelnen Papieren. Auch mit den höchsten und niedrigsten Kursen für das Jahr 1933.«[258]

Bereits 1934 erschien im Baltic-Verlag, Vaduz, der für die damalige Zeit wegweisende Aktienführer »Die deutschen Aktien in Schlagworten«. Zickert skizziert mit ein paar markanten Worten die »Umrisse des Charakters, den jede Aktiengesellschaft so gut hat wie jeder Mensch«.[259] Es folgt eine sehr bestimmte und klare Aktienbeurteilung, wobei sich Zickert des Risikos einer Fehlbeurteilung durchaus bewusst war. Einige Kostproben aus dem Aktienführer: »Ford Motor Co. Die deutsche Niederlassung von Ford in Köln. Seit Börseneinführung 1929 eine schwere Enttäuschung. Ein Geschäft nur für die Deutsche Bank. Gesellschaft ganz abhängig von den jeweiligen Interessen von Ford am deutschen Geschäft. Keinesfalls etwas für Aktionäre.«[260] – »Hirschberger Leder. Fabrikation und Vertrieb von Leder … Es gehört schon Mut dazu, diese Aktien zu behalten. Kauf wäre Leichtsinn. Jeder Aufsichtsrat steckt sich 5 000 RM feste Vergütung für die dürftige Berichterstattung ein.«[261] – »Dortmunder Union-Brauerei. Alte, sehr angesehene Brauerei mit Rekorddividenden vor dem Krieg. Seitdem Kapital vervierfacht. Betrieb gut rationalisiert. Kapazität 1,2 Mill. hl. Hohe offene Reserven. Geringe Schulden. Reichlich Bankguthaben. Aber auch große Wirtsdarlehen, jedoch aus eigenem Vermögen. Deshalb Risiko

[257] *Wachet auf!*, Nr. 33, 3. September 1933, S. 5.
[258] *Wachet auf!*, Nr. 42, 5. November 1933, S. 10. Im Dezember 1933 teilte Zickert seiner Leserschaft in *Wachet auf!* mit: »Auf das kürzlich angekündigte Buch ›Die deutschen Aktien in Schlagworten‹ sind Vorbestellungen so zahlreich eingegangen, dass die Herausgabe gesichert ist. Besten Dank allen Bestellern. – Demnächst werde ich gleichartige Analysen über die an den deutschen Provinzbörsen gehandelten Aktien beginnen. Dort werden etwas über 400 Aktien notiert. Darunter eine verhältnismässig große Zahl von Unternehmungen auf Aktien im besten Sinne.« Aus: *Wachet auf!*, Nr. 46, 3. Dezember 1933, S. 8.
[259] Hermann Zickert: *Die deutschen Aktien in Schlagworten*. Vaduz 1934, S. 5.
[260] Ebenda, S. 82.
[261] Ebenda, S. 102.

daraus geringer. Eines der besten Brauereipapiere.«[262] – »Gladbacher Wollindustrie. Spinnerei und Weberei für Bukskin. Seit Jahren sehr gut geleitet… Ein Beispiel, wie eine Textilfabrik ohne Größenwahn und ohne Bankeinfluss doch gut gehen kann. Hoffentlich bleibts!«[263]

Zickert beschränkte sich in seinem Aktienführer auf wenige Zahlen, nämlich auf das Aktienkapital (es biete am ehesten einen Begriff von der Größe des Marktes in der Aktie), die Dividenden der letzten Jahre (weil nur diese für den Ertrag wichtig seien) sowie die Höchst- und Tiefstkurse der Jahre 1932 und 1933 (was vorher liege, sei unwichtig; es gehöre der Vergangenheit an).[264] Leere Seiten im Aktienführer sollten dem Leser und Aktienbesitzer dazu dienen, Notizen zu machen sowie Kurse und Ähnliches nachzutragen. Zickert hat es »immer als einen Nachteil der Handbücher empfunden, dass dort kein Platz für weitere Notizen ist.«[265]

Ein Novum in Deutschland war die von Zickert vorgenommene Einteilung der Aktien in gleichartige Sachgruppen. Die Register der bisherigen Aktienführer wurden offenbar auf der Basis der Firmenbezeichnungen und des formellen Zwecks aufgebaut. Für Zickert war die Art des gegenwärtigen wirklichen Geschäftsbetriebes wichtig. So schrieb er: »Etwa die Zuckerfabrik Körbisdorf ist überhaupt keine Zuckerfabrik. Oder bei der Westfälischen Drahtindustrie ist die Lage des Drahtmarktes ganz unwesentlich für die Aktionäre. Wesentlich dagegen der Vertrag über die Dividendengarantie.«[266] Aus dieser Erkenntnis heraus benannte er eine Aktiengruppe »Rentenwerte mit Dividendengarantie«. Zickert unterschied klar zwischen den Unternehmen der Konsum- und jenen der Investitionsindustrie. Innerhalb der Branchen nahm er eine Selektion vor, wobei diese nicht immer restlos und zweifelsfrei umgesetzt werden kann. So unterteilte er zum Beispiel die chemischen Werte unter anderem in Düngemittel, Arzneiwaren und Farben. Ihm war bewusst, dass sowohl jede Branche als auch jede Gruppierung eine eigene Geschichte und eine eigene Tradition hat und jede Branche unterschiedlich auf Konjunktureinflüsse reagiert. Diese Erfahrung wird heute – wie schon zu Zickerts Zeiten – allerdings oft außer Acht gelassen.

## »Die Erfolgsbuchhaltung für Wertpapiere«

»Wie kann man nach einer gewissen Zeitperiode feststellen, ob man sein in Wertpapieren angelegtes Vermögen gut oder schlecht angelegt hat?« Diese Frage stellte Zickert, als er die von ihm entwickelte »Erfolgsbuchhaltung für Wertpapiere«[267] im Oktober 1940 im *Spiegel der Wirtschaft* vorstellte.[268]

Heute ist diese Frage relativ einfach zu beantworten. Man ruft seine Bank an und verlangt einen Performance-Report. Dieser wird dem Bankkunden »als Teil des Anlageverzeichnisses oder als separater Ausdruck geliefert. Sinnvoll sind ein jährlicher Performance-Ausweis und eine damit einhergehende Mehrjahresbetrachtung. Banken mit modernen IT-Lösungen rechnen die Performance intern täglich aus und können sie beispielsweise im Hinblick auf einen Kundenbesuch, auf einen bestimmten Tag ausweisen.«[269] Dieser Performance-Ausweis enthält Informationen über die Zusammensetzung des Vermögens an einem bestimmten Stichtag und über die Vermögensentwicklung, also die Wertveränderung des Vermögens, innerhalb einer bestimmten Zeitperiode. Für den Anleger von besonderem Interesse sind Auskünfte über den realisierten und den nicht realisierten Markterfolg sowie Informationen über die Erträge auf Positionen, aufgelaufene Zinsen usw.

So viel zum Performance-Report von heute. Wie aber war das 1940, als es noch keine Computer gab? Wie konnte man damals den Wertschriftenerfolg, vor allem die nicht realisierten Wertveränderungen, ermitteln?

Zickert hatte eine glänzende Idee. Er konzipierte 1940 ein gebundenes Buch – 31 Zentimeter breit und 23 Zentimeter hoch –, in das der Wertschriftenbesitzer über drei Jahre hinweg alle relevanten Daten auf vorgedruckten Seiten von Hand eintragen konnte.[270] Die Blätter A dienten der Auf-

---

[262] Hermann Zickert: *Die deutschen Aktien in Schlagworten*. Vaduz 1934, S. 88.
[263] Ebenda, S. 88.
[264] Ebenda, S. 6.
[265] Ebenda.
[266] Ebenda, S. 11.
[267] Hermann Zickert: Die Erfolgsbuchhaltung für Wertpapiere. Vaduz 1940.
[268] *Wirtschaftlicher Ratgeber*, Nr. 10, Oktober 1940, S. 289 bis 300.
[269] Emch, Renz und Arpagaus, S. 502.
[270] 1952 erschien »Die Erfolgsbuchhaltung für Wertpapiere« in neuer, verbesserter Auflage und war in drei Größen erhältlich. »Jedes Buch reicht für drei Jahre aus, ist in Leinendecke mit Goldprägung gebunden (Spiralheftung) und wird mit Schutzkarton geliefert.« Aus: *Spiegel der Wirtschaft*, Nr. 8, August 1952, S. 244.

# 12  A. Titelbestände

| Name des Titels / Betrag | 1. | 2. Ankauf Datum J. T. M. | Kurs | Gesamtpreis einschl. Spesen | 3. Liegt bei | 4. Verkauf Datum J. T. M. | Kurs | Netto-Erlös abz. Spesen | 5. Bestand am Betrag | Ku |
|---|---|---|---|---|---|---|---|---|---|---|
| Chesapeake & Ohio | | | | | | | | | | |
| Betrag: 50 | | 48 1. 6. | 39 3/4 | 2018 73 | S. | | | | 50 | 33 |
| Reading Co | | | | | | | | | | |
| 50 | | 50 16.10. | 25 3/4 | 1293 37 | S. | | | | 50 | 26 |
| Minneapolis & St. Louis Ry | | | | | | | | | | |
| 100 | | 52 16.12. | 16 3/8 | 1670 50 | S. | 53. 5. 11. | 22 1/2 | 2198 40 | | |
| " | | | | | | | | | | |
| 100 | | 53 12. 1. | 16 1/4 | 1661 — | | 53 7.12 | 23 | 2276 — | | |
| Granite City Steel Co | | | | | | | | | | |
| 100 | | 54 23. 4. | 16 1/4 | 1665 — | S. | | | | | |
| | | | | | | | | | | |
| 100 | | 54 20. 7. | 14 7/8 | 1499 12 | | | | | | |

»Die Erfolgsbuchhaltung für Wertpapiere« mit handschriftlichen Eintragungen von Hermann Zickert für die Jahre 1952 bis 1954.

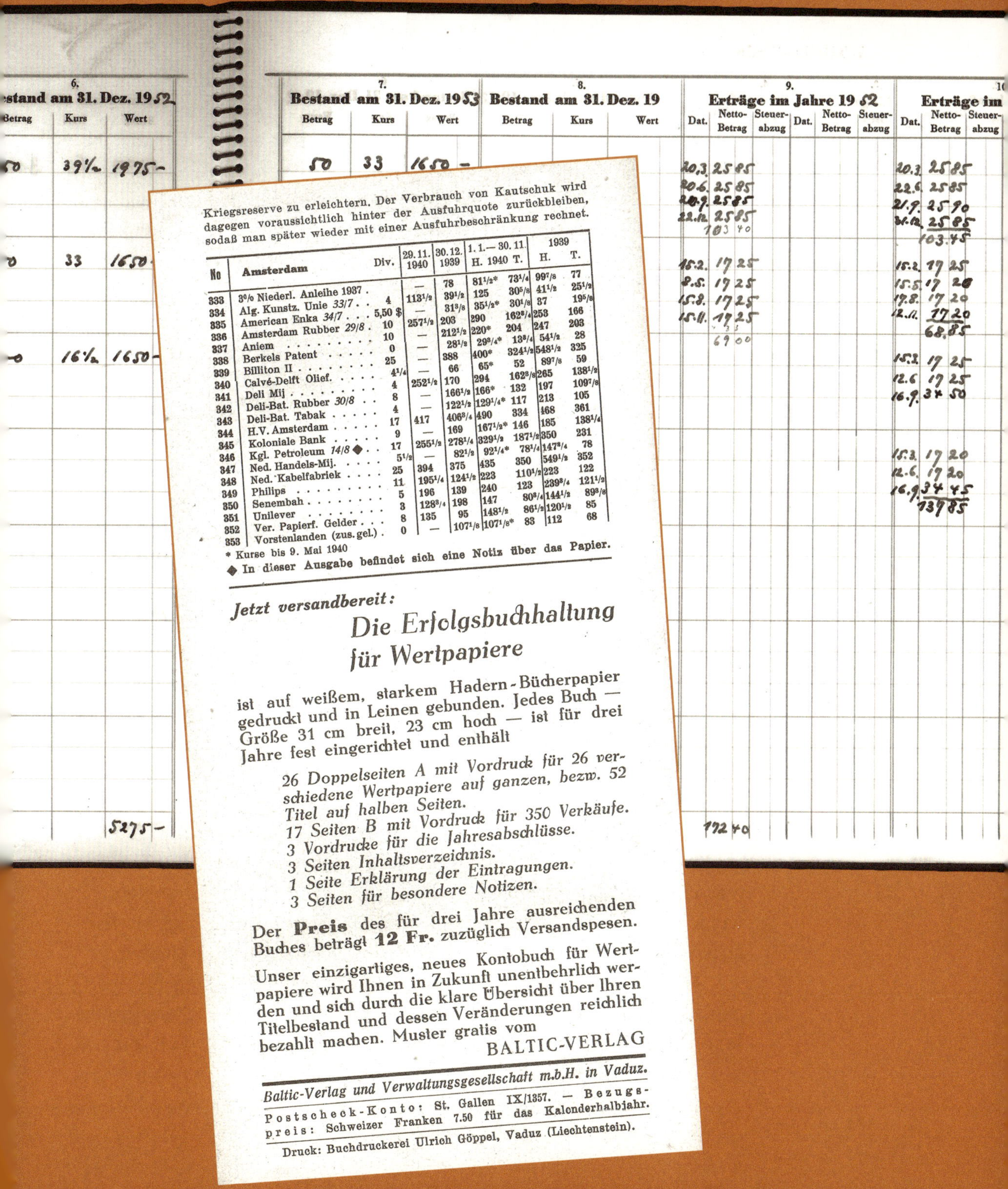

6. Bestand am 31. Dez. 1952 — Betrag | Kurs | Wert
7. Bestand am 31. Dez. 1953 — Betrag | Kurs | Wert
8. Bestand am 31. Dez. 19 — Betrag | Kurs | Wert
9. Erträge im Jahre 1952 — Dat. | Netto-Betrag | Steuer-abzug | Dat. | Netto-Betrag | Steuer-abzug
10. Erträge im — Dat. | Netto-Betrag | Steuer-abzug


Kriegsreserve zu erleichtern. Der Verbrauch von Kautschuk wird dagegen voraussichtlich hinter der Ausfuhrquote zurückbleiben, sodaß man später wieder mit einer Ausfuhrbeschränkung rechnet.

| No | Amsterdam | Div. | 29.11. 1940 | 30.12. 1939 | 1.1.—30.11. 1940 H. | 1.1.—30.11. 1940 T. | 1939 H. | 1939 T. |
|---|---|---|---|---|---|---|---|---|
| 333 | 3% Niederl. Anleihe 1937 | | — | 78 | 81½* | 73¼ | 99⅞ | 77 |
| 334 | Alg. Kunstz. Unie *33/7* | 4 | 113½ | 39½ | 125 | 30⅝ | 41½ | 25½ |
| 335 | American Enka *34/7* | 5,50 $ | — | 31⅜ | 35½* | 30⅛ | 37 | 19⅝ |
| 336 | Amsterdam Rubber *29/8* | 10 | 257½ | 203 | 290 | 162¾ | 253 | 166 |
| 337 | Aniem | 10 | — | 212½ | 220* | 204 | 247 | 203 |
| 338 | Berkels Patent | 0 | — | 28½ | 29¾* | 13¾ | 54½ | 28 |
| 339 | Billiton II | 25 | — | 388 | 400* | 324½ | 548½ | 325 |
| 340 | Calvé-Delft Olief. | 4¼ | — | 66 | 65* | 52 | 89⅞ | 59 |
| 341 | Deli Mij | 4 | 252½ | 170 | 294 | 162⅜ | 265 | 138½ |
| 342 | Deli-Bat. Rubber *30/8* | 8 | — | 166½ | 166* | 132 | 197 | 109⅞ |
| 343 | Deli-Bat. Tabak | 4 | — | 122½ | 129¼* | 117 | 213 | 105 |
| 344 | H.V. Amsterdam | 17 | 417 | 406¾ | 490 | 334 | 468 | 361 |
| 345 | Koloniale Bank | 9 | — | 169 | 167½* | 146 | 185 | 138¼ |
| 346 | Kgl. Petroleum *14/8* ◆ | 17 | 255½ | 278¼ | 329½ | 187½ | 350 | 231 |
| 347 | Ned. Handels-Mij. | 5½ | — | 82½ | 92¼* | 78¼ | 147¾ | 78 |
| 348 | Ned. Kabelfabriek | 25 | 394 | 375 | 435 | 350 | 549½ | 352 |
| 349 | Philips | 11 | 195¼ | 124½ | 223 | 110½ | 223 | 122 |
| 350 | Senembah | 5 | 196 | 139 | 240 | 123 | 239¾ | 121½ |
| 351 | Unilever | 3 | 128¾ | 198 | 147 | 80¾ | 144½ | 89⅜ |
| 352 | Ver. Papierf. Gelder | 8 | 135 | 95 | 148½ | 86½ | 120½ | 85 |
| 353 | Vorstenlanden (zus. gel.) | 0 | — | 107⅛ | 107⅛* | 83 | 112 | 68 |

* Kurse bis 9. Mai 1940

◆ In dieser Ausgabe befindet sich eine Notiz über das Papier.


*Jetzt versandbereit:*

## Die Erfolgsbuchhaltung für Wertpapiere

ist auf weißem, starkem Hadern-Bücherpapier gedruckt und in Leinen gebunden. Jedes Buch — Größe 31 cm breit, 23 cm hoch — ist für drei Jahre fest eingerichtet und enthält

26 Doppelseiten A mit Vordruck für 26 verschiedene Wertpapiere auf ganzen, bezw. 52 Titel auf halben Seiten.
17 Seiten B mit Vordruck für 350 Verkäufe.
3 Vordrucke für die Jahresabschlüsse.
3 Seiten Inhaltsverzeichnis.
1 Seite Erklärung der Eintragungen.
3 Seiten für besondere Notizen.

Der **Preis** des für drei Jahre ausreichenden Buches beträgt **12 Fr.** zuzüglich Versandspesen.

Unser einzigartiges, neues Kontobuch für Wertpapiere wird Ihnen in Zukunft unentbehrlich werden und sich durch die klare Übersicht über Ihren Titelbestand und dessen Veränderungen reichlich bezahlt machen. Muster gratis vom

BALTIC-VERLAG



*Baltic-Verlag und Verwaltungsgesellschaft m.b.H. in Vaduz.*

Postscheck-Konto: St. Gallen IX/1357. — Bezugspreis: Schweizer Franken 7.50 für das Kalenderhalbjahr.

Druck: Buchdruckerei Ulrich Göppel, Vaduz (Liechtenstein).

nahme des Bestandes der einzelnen Wertpapiere und deren Bestandesveränderungen. Auf den Blättern B wurden die Abrechnungen über die Verkäufe der Wertpapiere, geordnet nach Datum, erfasst. Für die Jahresabschlüsse war das Blatt C vorgesehen. Aufgrund dieser Eintragungen erhielt der Kapitalanleger vor allem Antworten auf drei wichtige Fragen: Wie hoch ist der jährliche realisierte Erfolg? Wie setzt sich dieser zusammen? Wie hoch ist der nicht realisierte Erfolg in dem betreffenden Jahr?

Wie wurde die zickert'sche »Erfolgsbuchhaltung für Wertpapiere«, die international geschützt wurde, anfangs der 1940er-Jahre in der Fachwelt aufgenommen? Im Oktober 1941 zitierte Zickert Dr. E. Weidmann der sich in der schweizerischen Zeitschrift für kaufmännische Organisation *Büro und Verkauf* unter anderem wie folgt geäußert hatte: »Der Herausgeber des *Spiegels der Wirtschaft* hat eine originelle ›Erfolgsbuchhaltung für Wertpapiere‹ geschaffen. Ein Hinweis darauf rechtfertigt sich um so mehr, als die modernsten betriebswirtschaftlichen Grundsätze dabei berücksichtigt worden sind. Zu den Eintragungen wird ein gebundenes Buch mit skontromäßigen Blättern verwendet. Die gebundene Form wurde gewählt, da in erster Linie an private Benützer gedacht wurde. Das Buch bietet Raum für 26 beziehungsweise 52 verschiedene Titel, deren Bestand und Erträge während dreier Jahre nachgeführt werden können… Diese Buchhaltung ermöglicht es, nicht nur die Wertveränderungen eines Wertpapierbestandes zu registrieren, sondern darin die aktiv herbeigeführten Verbesserungen von der passiv erlittenen Kursbewegung und deren Zufällen am jeweiligen Abschlusstag zu trennen… Wesentlich ist, dass der realisierte Jahreserfolg von der nicht realisierten Kurswertveränderung des Jahres getrennt wird. Bilanzmäßig müssen die beiden Ergebnisse natürlich zueinander in Beziehung gesetzt werden. Ein Buchungsbeispiel und ein ausgefülltes Musterblatt verdeutlichen die Arbeitsvorgänge.«[271] Soweit die Meinung eines Experten.

Ich bin im Besitz des Buches »Die Erfolgsbuchhaltung für Wertpapiere« mit den handschriftlichen Eintragungen von Zickert für die Jahre 1952 bis 1954. In diesem Buch fallen zwei Dinge auf: Zickert arbeitete mit Farbstiften, um so einen besseren Überblick zu gewinnen, und die Gesamt-Performance für das Jahr 1952 kann sich – abgesehen von einzelnen Enttäuschungen – sehen lassen. Das Bankgeheimnis und der Schutz der Privatsphäre verbieten jedoch die Bekanntgabe von Detailinformationen über die Performance.

## Börsen- und Anlageberatung

Zickert beriet bereits in den 1930er-Jahren private Anleger. So schrieb ein Leser 1932 in der Zeitschrift *Wachet auf!*: »Ihre letzten Ausführungen haben mir so gut gefallen, dass ich Sie bitten möchte, auch meine Wertpapiere einer kritischen Beurteilung unterziehen zu wollen.«[272] Für solche Dienstleistungen – wahrscheinlich die ersten dieser Art im deutschsprachigen Raum überhaupt – verlangte Zickert »je nach Umfang und Arbeit« ein Honorar von mindestens 10 Reichsmark oder 12,50 Franken. Der Honoraransatz für »jede normale Auskunft bzw. für jedes Papier, über das eine spezielle Auskunft gewünscht wurde«, betrug mindestens 5 Franken. Ein Leser äußerte sich dazu: »Ich danke Ihnen für Ihre ausführliche Antwort. Ihr Honorar finde ich mit 5 Franken nicht angemessen; ich habe mir deshalb erlaubt, dasselbe auf 10 Franken zu erhöhen.«[273] Die privaten Auskünfte wurden von Fall zu Fall auch im *Spiegel* abgedruckt.

### »Wie lege ich 30 000 Franken an?«

Unter dem Titel »Wie lege ich 30 000 Franken an?«[274] schildert Zickert, dass er für einen älteren Herrn die Ersparnisse nutzbringend anlegen musste, welcher neben einer kleinen Pension aus dem Ertrag dieser 30 000 Franken leben wollte, »wenn möglich ohne vom Kapital zehren zu müssen.«[275] Der Rentner hatte selbst einen Anlagevorschlag ausgearbeitet und bat Zickert um seine Meinung zur Einteilung und zu den ausgewählten Wertschriften. In der detaillierten Antwort im *Spie-*

[271] Zitiert nach *Spiegel der Wirtschaft*, Nr. 10, Oktober 1941, S. 320.
[272] *Wachet auf!*, Nr. 19, 15. Mai 1932, S. 10.
[273] *Spiegel der Wirtschaft*, Nr. 7, Juli 1940, S. 220.
[274] Weitere Beispiele für Musterportfolios siehe Anhang, S. 212 bis 231.
[275] *Spiegel der Wirtschaft*, Nr. 4, April 1943, S. 100.

*gel* heißt es unter anderem: »Mit der Einteilung der Kapitalanlage würde ich im Allgemeinen einverstanden sein, halte jedoch einige Änderungen für zweckmäßig.«[276] Zickert riet dem Anleger vom Kauf amerikanischer Aktien ab, weil die Kurse schon hoch und »der Anteil an Auslandswerten sowieso in der Anlage schon reichlich«[277] seien. Er empfahl im April 1943 anstelle amerikanischer Aktien folgende Schweizer Aktien: 3 Aktien Kraftwerk Laufenburg (Rendite »reichlich 5 Prozent«), 3 Aktien Basler Transportversicherung (Rendite sogar 6 Prozent), 30 Aktien Continentale Linoleum (Rendite war bisher »reichlich 7½ Franken für 1941, bleibt aber unsicher«) oder 10 Prioritätsaktien Bank Leu (Rendite 6 Prozent). Wie haben sich diese von Zickert empfohlenen Schweizer Aktien in den folgenden Jahren entwickelt? Welche Anlagestrategie verfolgte er damals? Und wie ist die zickert'sche Anlagestrategie von 1943 heute zu beurteilen?

Im April 1943 riet Zickert, die Aktien des Kraftwerks Laufenburg (seit 1956 EGL/Elektrizitäts-Gesellschaft Laufenburg AG) zu einem Kurs von 980 Franken und einer Dividendenrendite von 5,1 Prozent zu kaufen, nachdem er bereits früher über diese sehr solide und gut fundierte Gesellschaft Exposés verfasst hatte.[278] So schrieb er im November 1942, die Gesellschaft habe sich seit der Frankenabwertung 1936 finanziell außerordentlich verbessern können. Aufgrund seiner »Nachrechnung« und seiner Bilanzanalyse komme er zum Schluss, dass Laufenburg von 1936 bis 1941 das »Betriebsvermögen um reichlich 20 Mill. Fr.« gesteigert habe. Er erläuterte dies mit nachfolgend zusammengefassten Bilanzposten (in Millionen Schweizer Franken). Auffallend ist, dass Zickert im deutschsprachigen *Spiegel* teilweise englische Fachausdrücke verwendete.

Der Grund für diese »Bilanzbesserung« lag nach Zickerts Ansicht darin, dass die Gesellschaft einen wesentlichen Teil des Stromes nach Deutschland verkaufte und die erzielten Erlöse in Mark bezahlt bekam. Diese Erlöse seien seit der Abwertung des Frankens Jahr für Jahr um 40 Prozent höher gewesen. Zickert hielt abschließend fest, auch wenn diese Gewinnquelle (Nutzen aus Frankenabwertung) wieder versiegen könnte,

|  | 1936 | 1937 | 1938 | 1939 | 1940 | 1941 |
|---|---|---|---|---|---|---|
| **Liquid assets** | 11,61 | 16,42 | 19,29 | 10,68 | 15,37 | 18,84 |
| **Liabilities** | 24,85 | 22,96 | 25,24 | 9,87 | 12,05 | 11,13 |
| **Net liquid assets** | –13,24 | –6,54 | –5,95 | +0,81 | +3,32 | +7,71 |
| **Property** | 55,36 | 56,25 | 56,11 | 57,80 | 57,18 | 51,81 |
| **Reservefonds zus.:** | 18,99 | 25,06 | 26,60 | 35,05 | 36,94 | 35,94 |
| **Net property** | 36,37 | 31,19 | 29,51 | 22,75 | 20,24 | 15,87 |

so würde doch der erzielte Vermögenszuwachs auf jeden Fall der Gesellschaft verbleiben.[279]

Als weitere Kaufargumente neben der hohen Dividende und der soliden Finanzlage führte Zickert 1945 die Umstände an, dass »die effektive Kriegsgefahr für Zerstörungen usw. wohl endgültig beseitigt«[280] sei und das Kraftwerk Laufenburg seine ganze Obligationsschuld zurückgezahlt hätte[281]. Der Aktienkurs des Kraftwerks Laufenburg erreichte von 1944 bis 1946 folgende Tiefst- und Höchstkurse: 1944: 835 bis 1 005 Franken; 1945: 785 bis 1 230 Franken; 1946: 1 175 bis 1 360 Franken. Nach 1946 hat sich der Aktienkurs weiter erfreulich entwickelt. Dies kann auch einem *Spiegel*-Leserbrief im März 1954 entnommen werden. Dort heißt es: »Hätte ich Laufenburg gewählt, hätte das interessanter ausgesehen, da diese inzwischen von 1 350 Franken auf 1 800 Franken stiegen.«[282]

Zickert hatte dem älteren Anleger im April 1943 auch die Aktien des Tessiner Unternehmens

[276] *Spiegel der Wirtschaft*, Nr. 4, April 1943, S. 100.
[277] Ebenda.
[278] Für den *Spiegel der Wirtschaft*, Nr. 7, 13. Februar 1938, S. 49 bis 58, stellte Zickert einen interessanten Vergleich der drei Kraftwerke Aare-Tessin, Kraftwerk Laufenburg und Kraftübertragungswerke Rheinfelden an, die ungefähr auf der gleichen Basis arbeiteten.
Die Nr. 1 des *Spiegels der Wirtschaft* vom Januar 1942, S. 3 bis 22, enthält eine ausführliche Branchenstudie über die in der Schweiz kotierten Elektrowerte, unter denen auch das Kraftwerk Laufenburg zu finden ist.
In der Nr. 11 des *Spiegels der Wirtschaft* vom November 1942, S. 348, befasste sich Zickert mit der Bilanzentwicklung des Kraftwerks Laufenburg seit 1936.
[279] *Spiegel der Wirtschaft*, Nr. 11, November 1942, S. 348.
[280] *Spiegel der Wirtschaft*, Nr. 6, Juni 1945, S. 192.
[281] *Spiegel der Wirtschaft*, Nr. 9, September 1945, S. 287.
[282] *Spiegel der Wirtschaft*, Nr. 3, März 1954, S. 75.

Continentale Linoleum[283], das seit 1905 Linoleum-Fußbodenbeläge herstellt, bei einem Aktienkurs von etwa 100 Franken zum Kauf vorgeschlagen.[284] Continentale Linoleum schüttete damals eine Dividende von 7,50 Franken pro Aktie aus, was eine stolze Rendite von 7,5 Prozent ergab. Der Kurs der Aktien ist in den folgenden Jahren kontinuierlich angestiegen. So schrieb Zickert in der Juni-Ausgabe 1945 des *Spiegels*: »Wenn auch jetzt der Kurs von Continentale Linoleum von etwa 180 Franken hoch erscheint im Verhältnis zu den letzten Jahren, so würde ich Ihnen doch keinen Verkauf empfehlen können. Nach meiner Ansicht ist vielmehr der Kurs vorher außergewöhnlich billig gewesen.«[285] Im April 1951 fragte ein Leser des *Spiegels*: »Wann werden die Aktien Continentale Linoleum verkaufsreif und wie sind die Perspektiven? Gekauft habe ich unter 200 Franken.«[286] Zickert antwortete: »Die Aktien Cont. Linoleum sind von mir stets als gutes Anlagepapier bezeichnet worden, wenn auch mit einem gewissen Risiko wegen der überwiegenden Auslandsinteressen, und ich habe sie schon als Anlage empfohlen, als der Kurs unter 100 Franken war. Bei einem Anlagepapier richtet sich die Preiswürdigkeit bezw. ›Verkaufsreife‹ in erster Linie nach dem Ertrag und der Wahrscheinlichkeit von dessen Dauer. Für die letzten Jahre hatte die Dividende je 12,50 Franken betragen. Bei deren Kapitalisierung zu 5 Prozent ergibt sich ein Ertragswert von 250 Franken. Diesen Marktwert haben die Aktien gerade erreicht. Trotzdem halte ich sie noch nicht für verkaufsreif. Denn es wird davon ›gesprochen‹, dass die Gesellschaft ihre Dividende für 1950 höher bemessen würde... Wenn Cont. Linoleum tatsächlich eine höhere Dividende zahlen würde, so ist bei der bisherigen ›Politik‹ und der ausgezeichneten Finanzlage der Gesellschaft anzunehmen, dass die Verwaltung mit der Möglichkeit der größeren Ausschüttung für einige Jahre rechnet. Also würde sich auch der Ertragswert der Aktien erhöhen. (Inzwischen sind 15 Franken vorgeschlagen.)«[287]

Im April 1954 berichtet Zickert von einer angenehmen »Überraschung«: Continentale Linoleum sei mit einer Dividendenerhöhung von 15 Franken auf 18,75 Franken herausgekommen. Kursfortschritte machte die Aktie aber offenbar keine, denn Zickert fügt hinzu: »Eingeweihte haben das schon vorher gewusst und ihr Wissen durch Kauf der Aktie ausgewertet.«[288]

Zickert riet im April 1943, als drittes Papier die Aktien der 1864 gegründeten Basler Transport-Versicherungs-Gesellschaft[289] zu einem Preis von rund 1 000 Franken zu kaufen. Die Gesellschaft, die vorwiegend für die Basler chemische Industrie tätig war, bezahlte damals eine Dividende von 60 Franken pro Aktie; somit betrug die Rendite 6 Prozent. Die Transportversicherung erhöhte in der Zeit, bis sie im November 1952 mit der Basler Rückversicherung fusionierte, dreimal das Kapital, was Performance-Berechnungen für diese Aktie erschwert. Laut Angaben von Zickert im *Spiegel der Wirtschaft* vom November 1952 betrug der Aktienkurs im Oktober 1952 1900 Franken. In der Zeit von 1943 bis 1952 resultierte ein Kursgewinn von 900 Franken. Dazu fielen in diesem Zeitabschnitt 873 Franken in Form von Bezugsrechten und Dividenden an.

Die Prioritätsaktie der Bank Leu empfahl Zickert im April 1943 zum Preis von 335 Franken zum Kauf. Beachtlich war mit 20 Franken die Dividende pro Aktie, was eine Rendite von 6 Prozent ergab. Bis März 1945 schwankten die Kurse dieses Wertpapiers zwischen einem Höchst von 398 Franken und einem Tiefst von 306 Franken. Im Verlauf des Jahres 1945 wurden die Prioritätsaktien der Bank Leu in »normale« Aktien umgewandelt.[290] Dass Zickert eine Schweizer Bankaktie zum Kauf empfohlen hat, überrascht. Ertrags-

[283] 1905 gründete die Società del Linoleum, Milano, eine Niederlassung in Giubiasco, Tessin. Am 19. Februar 1928 wurde die Continentale Linoleum-Union errichtet, eine schweizerische Holdinggesellschaft, welche die größten Linoleumfabrikanten aus Deutschland, Schweden, Holland und der Schweiz vereinigte. Ende 1974 wurde die Firma in Forbo AG umbenannt.
Diese Angaben stammen aus der Mitteilung der Forbo-Giubiasco SA anlässlich ihres 100-jährigen Bestehens im Jahr 2005 (www.forbo.ch).

[284] Eine ausführliche Besprechung der Continentale Linoleum findet sich in der vorhergehenden *Spiegel*-Ausgabe. Im Rahmen einer Branchenstudie über die an den Schweizer Börsen gehandelten Bauaktien hat Zickert folgende Unternehmen analysiert: Zürcher Ziegeleien AG., Soc. Ciments de la Suisse Romande, Soc. Suisse de Ciment Portland, Continentale Linoleum-Union AG., Linoleum AG. Giubiasco, Linoleum A. B. Forshaga, Union des Expl. Forestières de Nasic, »OFA« Holzindustrie AG. *Spiegel der Wirtschaft*, Nr. 3, März 1943, S. 83 bis 93.

[285] *Spiegel der Wirtschaft*, Nr. 6, Juni 1945, S. 182.

[286] *Spiegel der Wirtschaft*, Nr. 4, April 1951, S. 117.

[287] Ebenda.

[288] *Spiegel der Wirtschaft*, Nr. 4, April 1954, S. 112.

[289] »Die Transportversicherung enthält zwar immer ein erhöhtes Risiko, aber ich nehme an, dass dieses Risiko durch die staatliche Garantie diesmal wesentlich vermindert ist. Nach dem Kriege werden zwar die hohen Prämien wieder fallen, aber doch auch das Risiko. Das Geschäft wird andererseits gut bleiben infolge der zu erwartenden großen Transporte.« Aus: *Spiegel der Wirtschaft*, Nr. 4, April 1943, S. 103.

[290] Diesen Hinweis verdanke ich Franco Gullotti, Bank Leu AG, Zürich, Schreiben vom 8. August 2005.

rechnungen und Bilanzen von Schweizer Banken hielt Zickert für »nicht analysierbar«. Er vermisste unter anderem Angaben über die Zusammensetzung des Wertschriftenbestandes und über die Bewertung der Debitoren sowie Auskünfte über die stillen Reserven. Kritisch sah Zickert auch »das Abstimmen« der Dividendenpolitik unter den Schweizer Banken: »Die einzelne Bank will da ihren ›Rang‹ behaupten.«[291]

Diese etwas umfassenderen Ausführungen zu Zickerts Aktienempfehlungen von 1943 vermitteln einen Einblick in seine Anlagestrategie und -philosophie. Was fällt auf? Die Performance der von Zickert ausgewählten Aktien war – vor allem über einen größeren Zeithorizont betrachtet – sehr erfreulich. Zickert dürfte nicht mit allen seinen im *Spiegel* abgegebenen Empfehlungen so gut gelegen haben. »Hundertprozentige Prophezeiungen«, so Zickert, »gibt es gerade im Aktienwesen nicht, wo im einzelnen die Zufälle des Geschäfts und andere Zufälle eine so große Rolle spielen. Desto mehr kann man sich freuen, wenn die Beurteilung richtig war.«[292]

Zickert würde sich ob der vielen heutigen »genauen« Prognosen und der gewagten Prophezeiungen wundern. So sieht der amerikanische Börsenanalyst Harry S. Dent in seinem Bestseller »Der Jahrhundert Boom«, den Dow Jones Industrial bis zum Jahr 2008 oder 2009 auf 35 000 bis 40 000 Punkte steigen.[293] Der Autor erklärt nicht nur warum (demografische Entwicklung), sondern entwirft auch eine Anlagestrategie, mit welcher man von diesem Boom profitieren könnte. Nicht genug damit: Harry S. Dent sagt nur die Jahre 2010 bis 2012 (spätestens 2014) einen gewaltigen Crash voraus. In dieser Phase könne man sich dann nur mit hochwertigen Anleihen und festverzinslichen Wertpapieren über Wasser halten.[294]

### Die »richtige« Aktie

Wie kam Zickert zu den Aktienempfehlungen Laufenburg, Basler Transportversicherung, Continentale Linoleum, Bank Leu Prioritätsaktien? Der Entscheid für die richtige Aktie sollte gemäß Zickert »erst der Schluss einer Reihe von Wahlakten sein (nicht der Anfang, wie es bei einem ›Tip‹ geschieht).«[295] Zickerts Ansatz nennt man heute Top-down-Strategie: Ausgehend von der Gesamtentwicklung einer Volkswirtschaft sowie der jeweiligen Branche wird versucht, auf die Entwicklung eines einzelnen Unternehmens sowie auf dessen Aktienkurse schließen. Eine Mehrheit der Banken und Finanzanalysten bedient sich dieser Strategie.[296] Auch das umgekehrte Vorgehen wird – wie schon zu Zickerts Zeiten – praktiziert: Die Analyse beginnt beim Einzeltitel (Bottom-up-Strategie). Bei dieser Methode von unten nach oben besteht die Gefahr, die Diversifikation zu vernachlässigen und »leicht in das Patchwork wenig methodischen Herauspickens einzelner Wertpapiere« zu verfallen.[297]

Wie sah bei Zickert die Reihenfolge der Schritte (Wahlakte) aus? Zunächst bestimmte Zickert den für ihn richtigen Börsenplatz, wobei die am nächsten gelegene Börse für ihn die sicherste war. Speziell im Fall von kleineren und mittleren Vermögen empfahl er, sich auf Titel zu konzentrieren, die an den Börsen des Domizillandes des Anlegers gehandelt werden, weil diese jederzeit in der gleichen Währung »realisierbar« sowie im gleichen Land »deponiert« und damit »greifbar« seien. In gewissem Umfang könnten sich darunter auch Auslandsanlagen befinden, wenn diese Renditen oder Kurschancen bieten würden, die im selben Ausmaß bei heimischen Papieren nicht bestehen. Was die Auslandsanlagen betraf, gab Zickert zu bedenken, es sei etwas ganz anderes, ob man eine schwedische Aktie mit Zahlstelle und Kursnotierung in der Schweiz in seinem Portfolio habe oder eine solche, die nur in Schweden gegen Sperrkronen verkauft werden könne. Aus Sicherheitsgründen könne man allenfalls für die Vermögensanlage außer dem Domizilland noch ein zweites Land in Betracht ziehen, das beste Gewähr dafür biete, nicht von den gleichen Risiken politischer und anderer Art bedroht zu sein wie das Land des Domizils. Da komme für den Fall, »dass es in Europa einmal

[291] *Spiegel der Wirtschaft*, Nr. 3, März 1945, S. 65/66.
[292] *Wachet auf!*, Nr. 33, 3. September 1933, S. 5.
[293] Harry S. Dent: Der Jahrhundert Boom. 2005 bis 2009: Nutzen Sie die besten Börsenjahre der Geschichte! Kulmbach 2005, S. 19.
[294] Ebenda, S. 424.
[295] *Spiegel der Wirtschaft*, Nr. 39, 25. September 1938, S. 434.
[296] Emch, Renz und Arpagaus, S. 592.
[297] Pascal Gantenbein, Stefan Laternser und Klaus Spremann: Anlageberatung und Portfoliomanagement. Was Banker und Privatinvestoren wissen müssen. 2. Aufl. Zürich 2001, S. 33.

## Spiegel der Wirtschaft

**10. Jahrgang**
Herausgeber Dr. Herm. Zickert
Erscheint monatlich. Bezugsbedingungen auf der letzten Seite. Einzelpreis sFr. 2.—

**Nr. 2 — Februar 1940**

### Aus dem Inhalt dieser Ausgabe:

| | Seite |
|---|---|
| Amerikanische Chemie-Aktien: Dupont — Allied Chemical — Union Carbide — Air Reduction — Celanese | 33 |
| Dow Chemical Co. | 35 |
| Monsanto Chemical Co. | 38 |
| American Cyanamid Co. | 40 |
| Virginia-Carolina Chemical Corp. | 43 |

Aus der Beratungspraxis: Langfristige oder kurzfristige Anleihen? S. 45 — 7 % Jugslavien 1931 S. 46 — 4 % Intern. Standard Electric S. 47 — Linoleum Giubiasco S. 47 — Sulzer Aktien S. 48 — Motor Columbus in Elektrobank? S. 49 — Warum sind „Napoléons" so billig? S. 50 — Englische Aktien tauschen? S. 51 — Austin Motors S. 52 — Kanadische Devisenwirtschaft S. 52 — Kanadische Anleihen S. 53 — Italienische Obligationen S. 54 — Die Aussichten in den Ver. Staaten S. 55 — Wolworth S. 56 — Swift & Co. S. 57 — General Foods S. 57 — National Lead S. 58.

| | |
|---|---|
| Die Wirtschaft und ihre Börsen | 59 |

---

## Spiegel der Wirtschaft

**10. Jahrgang**
Herausgeber Dr. Herm. Zickert
Erscheint monatlich. Bezugsbedingungen auf der letzten Seite. Einzelpreis sFr. 2.—

**Nr. 3 — März 1940**

### Aus dem Inhalt dieser Ausgabe:

| | Seite |
|---|---|
| Amerikanische Chemie-Aktien | 65 u. 79 |
| Parke, Davis & Co. | 66 |
| Abbott Laboratories | 69 |
| Hercules Powder Co. | 71 |
| Atlas Powder Co. | 73 |
| Mathieson Alkali Works | 75 |
| Victor Chemical Works | 77 |

Aus der Beratungspraxis: Was ist Devisenbewirtschaftung? S. 81 — Der kanadische Devisenkurs S. 83 — Das Agio der Goldmünzen S. 83 — 4½ % Kraftwerk Reckingen S. 84 — Was tu ich mit Baltimore? S. 85 — Französische Aktien S. 87 — Briggs Man.-Firestone S. 87 — Electric Storage Battery S. 88

| | |
|---|---|
| Die Wirtschaft und ihre Börsen | 89 |

New-York S. 90 — Schweiz S. 92 — London S. 93 — Berlin S. 94 — Paris S. 95 — Amsterdam S. 96 — Waren S. 96.

## Amerikan. Chemie-Aktien

Die in der vorigen Ausgabe angefangenen Analysen chemischer Werte aus den Ver. Staaten werden hier fortgesetzt und zu einem gewissen Abschluß gebracht. Dabei hat schon vorher eine starke Beschränkung der Auswahl stattgefunden. Denn in Amerika gibt es reichlich fünf Dutzend chemischer Werke mit sehr großer Spezialisierung und in vielen Kombinationen.

---

Branchenstudie zu amerikanischen Chemieaktien.

drüber und drunter gehen sollte«[298], die USA in Frage. Nach Meinung von Zickert sollte eine geographische Zweiteilung der Vermögensanlage ausreichen: »Die ›Eier‹ liegen dann wenigstens nur in zwei Körben, und es ist noch möglich, beide stets im Auge zu behalten.«[299]

Als nächstes stellte Zickert die Frage: In welchem Wirtschaftszweig soll man investieren? In diesem Zusammenhang verfasste er ausführliche Branchenstudien. Nach der Zuordnung der einzelnen Unternehmen zu einem bestimmten Wirtschaftszweig verglich er die historischen Datenreihen der einzelnen Gesellschaften miteinander. In der jeweiligen Sparte, so Zickert, »wird es fast immer ein Unternehmen geben, das am sichersten dasteht, und ein anderes, das die spekulativ größten Aussichten bei guter Konjunktur hat. Die Gründe können im Standort, den Selbstkosten, der Kapitalisierung usw. liegen.«[300] Als letzten Schritt galt es, die richtige Aktie auszuwählen. Zickert dazu 1938: »Steht hinter der Aktie ein Unternehmen mit wachsendem Geschäft? Ist mit einer stabilen oder steigenden Dividende zu rechnen? Welche Aktie hatte ›in der Baisse‹ den geringsten Kurseinbruch? Wenn man all dies berücksichtigt, ergibt dies die ›größte Wahrscheinlichkeit‹, die richtige Wahl getroffen zu haben.«[301]

## »Keine Holdingaktien kaufen!«

Zickert beschränkte sich bei seinem Anlagevorschlag auf Unternehmen, »deren Aktivitäten man versteht«[302]: Zwei Unternehmen sind in der Bank- und Versicherungsbranche tätig (Bank Leu, Basler Transportversicherung), ein Unternehmen ist dem Versorgungsbereich zuzuordnen (Kraftwerk Laufenburg), und ein Unternehmen stellt Bodenbeläge her (Continentale Linoleum). Aktien von Konglomeraten und sogenannte »Holdingaktien« mied Zickert: »Keine Holdingaktien kaufen! … Denn Holdinggesellschaften haben keine ›eigene Existenz‹.«[303] »Die Erträgnisse werden einmal da und einmal dort höher ausgewiesen. Beteiligungen werden von einer Gesellschaft auf die andere

[298] *Spiegel der Wirtschaft*, Nr. 6, Juni 1952, S. 166.
[299] Ebenda.
Der geographischen Risikoverteilung, einem der ältesten »Grundsätze der Kapitalanlage«, widmete Zickert bereits im *Spiegel der Wirtschaft*, Nr. 5, Mai 1950, S. 125 bis 127, einen ausführlichen Artikel.
[300] *Spiegel der Wirtschaft*, Nr. 39, 25. September 1938, S. 434.
[301] Ebenda.
[302] Dieses Kriterium formulierte Warren Buffett. Siehe Robert G. Hagstrom, Buffettissimo! S. 298.
[303] *Spiegel der Wirtschaft*, Nr. 38, 24. September 1939, S. 301.

Beteiligung übertragen und auch wieder zurück... Deshalb erscheint eine Beurteilung der Ertragskraft der Nestlé-Unternehmungen und eine Bewertung der Aktien unmöglich... Gerade bei Nestlé [macht sich] der Mangel einer konsolidierten Bilanz besonders bemerkbar, und die Aktionäre haben als Basis einer Bewertung der Aktien nur den Glauben, dass ihre Gesellschaft durch die zahlreichen und großen Risiken des Krieges und der Währungsschwierigkeiten diesmal glücklich hindurchgesteuert wird. Dass mir dieser Glaube und 3 Prozent Rendite für eine Kapitalanlage nicht genügen würden, hatte ich auch in letzter Zeit öfter geschrieben.«[304] Wichtig war für Zickert, dass die Unternehmen über solide Bilanzen verfügten. Auch hier gibt es Parallelen zu Warren Buffett.

**Diversifikation und nicht Zersplitterung**
Im konkreten Anlagevorschlag legt Zickert Wert auf eine vernünftige Titel- und Branchendiversifikation.

In den »Grundsätzen der Kapitalanlage«, die 1933 in einem Sonderdruck erschienen[305], widmete sich Zickert unter anderem auch der Diversifikation der Anlagen in einem Portefeuille. Er rät, man solle die Kapitalanlagen so auswählen, dass sie zueinander passen und dann in einen Korb geben. So »ist der Grundsatz der Diversifikation geradezu das Ideal.«[306] Gleichzeitig warnte er vor einer Zersplitterung: »Keine Unzahl von einzelnen Anlagen! Sondern eine mäßige Verteilung. Und auf wenige solcher Anlagen, die im Auge behalten werden können. Daher weder Aktien von unbekannten Gesellschaften, noch Anleihen von irgendwelchen Exoten.«[307] An anderer Stelle bemerkte er: Es ist aber »keine Risikoverteilung, wenn man statt einer Brauereiaktie die Aktien von vier Brauereien kauft. Das ist eine Zersplitterung. Man muss sich unter allen Brauereiaktien die beste aussuchen. Die Ergänzung dazu ist vielleicht die Aktie einer Zementfabrik.«[308]

Ein konkretes Beispiel für eine Branchendiversifikation findet sich in der Oktober-Ausgabe 1950 des *Spiegels*, in welcher sich ein Leser mit folgendem Anliegen an Zickert wendet: »...für mein nicht benötigtes Kapital suche ich eine Anlage im Ausland (USA) mit größtmöglicher

Sicherheit gegen Inflation und Kriegsgefahr und einer vernünftigen Rendite. Welche USA-Wertschriften halten Sie unter diesem Gesichtspunkt für am vorteilhaftesten?«[309] Zickert bedauert zunächst im Interesse des Lesers, dass er ihm nichts Näheres über seine »persönliche Situation sowie speziell über die für eine Anlage in Betracht kommende Kapitalsumme« mitteilt. »Deshalb muss ich mich auch darauf beschränken, Ihnen eine Anzahl USA-Aktien mit den Tageskursen zu nennen, die nach meiner Ansicht eine gute Sicherheit gegen Inflation und Kriegsgefahr bieten und eine ›vernünftige‹ Rendite bringen:

- Reading Co. (Eisenbahn)
- West Penn Electric (Public Utility)
- Chrysler (Automobilfabrik)
- Am. Smelting & Refining (Kupfer usw.)
- Gulf Oil (Petroleum)
- Johns Manville (Baumaterial)
- Great Western Sugar (Zucker)
- Allied Stores (Handel)

Ich lege Wert darauf, dass Sie nicht den einen oder anderen Titel herausgreifen, sondern Ihre Anlage auf diese Titel bezw. Branchen verteilen. Gerade dadurch gewinnen Sie eine größtmögliche Sicherheit der Gesamtanlage. Zweckmäßig wäre es auch, nicht alles sofort zu den Tageskursen zu kaufen, sondern auch ›billige Tage‹ abzuwarten.«[310]

Für Zickert war richtig verstandene Diversifikation das Anlagerezept schlechthin. An dieser These wird, wie in der 2005 herausgegebenen Publikation »Moden und Mythen an den Anlagemärkten« von Erwin W. Heri nachzulesen ist, bis heute festgehalten: »Und die Kernaussage bleibt bestehen, dass die drei wichtigsten Prinzipien der Geldanlage lauten: Diversifikation, Diversifikation,

---

[304] *Spiegel der Wirtschaft*, Nr. 9, September 1941, S. 266.
[305] Hermann Zickert: Grundsätze der Kapitalanlage. Sonderdruck aus *Wachet auf!* Schaan 1933.
[306] Ebenda, S. 14.
[307] Ebenda.
[308] Ebenda, S. 20.
[309] *Spiegel der Wirtschaft*, Nr. 10, Oktober 1950, S. 302. In der gleichen Nummer (S. 265) ersucht ein Leser: »Bitte geben Sie mir eine Zeitung oder ein Kursblatt an, in dem die amerikanischen Kurse regelmäßig und prompt veröffentlicht werden. Sie empfehlen oft Papiere, die in der *NZZ* und dem Kursblatt der *Agence Cosmographique* nicht enthalten sind.«
[310] Ebenda, S. 302.
[311] Erwin W. Heri: Moden und Mythen an den Anlagemärkten. Warum Anleger und ihre Berater an der Börse immer wieder scheitern. Basel/Genf/München 2005, S. 115. Im Jahr 1999 veröffentlichte Heri die Publikation »Die acht Gebote der Geldanlage. Ein Handbuch für den Umgang mit Wertpapieren«. (Vgl. Hermann Zickert: »Die acht Gebote der Finanzkunst«.)

Diversifikation.«[311] Und Konrad Hummler (Teilhaber Bank Wegelin & Co., St. Gallen) antwortete im März 2006 auf die Frage, wie sich der Anleger vor den katastrophalen Auswirkungen möglicher Schocks (Vogelgrippe, Atomkrieg mit dem Iran, Hedge-Fonds-Krise) schützen könne: »Als einzige Strategie, bei der man sich beim (wahrscheinlichen!) Nichteintreten von Höchstrisiken nicht selber ins Fleisch schneidet, bleibt die altbewährte Diversifikation (Titel, Sektoren, Kontinente) übrig.«[312]

**Hohe Dividendenrenditen**
Auffallend ist, dass alle von Zickert empfohlenen Aktien hohe Dividendenrenditen abwarfen. Die Spannbreite der Aktienrendite lag zwischen 5,1 und 7,5 Prozent. Für Zickert waren eine hohe Dividendenrendite und die Aussicht auf steigende oder zumindest stabile Dividenden ein zentrales Beurteilungskriterium. So schrieb er 1924 in seiner Publikation »Die acht Gebote der Finanzkunst«: »Wenn Sie dann die Aktien derjenigen Gesellschaft gewählt haben, welche die besten Geschäftsaussichten hat und eine höhere Dividende verteilen kann, so brauchen Sie gar nicht in den Kurszettel zu sehen und können doch überzeugt sein, dass früher oder später der Kurs gestiegen und auch Ihr Kapital vermehrt ist.«[313] Oder im *Spiegel* vom September 1939 ist unter dem Titel »Die 15 Grundregeln« zu lesen: »2. Auf die Rendite und deren Dauer sehen, nicht nach Kursgewinn jagen!«[314]

Die Dividendenrendite gehört auch nach Zickerts Tod zu den beliebtesten Kriterien bei der Aktienauswahl. So haben Studien von James O'Shaughnessy gezeigt, »dass von 1951 bis 1996 die 50 dividendenstärksten Aktien in einer Gruppe von Titeln mit mindestens einer Milliarde Dollar Marktkapitalisierung pro Jahr um 1,5 Prozent besser abgeschnitten haben als der Rest.«[315]

Und gerade im heutigen Anlageumfeld von immer noch tiefen Zinsen erleben Aktien von Unternehmen mit hohen Dividendenrenditen und vor allem mit Aussichten auf weiter steigende Dividenden eine Renaissance. Warum? Ende der 1990er-Jahre wurden Anleger belächelt, die sich auf renditestarke, solide Aktien konzentrierten. Wachstumswerte aus der Technologiebranche, die teilweise keine Rendite abwarfen, jedoch schnelle Kurssteigerungen versprachen, standen in der Gunst der Anleger. Nachdem in den Jahren 2001/2002 die Technologieblase platzte und die Anleger mit Wachstumswerten teilweise herbe Enttäuschungen erlebten, wendete sich das Blatt. Die Anleger suchten wieder nach soliden Substanzwerten und »Renditeperlen«[316] auf dem Aktienmarkt, was auch in Überschriften der Finanzpresse zum Ausdruck kam: »Dividendenperlen werben um die Gunst der Investoren«[317], »Dividendenperlen aus Liechtenstein«[318] oder »Nach Rendite-Perlen fischen«.[319] Wie gefragt Aktien mit hoher Dividendenrendite sind, zeigt sich auch darin, dass die Deutsche Börse am 1. März 2005 einen neuen DivDAX-Index eingeführt hat, der die Entwicklung der 15 deutschen DAX-Unternehmen mit der höchsten Dividendenrendite beschreibt.

[312] Stocks, Nr. 6, 10. bis 23. März 2006, S. 37.
[313] Zickert, Die acht Gebote der Finanzkunst, 1924, S. 21.
[314] *Spiegel der Wirtschaft*, Nr. 38, 24. September 1939, S. 298.
[315] Siegel, S. 159.
[316] Rendite- bzw. Dividendenperlen in der Schweiz und in Liechtenstein sollten vor allem folgende vier Merkmale aufweisen:
1. Stabile oder steigende Dividenden in der Vergangenheit;
2. Bruttorenditen (Dividende pro Aktie mal 100, dividiert durch den Aktienkurs), die deutlich über der durchschnittlichen Rendite der zehnjährigen Schweizer Obligationen liegen;
3. Einen Dividenden-Ausschüttungssatz (Dividende in Prozenten des Gewinns pro Aktie) von weniger als 50 Prozent;
4. Intakte Aussichten auf weiter steigende Dividenden.
Siehe dazu auch meine Ausführungen »Immer (noch) Dividendenperlen?« In: *Wirtschaft regional*, 10. Dezember 2005, S. 2.
[317] *Finanz und Wirtschaft*, Nr. 37, 11. Mai 2005, S. 2.
[318] *Wirtschaft regional*, 24. Dezember 2004, S. 2.
[319] *NZZ am Sonntag*, Nr. 35, 28. August 2005, S. 41.

# »Die Kapitals-Anlage in ausländischen Wertpapieren vom Standpunkt des Volkswirts und Kapitalisten«

# Die Kapitals-Anlage
## in ausländischen Wertpapieren

∴ vom Standpunkt des ∴
Volkswirts und Kapitalisten

von

## Dr. Hermann Zickert

1911
Puttkammer & Mühlbrecht
Buchhandlung für Staats- und Rechtswissenschaft
:: :: :: :: Berlin W. 56, Französische Straße 28 :: :: :: ::

Im Alter von erst 26 Jahren gab Zickert 1911 ein 92 Seiten umfassendes Buch mit dem Titel »Die Kapitals-Anlage in ausländischen Wertpapieren vom Standpunkt des Volkswirts und Kapitalisten«[320] heraus. Das erste Kapitel trägt die Überschrift: »Kann die Anlage deutschen Kapitals im Auslande verhindert werden?« Entsprechend seiner liberalen Weltanschauung und seinem Bekenntnis zum Kapitalismus zitiert Zickert Staatssekretär Delbrück im Reichsamt des Innern: »Ein Mittel, die Bankwelt und einzelne Kapitalisten zu hindern, ihr Geld in ausländischen Werten anzulegen, gibt es nicht.«[321] Allerdings sei – so Zickert – kaum etwas über den Umfang der deutschen Kapitalausfuhr und deren Auswirkungen auf die Volkswirtschaft sowie über die einzelnen Emissionen und deren Chancen beziehungsweise Risiken gesagt worden. Auch über die Stellung der staatlichen Aufsicht sei wenig bekannt, »weswegen eine Untersuchung der ganzen Frage nach praktischen Gesichtspunkten nicht zu spät« komme.[322]

## Wie kommen die ausländischen Wertschriften nach Deutschland?

Zickert geht dann der Frage nach, wie die ausländischen Wertschriften nach Deutschland gelangen. Dafür stünden sehr viele Wege zur Verfügung. So erwähnt er die Anpreisung von fremden Kapitalanlagen in Zeitungen und vereinzelt auch in gedruckten Zirkularen sowie die Empfehlungen der Banken an ihre Kundschaft, ausländische Effekten zu kaufen.[323] Häufig sei es aber so, dass in Lock- und Animierinseraten oder in »Finanzblättchen« offenkundig Dumme gesucht würden, die wenig Verständnis für Börsendinge hätten. Heilmittelanpreisungen von Kurpfuschern seien im Vergleich zu diesen Annoncen »fast harmlos«.[324] Zickert weist auf ein Berliner Bankhaus hin, das sich trotz seines 150-jährigen Bestehens auf den Vertrieb solcher zweifelhaften Papiere, die an keiner deutschen und zum Großteil auch an keiner

[320] Hermann Zickert: Die Kapitals-Anlage in ausländischen Wertpapieren vom Standpunkt des Volkswirts und Kapitalisten. Berlin 1911.
[321] Ebenda, S. 5.
[322] Ebenda, S. 8.
[323] Ebenda, S. 9.
[324] Ebenda, S. 13.

ausländischen Börse kotiert seien, spezialisiert habe. Er nennt dann explizit eine Auswahl von Exoten wie »5 Prozent Argentinische Staatsanleihe, konv. innere« und »6 Prozent 1882er Buenos Aires Stadtanleihe«.[325] All dies schrieb Zickert 1911! 2001 erklärte der argentinische Staat seine Zahlungsunfähigkeit. Aufgrund der Umtauschofferte im Jahr 2005 mussten die Inhaber argentinischer Staatsanleihen massive Kapitalverluste hinnehmen.[326]

### Wie groß ist die deutsche Einfuhr fremder Werte?

Das nächste Kapitel ist überschrieben mit dem Titel: »Wie groß ist die deutsche Einfuhr fremder Werte?« Ein Aufhänger für Zickerts Publikation war die steigende Beliebtheit ausländischer Wertschriften in Deutschland. Nach der offiziellen Statistik des Deutschen Reiches – Zickert kritisierte die teilweise mangelhafte amtliche Kapitalmarktstatistik – wurden in der Zeit von 1900 bis 1910 in Deutschland amerikanische Papiere (ohne Konversionen) im Umfang von rund 4 Milliarden Mark zugelassen. Der weitaus größte Teil davon entfiel auf die damals in Deutschland sehr populären amerikanischen Eisenbahnaktien und -obligationen. An zweiter Stelle folgte Russland, das für seinen Staatskredit und den Ausbau seiner Eisenbahnen in diesem Zeitabschnitt etwa 3,5 Milliarden Mark Effekten eingeführt hatte. Für Österreich, Ungarn und Japan wird ein Volumen von etwa je 1 Milliarde Mark genannt.[327] Zickert listet die »Kriegsanleihen«, die »Emissionen unter der Hand«, die »Emissionen fremder Werte 1909«, die »Emissionen fremder Werte 1910«, die »Emissionen Januar 1911« und sogar die angekündigten Emissionen mit Angaben über Ausgabedatum, Titelbezeichnung, Emissionsvolumen, Erstkurs an der Börse usw. detailliert auf.[328] Eine wahre Sisyphusarbeit des 26-jährigen Zickert!

Das Kapitel schließt der Autor mit der Feststellung: »So wenig nun trotz der verschiedenen Statistiken die wirkliche Menge der jährlich in deutschen Besitz übergehenden ausländischen Wertpapieren einwandfrei festgestellt werden kann, so ist doch so viel als unwiderleglich bewiesen anzusehen, dass die Kapitalausfuhr in das Ausland einen sehr beträchtlichen Teil der alljährlichen Ersparnisse des deutschen Volkes und des Zuwachses des Nationalvermögens in Anspruch nimmt.«[329]

## Welche Wirkungen hat die Kapitalausfuhr auf die Volkswirtschaft?

Aus Zickerts Sicht hatte die Einfuhr fremder Wertpapiere volkswirtschaftlich betrachtet Vor- und Nachteile. Als gewichtige Nachteile sah er die Erhöhung des inländischen Zinsniveaus und die dadurch steigenden Wohnungsmieten sowie die Unterstützung der ausländischen Industrie und Konkurrenzbanken. Er war der Ansicht, dass die Zinsen auf dem Hypothekarmarkt aufgrund der starken Zunahme von Kapitalanlagen in fremden Wertschriften verteuert würden. Und er warnt: »Die gleichen Schäden wie der Bodenkredit erleidet das gewerbliche Leben durch die hohen Zinssätze, die seit langer Zeit in Deutschland herrschen.«[330] Was die Unterstützung der fremden Industrie betrifft, gibt Zickert zu bedenken, dass durch die Finanzierung ausländischer Unternehmen »die Konkurrenz für die deutsche Industrie großgezogen« würde.[331] An anderer Stelle bemerkt er: »Mit den Geldern, die aus Deutschland nach den Vereinigten Staaten fließen, können die dortigen Banken große Unternehmungen in China, in der Türkei sowie in Mittel- und Südamerika finanzieren, die sonst der deutschen Bankwelt und dem Unternehmergeist direkt zugefallen wären.«[332]

Als sichtbarsten volkswirtschaftlichen Nutzen der Platzierung ausländischer Wertschriften in Deutschland betrachtete Zickert »das Verdienen daran«. Er führt dazu folgendes Beispiel an: »Wenn von deutschen Banken ein ausländisches Papier zu einem Kurse von 60 Prozent oder 80 Prozent übernommen wird, das nach einiger Zeit etwa pari wie-

[325] Hermann Zickert: Die Kapitals-Anlage in ausländischen Wertpapieren vom Standpunkt des Volkswirts und Kapitalisten, S. 16.
[326] Unbefriedigende Umschuldung Argentiniens. In: *Neue Zürcher Zeitung*, Nr. 12, 15./16. Januar 2005, S. 21; Argentiniens Umschuldung zu 76 Prozent akzeptiert. In: *Neue Zürcher Zeitung*, Nr. 53, 4. März 2005, S. 31.
[327] Hermann Zickert: Die Kapitals-Anlage in ausländischen Wertpapieren vom Standpunkt des Volkswirts und Kapitalisten, S. 37.
[328] Ebenda, S. 41 bis 47.
[329] Ebenda, S. 48.
[330] Ebenda, S. 57.
[331] Ebenda, S. 59/60.
[332] Ebenda, S. 60.

der in das Ausland abgestoßen werden kann, so ist die Differenz ein Gewinn des Volksvermögens.«[333]

### Soll der Kapitalist sein Geld in ausländischen Papieren anlegen?

In diesem Kapitel weist Zickert auf die Risiken ausländischer Wertpapiere hin: »Der verhältnismäßig hohen Verzinsung steht das größere Risiko gegenüber, das sich aus der unsicheren wirtschaftlichen und finanziellen Lage der kreditbedürftigen Staaten im Vergleich mit dem Inlande ergibt.«[334] Zickert erwähnt in diesem Zusammenhang die Staatsbankrotte gegen Ende des 19. und Anfang des 20. Jahrhunderts, so zum Beispiel jene von Griechenland (1893) und von Portugal (1902). Auch Zahlungseinstellungen südamerikanischer Staaten hätten deutschen Kapitalisten schweren Schaden gebracht.[335] Sozusagen als Zusammenfassung empfiehlt Zickert den »kleinen Kapitalisten«, die auf regelmäßige Zinseinnahmen angewiesen sind und ihr Kapital ohne Verlust flüssig machen wollen, keine ausländischen Wertpapiere zu kaufen. Hingegen könnten für den langfristig denkenden Anleger ausländische Wertpapiere »eine sehr rentable Kapitalsanlage« sein, »aber auch vielleicht keine bessere, als die gleich sichere inländische Investierung«.[336]

### Soll die Regierung die Einfuhr fremder Wertpapiere verhindern?

In seinen abschließenden Bemerkungen unter dem Titel »Soll die Regierung die Einfuhr fremder Wertpapiere verhindern?« gibt Zickert klare Empfehlungen. Nach seiner Meinung sollte »das Anpreisen« von ausländischen Wertpapieren »unter der Hand durch Zeitungsinserate« mehr als bisher überwacht und unter Umständen auch bestraft werden.[337] Und für jedes ausländische Wertpapier, um dessen Kotierung an einer deutschen Börse angesucht werde, sollte bereits ein Handel an einer ausländischen Börse bestehen, damit man »die Effekten bei Erfordernis wieder aus Deutschland abschieben« könne.[338] Eingehende Reformen forderte Zickert in Bezug auf die Zulassung von ausländischen Wertpapieren an einer deutschen Börse. Er plädierte erstens für die Schaffung einer zentralen deutschen Zulassungsstelle. Sie sollte verhindern, »dass etwa die Hamburger Börse ein Papier gern aufnimmt, dem die Berliner Zulassungsbehörde die Börsennotiz verweigert haben würde.«[339] Zweitens schlug er eine Änderung der Zusammensetzung der einzelnen Zulassungsstellen vor, in denen bisher »die Interessen der Emissionsinstitute den Ausschlag geben.«[340] Ein Gegengewicht zu den Banken sei, so Zickert, »unumgänglich, wenn der bisherige Schlendrian vermieden werden soll.«[341] Drittens hielt es Zickert für angebracht, dass die Verhandlungen der Zulassungsstellen künftig öffentlich stattfinden sollten. »Dann kämen wenigstens die von einzelnen Mitgliedern erhobenen sachlichen Bedenken auch zu Kenntnis des kaufenden Publikums.«[342] Würde man die bisherigen Richtlinien befolgen und die gestellten Forderungen berücksichtigen, so könnte man laut Zickert die »schwersten Schädigungen der Volkswirtschaft und der Kapitalisten« sicher vermeiden und die Ausfuhr deutschen Sparkapitals in den Dienst des Auslandes stellen, was »dann zugleich eine Bereicherung der deutschen Nationalwirtschaft« wäre.[343]

## Was ist aus Zickerts Empfehlungen geworden?

Die Zulassung von Wertpapieren in Deutschland unterliegt heute bestimmten Regelungen, die im Rahmen des Börsengesetzes, der Börsenzulassungsverordnung, der Börsenordnungen oder anderer Regelwerke festgelegt wurden. In Deutschland kennt man drei Marktsegmente: amtlicher Markt, geregelter Markt und Freiverkehr. Bei der Zulassung zum amtlichen oder geregelten Markt – für diese ist ausschließlich die Zulassungsstelle der

[333] Hermann Zickert: Die Kapitals-Anlage in ausländischen Wertpapieren vom Standpunkt des Volkswirts und Kapitalisten, S. 62.
[334] Ebenda, S. 84.
[335] Ebenda, S. 84/85.
[336] Ebenda, S. 88.
[337] Ebenda, S. 89.
[338] Ebenda, S. 92.
[339] Ebenda, S. 90.
[340] Ebenda, S. 90/91.
[341] Ebenda, S. 91.
[342] Ebenda, S. 92.
[343] Ebenda.

jeweiligen Börse zuständig – handelt es sich um ein öffentlich-rechtliches Verfahren. Dementsprechend ist der Zulassungsentscheid ein öffentlich-rechtlicher Verwaltungsakt. Anders ist es im Freiverkehr: Hier gibt es kein öffentlich-rechtliches Zulassungsverfahren. Der Freiverkehr ist ein seit Jahrzehnten etabliertes privatrechtliches Marktsegment. Der Handel wird allerdings auch im Freiverkehr überwacht, einerseits durch die jeweilige Handelsüberwachungsstelle der Börse und andererseits durch die Bundesanstalt für Finanzdienstleistungsaufsicht (BaFin).

»Das Anpreisen unter der Hand« – namentlich von ausländischen Wertpapieren –, das Zickert bemängelte »und unter Umständen unter Strafe« stellen wollte, ist heute nicht mehr erlaubt. Selbst der Freiverkehr, den Zickert als »ein gefährliches Ding«[344] bezeichnete und »bei dem sich die interessierten Bankiers alle Freiheit nehmen können, den Kunden so zu behandeln, wie es für sie am gewinnbringendsten ist«,[345] unterliegt klaren Regelungen. So gibt es beispielsweise an jeder deutschen Wertpapierbörse Freiverkehrsrichtlinien. Vorrangiges Kriterium für die Einbeziehung von Aktien in den Freiverkehr ist, dass diese bereits auf einer anderen in- oder ausländischen börsenmäßig organisierten und überwachten Plattform gehandelt werden. Zickert plädierte bekanntlich dafür, dass für die Zulassung eines ausländischen Wertpapiers in Deutschland bereits eine Notiz des Papiers an einer Börse des Heimatlandes besteht.[346]

1911 forderte Zickert – wie bereits erwähnt – die Schaffung einer zentralen deutschen Zulassungsstelle sowie eine Änderung bei der Besetzung der einzelnen Stellen. Eine zentrale deutsche Zulassungsstelle gibt es immer noch nicht. Allerdings besteht unter den verschiedenen Zulassungsstellen – auch im europäischen Rahmen – eine enge Kooperation. Die Zusammensetzung der Ausschüsse, die durch die jeweilige Börsenordnung geregelt wird, ist inzwischen sehr ausgewogen, und es geben nicht mehr – wie von Zickert kritisiert – die Emissionsbanken den Ausschlag. So sind in der Zulassungsstelle gemäß § 31(2) BörsG (Börsengesetz) mindestens zur Hälfte Personen vertreten, die sich nicht berufsmäßig am Börsenhandel mit Wertpapieren beteiligen.

Im Gegensatz zu Zickerts Zeiten sind für die Börsenzulassung in Deutschland auch immer mehr Richtlinien auf EU-Ebene zu berücksichtigen. Mit Wirkung vom 1. Juli 2005 ist zum Beispiel das neue Gesetz zur Umsetzung der EU-Prospektrichtlinien im deutschen Recht in Kraft getreten. Dessen Kernstück ist das in Art. 1 enthaltene Wertpapierprospektgesetz (WpPG), welches einen einheitlichen Prospektbegriff schafft. Dem nunmehr ausschließlich von der Bundesanstalt für Finanzdienstleistungsaufsicht zu billigenden Prospekt soll beispielsweise als sogenannter EU-Pass europaweite Wirkung zukommen.[347] Wird damit Zickerts Kritik an den zu langen und zu kurzen Prospekten sowie an der Prospekthaftung überflüssig? Er vertrat nämlich den Standpunkt: »Da der Prospekt der Information über die Beschaffenheit der Effekten dienen soll, so muss er ausführlich sein, er sollte aber auch übersichtlich sein. Gegen das letzte Erfordernis verstoßen gerade die umfangreichen Prospekte über ausländische Wertpapiere, durch die sich kaum der bereits über das Papier Unterrichtete durchfinden kann.«[348] Und zum Thema Prospekthaftung schrieb er: »Diese hat sich noch als kümmerlicher herausgestellt, als sie ohnehin ist. Sie versagt besonders bei ausländischen Werten fast vollständig.«[349]

[344] Zickert, Die acht Gebote der Finanzkunst, 1924, S. 27.
[345] Ebenda.
[346] Hermann Zickert: Die Kapitals-Anlage in ausländischen Wertpapieren vom Standpunkt des Volkswirts und Kapitalisten, S. 92.
[347] Die Ausführungen über die Zulassung von Wertpapieren in Deutschland stützen sich auf folgende Quellen: Informationen von Petra Maier, Börse Stuttgart, vom August 2005; Richtlinien für den Freiverkehr an der Baden-Württembergischen Wertpapierbörse (Freiverkehrsrichtlinien), Stand: Juli 2005; Uwe Bestmann: Finanz- und Börsenlexikon, 4. Aufl. München 2000.
[348] Hermann Zickert: Die Kapitals-Anlage in ausländischen Wertpapieren vom Standpunkt des Volkswirts und Kapitalisten, S. 22.
[349] Ebenda, S. 21.

# »Die acht Gebote der Finanzkunst«

# Die acht Gebote der Finanzkunst

Alles, was jeder wissen muß, der ein Vermögen erwerben oder vermehren will.

VON

Dr. Hermann Zickert

VERLAG AUGUST SCHERL G.M.B.H. BERLIN

# Inhalt

Vorwort . . . . . . . . . . . . . . . . . . . . . . . 5
1. Gebot: Arbeiten Sie mit Ihrem Kapital! . . . . 7
2. Gebot: Streben Sie nach Rente, nicht nach Kursgewinn! . . . . . . . . . . . . . . . . . . . . . 13
3. Gebot: Kaufen Sie nur marktgängige Sachen! . 22
4. Gebot: Lassen Sie sich nicht durch Versprechungen blenden! . . . . . . . . . . . . . . . . . 29
5. Gebot: Prüfen Sie, bevor Sie kaufen! . . . . . 35
6. Gebot: Fragen Sie nicht den Bankier um Rat! . 41
7. Gebot: Versäumen Sie nicht rechtzeitigen Verkauf! 48
8. Gebot: Machen Sie keine Bankschulden! . . . 54
Schlußwort . . . . . . . . . . . . . . . . . . . . . 59

## Vorwort

Die acht Gebote der Finanzkunst sind das Ergebnis einer langjährigen Erfahrung bei der Beratung in allen finanziellen Angelegenheiten. Sie sind der Extrakt aus der Prüfung und Beantwortung von über 10 000 Anfragen aus allen Gebieten der Vermögensverwaltung. In diesen acht Geboten ist nicht die Kunst enthalten, wie man über Nacht zum Millionär wird. Aber Sie werden sich ein Vermögen aus Ihren Ersparnissen schaffen, Sie werden Ihr Vermögen erhalten und vermehren, wenn Sie sich nach diesen Grundgeboten richten. Sie können aus den Fehlern von Hunderten lernen, wie Sie Verluste vermeiden müssen. Wenn Sie aber nur jeden Verlust an Ihrem Kapital zu vermeiden suchen, so vermehrt es sich schon von selbst.

September 1924
Dr. Zickert

## Erstes Gebot
## Arbeiten Sie mit Ihrem Kapital!

Was ist überhaupt K a p i t a l ? Alles, was Sie besitzen und was Geldwert hat oder einmal haben kann. Auch das Eigenhaus, das Sie etwa bewohnen, ist Ihr Kapital. Seine Zinsen verbrauchen Sie durch Ersparung der Miete. Wenn sich nun aber ein Kauflustiger dafür einstellt, der Ihnen 30 000 M. sofort zahlbaren Kaufpreis bietet, so müssen Sie zu rechnen anfangen. Sie müssen ermitteln, welche R e n t e Ihnen ein solches Kapital dauernd verspricht. Diese Rente betrug zu Miquels Zeiten bei einem Staatsanleihezins von 3 bis 4 Prozent etwa 900 bis 1 200 M. jährlich. Unter dem Regime des Generals Dawes beträgt diese Jahresrente aber 3 000 bis 4 000 M., weil Sie erstklassige Anleihepapiere mit 10 bis 15 Prozent Jahreszinsen kaufen können.

Wenn Sie das Haus schon vor 25 Jahren besaßen, so verwohnten Sie damals jährlich 1 050 M., während Sie heute 3 500 M. für Miete verbrauchen. Nun prüfen Sie, ob eine solche Ausgabe Ihrer allgemeinen Vermögenslage entspricht. Wenn nicht, wenn Sie etwa nur 200 M. monatliches Einkommen haben, so verkaufen Sie das Grundstück! Entweder kaufen Sie dann ein billigeres und legen den Überschuß a u f Z i n s e n ! Oder Sie legen das gesamte Kapital sicher zu 12 Prozent Jahreszinsen an, mieten sich eine Wohnung für 1 200 M. und haben jeden Monat noch 200 M. Zinsertrag zu verzehren.

Wenn Sie so rechnen und handeln, so arbeiten Sie schon mit Ihrem Kapital. Eine ähnliche Prüfung können Sie mit jedem Ihrer Besitzstücke anstellen, die Sie bisher nicht zu dem Kapital zu rechnen gewohnt waren. Niemals war Geldkapital so knapp wie 1924 in Deutschland, niemals wurden so hohe Zinsen dafür geboten. Nutzen Sie diese günstige Lage aus!

Warum verwandeln Sie nicht ertragloses Sachkapital in Geldkapital durch Verkauf? Warum legen Sie das erhaltene Kapital nicht in Goldhypotheken, Goldpfandbriefen an, die Ihnen halbjährlich ein oft nicht zu verachtendes Einkommen liefern?

In England macht man sich neuerdings an das Aufräumen der Wohnungen, an die Entfernung des überflüssigen Hausrats, für dessen Staubfreiheit man noch Dienstboten bezahlen muß. Wie viele unnütze Möbel, wie viel überflüssigen Schmuck gibt es nicht auch noch in Deutschland! Wenn die Besitzer warten, bis die N o t an sie herantritt, bis sie von dem E r l ö s das tägliche Brot kaufen müssen, statt von den Z i n s e n des Erlöses, dann verstehen Sie nicht, Ihr t o t e s K a p i t a l lebendig zu machen, verstehen nicht, mit dem Kapital zu arbeiten. Jemand, der für 5000 M. überflüssige Gegenstände besitzt, konnte diesen Luxus vor dem Kriege mit 200 M. jährlich bewerten. Heute, in einer ärmeren Zeit, bringt ihn dieser Luxus um 50 M. monatliches Einkommen.

Doch auch mit dem lebenden Kapital müssen Sie arbeiten! Sie müssen dafür stets die beste Anlage suchen. Diese wechselt von Zeit zu Zeit, oft schneller, manchmal langsamer. Man kann auch auf dem Geld nicht sitzenbleiben. Die Inflationsjahre in Deutschland haben auch dem Blindesten die Augen geöffnet, wohin ein solches Fasnirdasein führt. Warum sind so viele große, mittlere und kleine Vermögen zertrümmert worden? Es ist bequem, auf den großen Räuberstaat, auf die Schieber zu schimpfen.

Die wirkliche Ursache ist die T r ä g h e i t der Besitzenden gewesen. Die geistlose Methode, durch Geldfälschung den Staat zu finanzieren, will ich mit keinem Worte entschuldigen und habe sie seit Jahren stets mit dem rechten Namen genannt. Aber ist dadurch irgendjemand verpflichtet worden, sich dem sinkenden Währungsschiff tatenlos anzuvertrauen?

Warum haben Sie Ihre S t a a t s a n l e i h e n nicht verkauft, Ihre Sparkassenguthaben nicht abgehoben, als es jedem klar werden mußte, daß weder Reichskanzler noch Reichsbankpräsident den Mut fand, die Banknotenflut zu stoppen? Wahrscheinlich haben Sie sich durch Versprechungen der Minister blenden lassen, haben die Mühe gescheut, den Dingen auf den Grund zu gehen. Haben vor allem es nicht für nötig gehalten, sich aus der Geschichte über solche Inflationen zu informieren.

Wie haben Sie über die B a u e r n gelacht, die in Zigarrenkisten die Banknoten aufspeicherten, mit denen sie heute die Wände tapezieren! Aber haben Sie daraus die Konsequenz gezogen und I h r B a n k g u t h a b e n abgehoben, I h r e H y p o t h e k e n vorzeitig zurückgefordert? Haben Sie mit Ihrem Kapital gearbeitet, es rechtzeitig vor der Lawine in Sicherheit gebracht, oder haben Sie sich nicht vielmehr darauf verlassen, daß alles ohne Ihr Zutun, ohne Ihre Denkarbeit sich regeln würde? Werfen Sie heute keinen Stein auf diejenigen, welche, statt auf Stinnes zu schimpfen, es ihm nachmachten!

Und als die Börsen in der Inflationshausse schwammen, sind Sie da nicht mitgeschwommen, haben Sie sich nicht über die B e z u g s r e c h t s g e s c h e n k e gefreut? Ohne darüber nachzudenken, wer Ihnen etwas schenkt und wieso es ein Geschenk ist, wenn eine Aktie in vier Teile g e t e i l t wird, und regelmäßig die Verwaltung oder das Bankkonsortium noch dazu einen Viertel in die eigene Tasche steckt! Als sich kürzlich jemand bei mir über die schlechten Zeiten beklagte, sagte er: Es war doch zu schön, als die Aktienhausse war und man jede Woche bei der Bank seinen Gewinn abheben konnte. Er hatte bis dahin noch nicht gemerkt, daß er **keinen Gewinn, sondern die Teile seines eigenen Vermögens** abgehoben hatte. Was Wunder, daß hernach nichts mehr übrig war!

Wer sich die Vermögensverwaltung so leicht macht, sie mit so wenig Nachdenken glaubt bestreiten zu können, der kann nicht sagen, daß er mit seinem Kapital gearbeitet habe. Er hat im eigentlichen Wortsinne „wahnsinnig" spekuliert. Den Schaden kann er heute beklagen.

Mancher hat noch im Jahre 1919, mancher erst 1920 oder 1921 erkannt, wohin die Reise ging, hat früher oder später nicht mehr an das Unmögliche geglaubt, daß ein so zusammengebrochener Staat wie das Deutsche Reich nach 1918 noch 70 Milliarden Kriegsanleihe mit 5 Prozent in Gold werde verzinsen können. Diese Erkenntnis ist nach eigenen Geständnissen oft wie eine Erleuchtung gekommen. Aber sie war doch stets das Ergebnis einer geistigen Arbeit, eines Nachdenkens, und sie forderte sogleich die Entscheidung über die Umstellung.

Ganz ohne Verluste an Ihrem Vermögen sind wohl nur wenige aus der Inflation herausgekommen. Wer aber vor dem Kriege ein Vermögen von 200 000 M. hatte, der besitzt heute an **Ertragswert** noch genauso viel, wenn er nur 100 000 M. Nominalkapital gerettet hat. Das war selbst für jemand möglich, der erst spät die Zeichen der Zeit erkannte und dann nicht auf den Gründungstaumel hereinfiel, sondern sich sagte, daß diejenigen Aktiengesellschaften die besten sind, die Ihren Geschäftsbetrieb ohne Kapitalerhöhung bestreiten konnten. Aber zu dieser Umstellung ist eine Abkehr von den alten Denkgewohnheiten erforderlich gewesen.

Jeder arbeitet mit seinem Kapital, so gut wie er kann. Nicht jeder ist zum Finanzkünstler geboren. Denn die Vermögensanlage und -vermehrung ist eine Kunst, die nur bis zu einem gewissen Grade gelernt werden kann. Aus einer Menge Farben mit einigen Pinseln und einem Stück Leinwand macht das Malgenie ein Werk, das für Jahrhunderte die Menschheit entzückt. Aus dem gleichen Material macht der Handwerker immer noch ein gutes, brauchbares Bild, das seinen bescheidenen Zweck erfüllt. Das Geniale kann nicht gelernt werden, wohl aber das Handwerksmäßige.

Ähnlich ist es mit der Finanzkunst. Aus ein paar Dollars haben Rockefeller, Carnegie, Ford und viele andere Riesenvermögen von Weltmacht geschaffen. Aus kleinen Kapitalien haben Gutmann, Fürstenberg und ihre Kollegen Weltbanken entwickelt. Strousberg, Stinnes, Michael haben die Finanzkunst mit einem solchen Geschick beherrscht, daß sie nach kurzer Zeit an der Spitze der Finanzgrößen standen. Kann es ihnen jemand nachmachen wollen, dem das Geschick nicht eine besondere Gabe in die Wiege gelegt hat? Seien Sie zufrieden, wenn Sie die handwerksmäßigen Griffe erlernt haben und es zu einem achtbaren Vermögen bringen! Dann halten Sie sich aber auch an die solide Handwerksmethode!

Mit einem Kapital arbeiten, ist für den Bankier etwas anderes als für den Kaufmann, für den Börsianer etwas anderes als für den Rentner und Sparer. An der Börse vermehren täglich Leute ihr Kapital, die um 12 Uhr Aktien kaufen, um 1 Uhr wieder verkaufen, die um $1/2$ Uhr Anleihen kaufen und um 2 Uhr diese wieder mit Gewinn abstoßen. Oder auch mit Verlust! Wenn Sie als Arzt, als Angestellter oder Privatmann auf diese Weise mit Ihrem Kapital arbeiten wollen, dann müssen Sie zunächst Ihren Beruf aufgeben und sich ausschließlich dem Börsenbesuch widmen.

Viele Leute bilden sich ein, daß ein gefälliger Bankier aus lauter Nächstenliebe das Hin- und Herhandeln an der Börse für sie besorgen werde, daß er seinen eigenen Gewinn zurückstelle, um erst einmal für seine Kunden zu sorgen. Wer das glaubt, der kennt die Bankiers schlecht. Diese denken zunächst an Ihren eigenen Gewinn und haben schließlich damit noch nicht einmal so sehr unrecht. Sie sollen nicht gutgläubig andere mit Ihrem Kapital arbeiten lassen, sondern selbst damit arbeiten!

Das müssen Sie in der Weise tun, daß Sie sich zunächst einmal über den Umfang Ihres Vermögens, Ihres Kapitals Klarheit verschaffen. Dann darüber, ob es auf die beste Weise angelegt ist, ob es einerseits genügend Ertrag bringt, auf der anderen Seite genügend sicher ist. Dann müssen Sie dasjenige ausmerzen, was eine der beiden Bedingungen nicht erfüllt.

Lassen Sie dabei keine Unklarheiten bestehen, namentlich über den Punkt Sicherheit! Was Ihnen nur sicher scheint, nicht unzweifelhaft sicher ist, weg damit! Es gibt genügend unbedingt sichere Anlagen, daß sie ein Rothschildvermögen darin anlegen können. Lassen Sie andern die zweifelhaften Sachen!

Bei der Prüfung der Sicherheit spielt die Begabung, der Instinkt eine Rolle. Den Ertrag Ihrer Kapitalanlagen können Sie nach dem großen Einmaleins errechnen. Wenn Sie eines Tages sehen, daß es andere Anlagemöglichkeiten mit einem höheren Ertrage gibt, dann prüfen Sie diese sorgfältig auf die Sicherheit. Wer mit dieser Kontrolle am ersten fertig ist und dabei richtig rechnet, der ist den anderen um eine Nasenlänge voraus.

So können Sie mit Ihren Kapitalanlagen in Wochen, in Monaten oder auch in Jahren wechseln, sobald und sooft Sie die Gewißheit einer Verbesserung haben.

Machen Sie es wie bei der Entenjagd, verlassen Sie niemals die erste sichere Landscholle, bevor sie sich über die Tragfähigkeit der zweiten vergewissert haben. Dieses dauernde Rechnen und Prüfen ist A r b e i t e n mit Ihrem Kapital.


## Zweites Gebot
## Streben Sie nach R e n t e, nicht nach Kursgewinn!

Wenn in Frankreich eine junge Braut 10 000 Fr. Mitgift hat, so ist das etwas ganz anderes, als wenn in Deutschland der Vater seiner Tochter 10 000 M. in die Ehe mitgibt. Nicht etwa, weil 10 000 Fr. nicht genau 10 000 M. sind, sondern weil es sich dort um 10 000 Fr. R e n t e handelt, hier um 10 000 M. K a p i t a l. Der Franzose und auch andere Völker denken in Finanzdingen in Rente, der Deutsche denkt in Kapital. Der Unterschied ist mehr aus der historischen Entwicklung zu erklären als aus der Veranlagung.

Wo ein alter Reichtum und eine in Generationen erworbene Erfahrung in der Vermögensverwaltung vorhanden sind, da weiß man, daß ein Vermögen nicht über Nacht verdoppelt und verdreifacht werden kann. Höchstens an der Spielbank, wo aber die Gefahr des totalen Verlustes gleich groß ist. Wer sein Vermögen durch Spiel vermehren will, der setzt es dem Risiko der Verminderung aus. Wer bei der Anlage die Sicherheit nicht entbehren will, der muß sich mit einem bescheidenen Zuwachs begnügen.

Oft genug ist das Verlangen an mich gestellt worden, eine Vermögensanlage zu nennen, die z u g l e i c h die denkbar größte Sicherheit und die besten Aussichten auf schnelle Vermehrung biete. Ein solches Verlangen ist töricht. Denn beide Bedingungen schließen einander aus. Je größer die Sicherheit einer Kapitalanlage, desto geringer ist die Aussicht auf eine Vermehrung. Und ebenso umgekehrt.

Aber Sie sollen ja gar nicht Ihre Absichten auf eine Kapitalvermehrung einstellen, sondern auf eine Vergrößerung Ihrer R e n t e , wie es die in Vermögensdingen erfahrenen Völker tun!

Entsteht die Rente aus dem Kapital oder das Kapital aus der Rente? Wenn Sie sich diese Frage genau überlegen, so werden Sie die für Sie vielleicht überraschende Antwort finden: D a s  K a p i t a l  e n t s t e h t  a u s  d e r  R e n t e ! Zu Anfang ist die Rente. Die Rente ist das Bleibende, das Kapital das Schwankende.

Da in Deutschland die Aktienanlage so besonders beliebt ist, so will ich Ihnen das an dem Beispiel einer Aktiengesellschaft erklären: Mit einem Kapitalaufwand von 1 Million Mark wurde im Jahre 1900 eine A.G. errichtet, und dieses Geld wurde bar in die Grundstücke, Gebäude, Waren usw. hineingesteckt. Nachdem der Betrieb aufgenommen war, konnte die A.G. auf ehrliche Weise im ersten Jahre keine Dividende verteilen, in den folgenden Jahren je 2 Prozent. Die Aktien waren zu 40 Prozent käuflich, die gesamte AG also für 400 000 M.. Der Kapitalwert richtet sich also nicht nach dem aufgewendeten Gelde, sondern nach der Rente.

Dann gelang es der A.G., in den nächsten fünf Jahren den Ertrag so zu steigern, daß für 1908–1910 je eine Dividende von 10 Prozent verteilt wurde, und der Kurs der Aktien stand 200 Prozent. Obwohl die in das Unternehmen hineingesteckte Summe sich nicht geändert hatte, war der Kapitalwert auf das Fünffache gestiegen, weil die Rente sich erhöht hatte. Hätte man in die A.G. eine neue Million bares Geld hineingesteckt, und wäre es dennoch bei einer Dividende von 2 Prozent geblieben, so wäre doch nur ein Kapitalwert von 40 Prozent herausgekommen.

Sie ersehen aus diesem Beispiel, das eine alltägliche Erscheinung ist, wie die Rente, ev. die Erwartung einer Rente ausschlaggebend ist für den Wert des Kapitals. Mit theoretischen Erläuterungen der Funktionen und Beziehungen von Kapital und Rente will ich Sie nicht langweilen. Es genügt mir, wenn Sie eingesehen haben, daß Sie bei jeder Anlage von Geld darauf sehen müssen, wie Sie den größten Ertrag erzielen. Ist Ihnen das gelungen, dann erhöht sich das Kapital von selbst.

Was ist überhaupt der Zweck jeder Vermögensanlage, des Sparens? In den wenigsten Fällen ist es die Absicht, einen bestimmten Gegenstand kaufen zu können. Nur hier hat die Kapitalshöhe ausschlaggebende Bedeutung. Dann tun Sie aber auch am besten, wenn Sie die einzelnen ersparten Summen zu einer Bank oder Sparkasse tragen und ansammeln. Dann bleibt Ihnen in erster Linie die Kapitalshöhe erhalten, und Sie können den Ertrag an Zinsen in der kurzen Frist vernachlässigen.

Aber das sind doch Ausnahmefälle. Der Rechtsanwalt, der Arzt, der Kaufmann und alle anderen machen Ersparnisse vom Einkommen und verwalten ein vorhandenes Vermögen mit dem Ziele, daraus einen Ertrag zu erhalten. Sie erstreben eine dauernde und sichere Rente, aus der Sie den Lebensunterhalt bestreiten können, wenn Sie selbst nicht mehr erwerbstätig sind. Oder Sie wollen die Zukunft von Frau und Kindern in gleicher Weise sichern, indem Sie ihnen ein gleichmäßiges Einkommen aus Vermögensertrag verschaffen. Wenn solche Ziele bei jeder Vermögensbildung vorherrschen, warum wird dann die Rente so wenig beachtet, warum wird dann so viel auf Verkaufsgewinn gesehen, warum wird so viel spekuliert?

Ein Professor hatte im Jahre 1896 die Summe von 100 000 M. geerbt und sie in dem damals sichersten Papier, den 3-prozentigen Preußischen Konsols, angelegt. Von diesem Kapital bekam er genau 3 000 M. jährliche Zinsen, hatte also monatlich 250 M. Einkommen zu verzehren. Bis zum Jahre 1913 war aus allgemeinen wirtschaftlichen Gründen der Kurs der 3-prozentigen Konsols auf 75 Prozent gesunken. Hat das dem Professor einen Schaden getan? Nein! Denn, ob der Kurs auf 100 Prozent oder auf 75 Prozent stand, war für die Rente gleichgültig, die unverändert monatlich 250 M. betrug. Diese Rente aber war das für den Besitzer Wichtige, von ihrem Umfang hing die Befriedigung der Lebensbedürfnisse ab, nicht von dem Kapital, das normalerweise unantastbar sein soll. Die Gründe für den Kursrückgang lagen nicht in einer Verschlechterung der speziellen Anlagen, sondern in einer Änderung des Geldmarktes.

Wegen des Kursrückganges, wegen der Kapitalverminderung brauchte der Professor nicht eine Flasche Wein weniger zu trinken, nicht eine Reise weniger zu machen. Denn die Rente hatte sich nicht verändert. Sie hatte sich freilich auch nicht vermehrt, und dem Professor ist vielleicht ein Vorwurf daraus zu machen, daß er mit seinem Kapital nicht gearbeitet hat. Aber der Professor wollte eben keine Finanzkunst treiben; die Sicherheit seines monatlichen Einkommens ging ihm über alles. Jedenfalls hätte er damals scharf aufpassen müssen, um bei gleicher Qualität der Anlage das monatliche Einkommen auch nur um 20 M. zu erhöhen.

Ja, das waren andere Zeiten! Da war die Börse noch ein fein abgestimmtes Instrument! Wenn die 3-prozentigen Preußischen Konsols auf 75 Prozent standen, so notierten die $3^{1}/_{2}$-prozentigen mit $86^{3}/_{4}$ Prozent und die 4-prozentigen mit 98 Prozent. Warum die Relation nicht ganz genau war, werden Sie noch später sehen. Da war unter den 4-prozentigen Werten die Anleihe teurer, die einen zwanzigjährigen sicheren Ertrag brachte, als ein anderes Papier, das in zwei Jahren gekündigt werden konnte, worauf sich der Inhaber eine neue Anlage unter vielleicht ungünstigeren Zeitverhältnissen hätte suchen müssen. Selbst wenn man den Sprung wagte und für eine Staatsanleihe eine gute Industrie-Obligation nahm, wenn man 100 000 M. 3-prozentige Konsols zu 75 Prozent verkaufte und 75 000 M. $4^{1}/_{2}$-prozentige A.E.G.-Obligationen zu 100 Prozent kaufte, hatte man doch seine monatliche Rente nur um 31,25 M. erhöht. Damals buchte man es als Erfolg, wenn man die Konsols mit $75^{1}/_{2}$ Prozent statt mit 75 Prozent hatte verkaufen können.

Heute dagegen! Was herrscht da für ein wildes Durcheinander in den Kursen! Da notierten Anfang August 1924 die 8-prozentigen Goldpfandbriefe einer Stadtschaft mit 91 Prozent und die 10-prozentigen Goldpfandbriefe des gleichen Instituts mit 85 Prozent. Ich will Ihnen die Rechnung für den Umtausch aufmachen: Wenn Sie 10 000 Goldmark der 8-prozentigen Pfandbriefe besäßen, so hatten Sie daraus ein jährliches Einkommen vom 800 M. Wenn Sie den Tausch durchführten, so erhöhte sich dieses Jahreseinkommen auf 1070 M., also monatlich um über 20 M..

Doch nicht ganz! Ich hatte vergessen, was das Finanzamt und die Banken Ihnen jetzt dabei abnehmen. Während die Spesen der Banken und die Steuer für einen solchen Umtausch früher minimal waren, sind sie jetzt in Deutschland enorm. Allein die aufführende Bank berechnet sich an Provisionen für den Umtausch 1 1/2 Prozent. Insgesamt müssen Sie die Spesen auf etwa 2 Prozent von 9100 M. veranschlagen, wenn Sie nicht an ein besonders auf Gewinn erpichtes Institut geraten. Ihre Jahresrente nach dem Umtausch vermindert sich durch die Unkosten auf etwa 1050 M.

Hier habe ich Ihnen ein Arbeiten mit dem Kapital gezeigt, das fast ohne jedes Risiko eine monatliche Einkommensvermehrung um 20 M. gebracht hat. Fast ohne jedes Risiko. Fast, denn der eine oder der andere Kurs hätte Ihnen weglaufen können. Ein Umtausch, der nur auf Rentenvermehrung abgestellt war.

Aber! Die Kapitalvermehrung kommt bei richtigem Arbeiten nach der Rente ganz von selbst. Nach drei Wochen standen die 10-prozentigen Pfandbriefe auf 90 Prozent, und die 8-prozentigen auf 85 Prozent. Auch dieser Zuwachs an Kapital ist gewiß angenehm und beruhigend, wichtig ist dagegen der Zuwachs an Rente.

Die Verbesserung der Kapitalanlage war aber damit noch nicht erschöpft. Zur gleichen Zeit, wo die 10-prozentigen Stadtschaftspfandbriefe auf 90 Prozent standen, konnte man 10-prozentige Goldpfandbriefe einer Landschaft, also ein normalerweise völlig gleichwertiges Papier, zu 80 Prozent kaufen. Für die 10 500 M. nom. Stadtschaftspfandbriefe hätten Sie nach Deckung der Spesen 11 600 M. Landschaftspfandbriefe bekommen können und Ihre jährliche Rente weiter auf 1160 M. erhöht. Durch den zweimaligen Umtausch erzielten Sie also eine Steigerung Ihres Jahreseinkommens von 800 M. auf 1160 M., also beinahe 50 Prozent mehr, während sich Ihr Kapital vorläufig nur von 9100 M. auf 9280 M. erhöht hatte.

Es ist Ihnen wohl nicht mehr zweifelhaft, daß hier allein der wirkliche Vorteil liegt. Eine Kapitalvermehrung kann durch Kursrückgänge, durch allerlei unvorhersehbare Verschiebungen am Geldmarkt oder an der Börse wieder verschwinden oder sich in einen Verlust verwandeln. Die jährliche R e n t e bleibt dagegen unverändert und s i c h e r.

Da die Kurse wechseln und bei natürlichem Lauf der Dinge die guten Tauschmöglichkeiten früher oder später wieder zu verschwinden pflegen, so ist, wie ich schon im vorigen Kapitel sagte, derjenige den anderen um eine Nasenlänge voraus, der zuerst die bessere Rente entdeckt, zuerst mit der Prüfung der Sicherheit fertig ist und zuerst den Umtausch vornimmt. Denn eine sorgfältige Prüfung jeder neuen Kapitalanlage bleibt das wichtigste. Die Fälligkeit des nächsten Zinsscheins kann für die Entscheidung eine Rolle spielen, bei den auf S a c h w e r t e n wie Roggen und Kohlen fundierten Anleihen auch die Wahrscheinlichkeit der Preisbewegung dieser Produkte. Die Hauptrolle wird aber bei der Prüfung neben der Solidität und Zahlungsfähigkeit des Schuldners die Frage nach der sicheren D a u e r  d e r  R e n t e spielen.

Als ich vor einiger Zeit einem Arzt zur Kapitalanlage in einem festverzinslichen Papier riet, das eine Jahresverzinsung des anzulegenden Geldes von 12 Prozent versprach, wies er mich darauf hin, daß er dann das Geld nur seiner Bank zu geben brauche, die ihm 15 Prozent Zinsen zahle. Er kam schon nach zwei Wochen wieder mit der Nachricht, daß die Bank soeben ihre Zinsen auf 10 Prozent heruntergesetzt habe. Freilich hatte er sich schon vorher davon überzeugen lassen, welchen Wert die D a u e r  d e r  V e r z i n s u n g besitzt. Bei einem Bankguthaben hängt die Rente beinahe von der Willkür der Banken ab, jedenfalls aber von den häufigen Schwankungen am Geldmarkt. Deshalb müssen Sie danach streben, sich eine gute Rente solange wie möglich zu sichern. 12 Prozent für drei Jahre sind besser als 20 Prozent für ein halbes, wenn die hohen Zinssätze vorübergehend sind.

Wenn Ihnen ein 10-prozentiges Anlagepapier angeboten wird, das Ihnen vom Schuldner in zwei Jahren zur R ü c k z a h l u n g gekündigt werden kann, und ein anderes zum gleichen Kurs, dessen Gegenwert Sie vor zehn Jahren nicht zurückzunehmen brauchen, so ist das zweite Papier vorzuziehen. Denn wenn Ihnen der erste Schuldner nach zwei Jahren den Nennwert auszahlt, so können Sie das Geld vielleicht nur noch mit 5 oder 6 Prozent Jahresrente anlegen, falls die Lage des Geldmarktes sich geändert hat. Sie büßen dann 4 bis 5 Prozent jährlicher Zinsen für acht Jahre ein. Also achten Sie auf die Dauer der Rente!

Ich bitte Sie, die Frage zu beantworten: Ist es vorzuziehen, bei sonst gleicher Qualität ein 10-prozentiges Anlagepapier mit 90 Prozent zu kaufen oder ein 5-prozentiges Papier mit 45 Prozent? Die Rente ist, wie Sie sehen, bei beiden gleich. Doch verdient das zweite Papier den Vorzug. Denn wenn Sie damit rechnen, daß sich die Lage am Geldmarkt wieder ändern kann, so kommt auch einmal die Zeit, wo 5-prozentige Anlagewerte wieder mit 100 Prozent notieren. Sie haben dann bei dem zweiten Papier einen viel größeren K u r s g e w i n n.

Aber dieser Kursgewinn ist nicht die Hauptsache, sondern folgende Erwägung: Wenn Ihnen das Kapital des ersten 10-prozentigen Papieres eines Tages vom Schuldner zurückgezahlt wird, so erhalten Sie für die jetzt angelegten 9000 M. dann 10 000 M. zurück und können sich dafür nur eine jährliche Rente von 500 M. kaufen statt der bis dahin bezogenen 1111 M. Sie v e r s c h l e c h t e r n sich also ganz bedeutend. Wenn Sie dagegen das zweite Papier gekauft haben, so zahlt Ihnen der Schuldner für die jetzt angelegten 9000 M. dann 20 000 M. zurück, und Sie haben von der neuen Anlage immer noch eine Rente von 1000 M. statt 1111 M. Aus diesem Grunde werden Sie auch kaum finden, daß ein 5-prozentiges Papier mit 45 Prozent käuflich ist, wenn die gleichartigen 10-prozentigen Papiere auf 90 Prozent stehen. Ob es dagegen vorteilhafter ist, ein 5-prozentiges Papier mit 90 Prozent zu kaufen als ein 10-prozentiges Papier mit 90 Prozent, das hängt in erster Linie von den Bedingungen der Rückzahlbarkeit ab. Da kann Ihnen nur genaues Studium jeder einzelnen Kapitalanlage helfen.

Es ist ein Nachteil der Rente, daß sie n i c h t e w i g ist, sondern daß sie bei den verschiedenen Kapitalanlagen früher oder später einmal aufhört, weil die Kapitalsumme zurückgezahlt oder der Zinsfuß herabgesetzt wird. Doch gibt es auch einige angeblich ewige Renten, die vom Schuldner nicht getilgt werden können, die eigentlichen Renten. Namentlich in Frankreich sind sie seit langer Zeit eine hervorragende Anlageform, und das erklärt auch die Einstellung des französischen Kapitalisten auf die Rente allein. Da jedoch der Staat der Schuldner der Rente ist, kann er jederzeit durch Gesetzgebung die „Ewigkeit" abkürzen. Und ist die ewige Rente etwa gegen einen Währungsverfall geschützt? Auf dem Kapitalmarkt ist alles der Veränderung unterworfen, nur in verschiedenem Grade.

Wenn Sie 1924 ein G r u n d s t ü c k, das für Sie nur eine Kapitalanlage ist, f ü r d i e H ä l f t e d e s P r e i s e s v e r k a u f e n können, für den Sie es im Jahre 1913 verkauft haben würden, so verbessern Sie voraussichtlich Ihr Vermögen trotz des anscheinenden Verlustes. Sie rechnen zwar mit der Wahrscheinlichkeit, daß sich in fünf Jahren der Geldmarkt wieder wesentlich erleichtert, so daß Sie doch den Preis von 1913 wieder einmal erhalten. Aber zu diesem Zwecke müssen Sie das Haus auch wieder in einen guten Zustand bringen, wofür wahrscheinlich die Mieteinnahmen der nächsten fünf Jahre vollständig draufgehen. Sie haben also aus dem Grundstück keinen Ertrag.

Ich empfehle Ihnen dagegen, das Haus für den halben Preis zu verkaufen. Der **Kapitalverlust ist nur eingebildet**. Sie bekommen nach Ihrer Rechnung in fünf Jahren **vielleicht** das doppelte Geld. Nach meinem Vorschlage erhalten Sie aber **sicher mindestens** das doppelte Geld. Denn wenn Sie z. B. im August 1924 für 20 000 M. verkauften, so konnten Sie für das erhaltene Geld 5 000 Zentner einer 5-prozentigen Roggenwertanleihe kaufen, um eine der vielen Möglichkeiten herauszugreifen. Auf Basis eines Roggenpreises von 8 M. würden sie halbjährlich 1000 M. oder ohne die Kapitalertragssteuer 900 M. Zinsen bekommen. Sie brauchen noch nicht einmal die **Zinseszinsen** der fünf Jahre in Rechnung zu stellen, sondern können diese mit der **Einkommensteuer** auf die Zinsen verrechnen! Dann haben Sie trotzdem nach fünf Jahren 9 000 M. empfangene Zinsen aufgesammelt. Und wenn sich dann Ihre Hoffnung erfüllt, daß die allgemeine Lage so gut ist, daß Sie das Grundstück mit 40 000 M. verkaufen können, dann können Sie auch sicher sein, daß **dann** 5-prozentige Renten auf 100 Prozent stehen. Sie haben also bei gleichem Roggenpreis ein Kapital von 40 000 M. und **dazu** 9 000 M. aufgesammelte Zinsen **sicher**, während Sie sonst **vielleicht** ein Kapital von 40 000 M. haben, das Sie bei sehr günstiger Lage des Geldmarktes ev. noch nicht einmal mit 5 Prozent Zinsen anlegen können. Verkaufsgewinne sind oft Illusionen, auf deren Erfüllung man Jahrzehnte vergebens wartet.

Auch die **Aktien** dürfen Sie nur nach dem Gesichtspunkt des Ertrages beurteilen. Nur mit dem einen Unterschied gegen Anleihen: Bei festverzinslichen Werten können Sie mit einer sicheren Rente rechnen, bei den Aktien ist der Ertrag, die Dividende, dagegen nur **zu vermuten**. Und weil der Ertrag der Aktien nicht sicher feststeht, sondern Schwankungen ausgesetzt ist, so **kapitalisiert** man auch die Dividenden zu einem höheren Zinsfuß. Bevor das Dawes-Gutachten nicht mindestens ein volles Jahr in Wirksamkeit ist, hängen ja überdies die Dividenden aller deutschen Aktiengesellschaften vollkommen in der Luft und sind vorläufig nur vage Hoffnungen.

Im Jahre 1913 war es in Deutschland so, daß ein 4-prozentiges Staatspapier einen Kurs von 100 Prozent hatte, eine 5-prozentige nicht unbedingt sichere Industrie-Obligation ebenfalls von 100 Prozent, und daß eine Aktie in der Regel nur dann mit 100 Prozent bewertet wurde, wenn eine Dividende von 6 Prozent wahrscheinlich war. Entsprechend wurde eine Aktie mit 12 Prozent wahrscheinlicher und dauernder Dividende mit 200 Prozent bewertet. Die **höhere Rente ist ein Ersatz für die geringere Sicherheit**. Es hängt von Ihnen ab, was Sie vorziehen. Ein gewisser Spielraum in der Auswahl ist aber auch dem Vorsichtigen gestattet.

Aber wenn Sie eine Aktie zum Ankauf prüfen, fragen Sie niemals, ob der Kurs steigerungsfähig ist. Denn das hängt von Börsenstimmungen und tausend Zufällen ab. sondern fragen Sie stets, welchen Reingewinn kann und wird die A.G. in den nächsten Jahren erzielen. Wenn Sie dann die Aktien derjenigen Gesellschaft gewählt haben, welche die besten Geschäftsaussichten hat und eine höhere Dividende verteilen kann, so brauchen Sie gar nicht in den Kurszettel zu sehen und können doch überzeugt sein, daß früher oder später der Kurs gestiegen und auch Ihr Kapital vermehrt ist. Denn der Kapitalwert richtet sich nach der Rente, und bei Aktien besteht Ihre Aufgabe darin, zu ermitteln zu suchen, wo die beste Rentabilität der Zukunft zu erwarten ist.

Umgekehrt kommt die Zeit für den Verkauf einer Kapitalanlage, wenn die Rente zu sinken droht, weil die Finanzen des Schuldners schlecht sind oder weil der Geschäftsgang einer A.G. einen deutlichen Rückgang zeigt. Der Zeitpunkt zum Verkauf kann aber auch dadurch gegeben sein, daß der Kapitalwert, meistens der Kurs, gestiegen ist. Die Anlage bietet dann nur noch eine mäßige Rente vom Kapitalwert, und es kann andere Anlagen geben, die vom gleichen Kapitalwert eine höhere, ebenso sichere Rente bringen. Dann ist die Zeit zum Umtausch, der immer zur Vergrößerung der Rente erfolgen soll. Ein Kapitalzuwachs folgt bei richtiger Wahl früher oder später, aber sicher.

## Drittes Gebot
### Kaufen Sie nur marktgängige Sachen!

Viele Geschäftsleute sitzen auf ihren teuer eingekauften Waren fest, monatelang, oft jahrelang, und jammern darüber, daß sie nicht unter einem gewissen Preise verkaufen können, da sie ja soundsoviel Geld hineingesteckt hätten. Sie empfinden es als schreiende Ungerechtigkeit irgendeines bösen Schicksals, daß sie ihr Geld verlieren sollen. Als ob jemand Anspruch darauf hätte, eine Ware zu dem Preise verkaufen zu können, den er dafür bezahlt hat. Er hat noch nicht einmal Anspruch darauf, daß ihm überhaupt ein anderer die Ware wieder abkauft. Höchstens beim jüdischen Salzamt könnte er sich beschweren.

Eine Ware hat stets den Wert, den ein anderer dafür zu bezahlen bereit ist. Oft will niemand sie haben, und dann hat die Ware mindestens augenblicklich überhaupt keinen Geldwert. Am deutlichsten sieht man das oft bei in der Mode befindlichen Gemälden. Da reißen sich bei den Auktionen die Käufer darum und überbieten sich in den Preisen. Nach einigen Jahren ist die mit oft fragwürdiger, aber geschickter Propaganda betriebene Mode überlebt, und nun werden mit einem Male bei den Auktionen die gleichen Bilder vergebens angeboten. Darum kann nur der in Gemälden eine gute Kapitalanlage machen, der wirklich etwas von ihnen versteht und die Modeströmungen gut genug kennt, um sie für sich auszunützen. Wer davon keine Ahnung hat, kann gewiß einmal einen Zufallstreffer machen, per Saldo wird er aber gewiß mit Verlust abschließen.

Sie können sich Ihre Villa bauen und einrichten ganz, wie Sie wollen, sobald Sie keinen Wert darauf legen, das hineingesteckte Geld auch wieder einmal herauszuholen. Dann können Sie die Zimmer fünfeckig machen, Fußböden als Treppen ausbilden, oder was sie sonst gerade für originell halten. Sie können das Haus als Turm bauen oder auf eine kleine Insel, fernab von allem Verkehr, wenn Sie die Ausgaben nur zu Ihrem eigenen Vergnügen machen wollen. Wenn Sie aber darauf Wert legen, daß Sie in der Villa eine Kapitalanlage haben, daß Sie das Haus auch einmal wieder verkaufen können, so müssen Sie schon bei der Auswahl des Platzes, noch mehr bei der Ausführung und Einrichtung darauf Rücksicht nehmen, daß andere einen anderen Geschmack haben. Und da Sie den speziellen Geschmack des einstigen Käufers noch nicht kennen, so müssen Sie sich an den normalen Geschmack, die normale Bauweise halten. Sie müssen es von vornherein für den Durchschnittskäufer bauen. Denn je mehr Leute es gibt, deren Bedürfnissen und Geschmack das Haus entspricht, um so größer wird die Zahl der Kaufinteressenten sein, falls Sie einmal verkaufen wollen, und desto leichter und günstiger werden Sie verkaufen.

Es mag gewiß sehr schön sein, in einem Hause auf einem hohen Berge zu wohnen, täglich eine bezaubernde Aussicht zu genießen. Wie viele Leute werden diese Vorzüge aber mit einem zweistündigen Marsch erkaufen wollen? Es gibt vielleicht einen Menschen, der sich für ein solches Haus interessiert, dagegen hunderte, die ein Haus an bequemer Straße kaufen wollen. Infolgedessen ist die Nachfrage bei einer Verkaufsnotwendigkeit wie 1:100 und der erzielbare Preis entsprechend niedrig. Ein Haus in einer guten Geschäftsgegend, in einem Wohnviertel mit einer normalen Einteilung wird dagegen regelmäßig so zu verkaufen sein, wie es der allgemeinen Preislage entspricht.

Wenden Sie dagegen nicht ein, daß die Erfahrungen der letzten Jahre mit Grundstücken dem widersprächen, daß in Deutschland auch Grundstücke in guter Geschäftslage und in bester Wohngegend nur mit einem enormen Verlust zu verkaufen gewesen wären, daß dagegen für abgelegene Landhäuser noch gute Preise erzielt worden seien! Was Sie einwenden, ist gewiß richtig. Sie vergessen aber dabei, daß der Grundstücksmarkt durch gesetzgeberische Willkür an seiner natürlichen Gestaltung verhindert worden ist. Dadurch, daß dem Hausbesitzer das Verfügungsrecht über die Wohnungen gewaltsam entzogen worden war, blieben nur die Käufer mit freien Wohnungen eine marktgängige Ware.

Man kann sich beim Ankauf einer Ware über die künftige Marktgängigkeit auch täuschen, die Kauflust kann sich in Jahren und Jahrzehnten anderen Waren zuwenden. Darin besteht eben die Kunst der Kapitalanlage, daß man sein Geld in solchen Dingen anlegt, für die wirklich später eine Nachfrage eintritt, die nicht nur marktgängig bleiben, sondern begehrt werden.

Sicherer ist es jedenfalls immer, sich auf eine möglichst große Zahl von Käufern einzurichten. Vorteilhafter kann es sein, wenn man einer einzigen bestimmten Verkaufsgelegenheit nachstrebt.

Ein Bankier konnte zwei verschiedene Terrains erwerben. Das eine mit bestem Ackerboden, das eine gute Verzinsung aus Pacht versprach und deshalb immer Käufer zu ähnlichem Preise gefunden hätte. Das andere ein Ödland ohne Ertrag, das aber vielleicht für einen Hafenbau unbedingt gebraucht wurde. Kam der Hafenbau zustande, so war sicher mit einem mehrfachen Verkaufsgewinn zu rechnen, wurde aber aus irgendeinem Grunde nichts daraus, so hätte der Bankier das Terrain wohl auch zum halben Erwerbspreise vergeblich ausgeboten, hätte entweder Kapitalverlust oder langen Zinsverlust erlitten, vielleicht auch beides zusammen. Hier Spekulationskauf, dort Anlagekauf. Hier Hoffnung und Risiko, dort Sicherheit.

Die Aufgabe der Finanzkunst bestand nun einmal darin, aus der Spekulationshoffnung eine Sicherheit zu machen, nämlich durch genaueste Prüfung aller Umstände und Information an bester Quelle das Gerücht von dem Hafenbau in eine Gewißheit zu verwandeln. Zweitens mußte das Risiko beschränkt werden. statt eines Kaufes des Grundstücks mußte nur eine Option auf das Terrain gesichert werden. Es war besser, eine kleine Summe als Neugeld zu verlieren, als auf bloße Hoffnung hin ein großes Kapital unabsehbar festzulegen. Die Marktgängigkeit einer Ware kann also unter Umständen durch die Gewißheit eines bestimmten Käufers ersetzt werden, aber nicht durch die bloße Hoffnung.

Wie die geringere Sicherheit der Kapitalanlagen den Anspruch auf einen höheren Ertrag bedingt, so muß auch die geringere Verkaufsfähigkeit durch eine höhere Rente ausgeglichen werden. Feste Kapitalanlagen, wie stille Beteili=

gungen, Kommanditeinlagen, die erst nach Jahren rückzahlbar sind, sollen einen höheren Jahresertrag mindestens wahrscheinlich machen. Wenn eine sichere, börsenfähige Obligation 10 Prozent Jahresgewinn abwirft, so können Sie nicht eine stille Beteiligung mit 10 Prozent Jahresgewinn eingehen, sondern diese muß 12 Prozent oder 15 Prozent einbringen. Denn eine Obligation können Sie im Laufe von einigen Jahren mehrmals umsetzen und dabei Kapital oder Zinsen vermehren. Die Beteiligung liegt fest, und der Entgang einer Verbesserungsmöglichkeit muß auf andere Weise, also etwa durch höhere Zinsen wettgemacht werden.

Die Börsenfähigkeit ist der Gipfel der Marktgängigkeit. Wenn Sie Roggen oder Weizen kaufen, so wissen Sie, daß Sie ihn jeden Tag wieder verkaufen können, und wissen auch jederzeit ungefähr, den zu erzielenden Preis. Kaufen Sie dagegen andere Produkte, die nicht börsenmäßig gehandelt werden, so ist das Suchen nach einem Käufer um so zeitraubender und ungewisser, je geringer die Marktgängigkeit der Ware ist.

Nicht anders ist es bei Effekten. Die Möglichkeit, ein Wertpapier an einer großen Börse umzusetzen, die Notierung, ist ein nicht hoch genug einzuschätzender Faktor, besonders wenn man mit einer schnellen Bewegung des Kapitals rechnet. Denn nur die Notierung an der Börse gibt die Gewißheit, jederzeit das Wertpapier einem großen Interessentenkreis anbieten zu können. Deshalb können Sie Effekten mit einer Börsennotierung doppelt und dreifach so hoch bezahlen wie gleich gute Effekten ohne jeden Markt.

In der Generalversammlung einer Aktiengesellschaft — ich glaube, es war die Bank für Bergbau und Industrie — erklärte einmal die Verwaltung, daß die Gesellschaft keinerlei Wertobjekte mehr besitze außer der Börsennotiz für die Aktien. Tatsächlich ist die Zulassung von Aktien einer A.G. zur amtlichen Notiz an einer Börse ein Wertgegenstand, nicht nur für den Aktionär, sondern auch für die Gesellschaft selbst. Denn sie kann für den Vertrieb ihrer Aktien den ganzen Börsenapparat gratis in Anspruch nehmen.

Welche Werterhöhung aber auch die einzelne Aktie durch die Börsenfähigkeit erhält, ersehen Sie aus dem Wertunterschied zwischen alten und neuen Aktien. Die neuen Aktien einer Gesellschaft mögen völlig gleiche Rechte mit den alten Aktien haben, den gleichen Dividendenanspruch usw., solange sie aber nicht im amtlichen Verkehr lieferbar sind, werden sie geringer bewertet und sind nur mit einem Schaden zu verkaufen. Deshalb liegt manchmal ein gutes Geschäft darin, die alten Aktien zu verkaufen, wenn man Gelegenheit hat, wesentlich billiger junge dafür einzutauschen. Nach der Zulassung zur Börse besteht später für die jungen Aktien keinerlei Wertunterschied mehr, und wenn die Zulassung nicht lange auf sich warten lässt, kann der Nutzen recht gut sein. Dieser Tauschgewinn ist von der späteren Kursbewegung vollkommen unabhängig.

Es gibt aber zweierlei Börsenfähigkeit. Die eine ist der amtliche Verkehr. Auch da ist nicht alles marktgängig, was im Kurszettel verzeichnet ist. Einzelne Papiere kann man wohl kaufen, wird sie aber nur schlecht wieder los. Das sind die Mauerblümchen, in denen kein Umsatz stattfindet, für die sich nicht die ganze Börse interessiert, sondern nur ein einziger Bankier. Dieser legt einen Scheinkurs, meist einen „Geld=Kurs" wie eine Leimrute im Kurszettel aus und wartet dann, bis ein unerfahrener Neuling anklebt.

Will dieser das Papier dann in einiger Zeit wieder verkaufen, dann erlebt er zu seiner Überraschung, daß der Kurs dauernd gestrichen ist, wie er auch das Verkaufslimit stellt. Oder es begibt sich folgendes: Der Besitzer gibt einen Verkaufsauftrag zu 60 Prozent. Dann wird er am nächsten Tage einen Kurs von 59 Prozent „Geld" finden, d. h. scheinbar ist nur Nachfrage zu 59 Prozent vorhanden gewesen. In der Annahme, nun wenigstens einen Käufer zu 59 Prozent gefunden zu haben, ermäßigt der Besitzer das Limit auf 59 Prozent, um dann zu sehen, daß der Kurs nur 58 Prozent „Geld" lautet. Will er nun ungeduldig zu 58 Prozent verkaufen, so wird der Kurs 57 Prozent „Geld" sein. Will er um jeden Preis verkaufen, so wird der Kurs gestrichen sein.

Die Erklärung dafür ist: Der Gegenpart, der an der Börse vertretene Bankier, hat nicht die geringste Lust, das verkaufte Papier zurückzukaufen und veranlasst den Makler stets durch eine fingierte Kauforder zu der Notierung der Nachfrage, des Ausweichkurses. Dieser Kurs sieht schön aus und kostet nichts. Andere Interessenten sind aber für das Mauerblümchen nicht vorhanden. Darum kaufen Sie nicht ein Papier, das nur amtlich notiert wird; sondern das Papier muss auch einen größeren Interessentenkreis, einen regelmäßigen großen Umsatz haben. Nur dann können Sie auch erhebliche Beträge günstig und schnell wieder verkaufen. Darauf können Sie nicht genug Wert legen.

Ein gefährliches Ding ist der sogenannte Freiverkehr. Diese Effekten werden zwar in Börsenräumen gehandelt, aber ihre Kurse werden nicht durch einen vereideten Makler notiert. Für die amtliche Notiz stellt die Börsenbehörde gewisse Vorbedingungen, verlangt vor allem einen Prospekt, in dem die Verhältnisse der Aktiengesellschaft genau dargestellt werden. Für die Richtigkeit des Prospektes müssen die Banken, die ihn unterzeichnet haben, die Haftung übernehmen. Wenn nun die

Emissionshäuser diese Haftung bei einer Aktie nicht übernehmen wollen, oder wenn die Gesellschaft sich scheut, ihre Verhältnisse offen darzulegen, dann wird in dem Papier ein sogenannter freier Verkehr eröffnet. Freiverkehr heißt dieser Handel deswegen, weil die interessierten Bankiers sich dabei alle Freiheit nehmen können, den Kunden so zu behandeln, wie es für sie am gewinnbringendsten ist.

Im Freiverkehr wird der Kunde beim Ankauf geschnitten und beim Verkauf wieder geschnitten, d. h. im ersten Fall wird ihm ein zu hoher Kurs berechnet, im zweiten ein zu niedriger. Eine Kontrolle gibt es nicht, da kein Makler amtlich fungiert. Die in der Tagespresse veröffentlichten Kurse sind erstens unzuverlässig, zweitens nicht beweiskräftig. Schließlich ist die M a r k t f ä h i g k e i t namentlich in kritischen Zeiten sehr b e g r e n z t, weil dann sich die Emissionsfirmen nicht im Markte sehen lassen und nicht, wie bei den offiziell notierten Papieren, ein Makler alle Aufträge zum Kauf und Verkauf s a m m e l t und zum Ausgleich bringt. Man kann also auf Freiverkehrswerten recht festsitzen.

Noch fester sitzen sie dagegen auf W e r t p a p i e r e n, die überhaupt keinen Markt haben, noch nicht einmal in den Freiverkehr einer Börse eingeführt sind. Da ist es beinahe ein glücklicher Z u f a l l, wenn Sie wieder einen Käufer finden. Der Bankier oder Vermittler, der Ihnen die Dinger verkauft hat, bedauert lebhaft, keinen Kaufauftrag zu haben, nachdem er Ihnen beim Verkauf noch lebhafter ersichert hatte, daß ihm die Papiere aus den Händen gerissen würden und er traurig sei, sie nicht selbst behalten zu können. Sie merken zu spät, daß Sie sich bekauft haben.

Oft wird man versuchen, Ihnen Wertpapiere ohne Börsenfähigkeit durch die Z u s i c h e r u n g aufzuschwatzen, daß sie an der Börse eingeführt werden s o l l e n, oder daß die Einführung b e v o r s t e h e. Glauben Sie solchen Versicherungen erst, wenn sie Ihnen mit Garantie eines bestimmten Zeitpunktes s c h r i f t l i c h gegeben werden bei gleichzeitigem Schadenersatzversprechen. Sie werden solches Verlangen aber immer vergeblich stellen.

Legen Sie Ihr Kapital also nur in solchen Dingen an, die Sie auch leicht wieder verkaufen können! Wenn Sie schon einmal eine Ausnahme machen wollen, so muß diese Ware oder dieses Wertpapier ganz besonders billig sein, und Sie müssen die Gewißheit haben, daß es für Sie oder für einen anderen einen bedeutend höheren Wert hat.

## Viertes Gebot
## Lassen Sie sich nicht durch Versprechungen blenden!

Wenn es der Anreißer einer Ware versteht, die Habgier zu wecken, dann hat er fast immer gewonnenes Spiel. Viele Menschen möchten gar zu gern ungeheuer **viel gewinnen**, nennen es aber: **viel verdienen**. Sobald jemand verspricht, ihnen zu diesem Gewinn zu verhelfen, so setzen sie alle Bedenken hintenan und fallen entweder auf einen glatten Schwindel oder auf unfertige Projekte herein. Es ist merkwürdig, wie viele Menschen nur auf große Versprechungen hin ihr Geld verlieren. Und es sind oft sonst kluge Leute.

Da bietet ein Agent die Vermittlung von **Auslandskrediten** oder von **Hypotheken** an. Er verspricht Ihnen, diese Gelder zu sehr anständigen Bedingungen, zu sehr mäßigem Zinssatz zu beschaffen. Während alle Banken 18 Prozent Jahreszinsen nehmen, will der Agent Ihnen den Kredit mit 5 Prozent beschaffen. Während die solidesten Hypothekenbanken 12 Prozent Jahreszinsen beanspruchen müssen, weil sie anders keinen Absatz für ihre Pfandbriefe finden, will Ihnen der Agent eine Hypothek zu 5 bis 6 Prozent vermitteln.

Er verlangt noch nicht einmal einen Vorschuss; denn das würde Misstrauen erwecken, sondern er verlangt nur den **Ersatz seiner Auslagen**, was man ihm nicht gut abschlagen kann. Diese Auslagen sind der Verdienst des Agenten, und weiter lässt er nichts mehr von sich hören. Denn wie sollte wohl jemand sein Geld mit 5 bis 6 Prozent ausleihen, wenn er überall bei größter Sicherheit das Doppelte an Zinsen erhalten kann!

Warum sind Sie durch die vorteilhaften Bedingungen nicht misstrauisch geworden, obwohl Sie sich sagen mussten, daß nur ein Idiot sein Geld an fremde Leute verschenkt und daß er dazu gewiß nicht die Hilfe eines Agenten braucht. Sie haben sich durch unwahrscheinliche Versprechungen blenden lassen, gerade weil sie außergewöhnliche Dinge versprachen. Sie glaubten jährlich 1 000 M. an Zinsen sparen zu können und wollten dafür 50 M. riskieren. Dieses Geld war aber von vornherein zum Fenster hinausgeworfen. Der Verlust des Geldes war vielleicht noch nicht einmal das Schlimmste, sondern der Zeitverlust. Sie haben sich wochenlang hinhalten lassen, nichts Ernsthaftes zur Geldbeschaffung unternommen, vielleicht sogar ein ernstgemeintes Geldangebot zu normalen Bedingungen ausgeschlagen. Für diesen Schaden müssen Sie sich allein verantwortlich machen.

Wenn in einer Zeit der größten Geldknappheit Leute annoncieren, daß sie Geld zu besonders günstigen Bedingungen geben oder beschaffen wollen, so ist das von Anfang an als Schwindel anzusehen. Denn um in solchen Zeiten Geld unterzubringen, braucht man sich keine Insertionskosten zu machen. Sie können sich die Briefmarke für diese Offerten sparen.

Eine ganze Gruppe von Leuten liegt stets nur auf der Lauer, um die Not, den Leichtsinn, die Habgier ihrer Mitmenschen auszubeuten. Das Werkzeug dazu sind große Versprechungen, ist die Erweckung großer Hoffnungen. Muß es Sie nicht mißtrauisch machen, wenn Ihnen jemand sagt, er wolle an seiner Vermittlung nichts verdienen? Wie können Sie annehmen, daß sich jemand in Ihrem Interesse die Beine abläuft, ohne davon selbst einen Nutzen haben zu wollen? Wenn Ihnen ein solcher Vermittler mit Biedermannsmiene versichert, daß er nur Ihr Bestes wolle, so sagen Sie ihm ruhig, daß Sie Ihr Bestes selbst behalten wollen.

Der Dresdner Staatsanwalt Wulffen hat in seinem Buche „Gauner- und Verbrechertypen" den Kreditschwindlern, Inseratenschwindlern und Kautionsbetrügern je ein besonderes Kapitel gewidmet. So verbreitet ist diese Gruppe von „Geschäftsleuten". Aber ebenso arbeitet sie schon seit Jahrzehnten nach denselben Grundsätzen und findet immer wieder Dumme. Die Zeiten der Inflationsnot und der Geldklemme in Deutschland müssen geradezu eine Blüteperiode gewesen sein. Denn die Anzeigenseiten der Zeitungen konnten manchmal die Fülle der verdächtigen Annoncen kaum fassen. Wer hat sie bezahlt? Der Kunde, der seinem Vermittler nur die Auslagen zu ersetzen versprach, ohne zu wissen, daß dieser bis zu 50 Prozent des Anzeigenpreises als Rabatt verdiente und deshalb die Annoncen so schön groß setzen ließ.

Aus meiner Jugend erinnere ich mich, daß auf den Jahrmärkten die Ausrufer irgendeiner Ware versicherten, sie setzten an jedem Stück 10 Pfennige zu, aber die Menge müsse es bringen. Das war ein Witz, und kein Käufer hat wohl daraufhin gerade sein Geld aus der Tasche geholt. Wenn Ihnen aber ein Bankagent sagt, daß er Ihnen eine Aktie für 50 M. verkaufen wolle, die in vier Wochen bestimmt 500 M. kosten werde, warum glauben Sie das? Halten Sie es für möglich, daß er aus Laune neun Zehntel seines Vermögens verschenkt, daß er sich ruiniert, um Ihnen gefällig zu sein?

Von den Schwindlern oft schwer zu unterscheiden sind die Projektemacher. Man weiß bei ihnen nicht, wie weit sie sich darüber im klaren sind, daß ihre Hoffnungen und Versprechungen nicht in Erfüllung gehen werden, nicht gehen können. Es gibt ja in der Welt Phantasten genug, die an das glauben, was sie anderen einzureden suchen.

Namentlich auf dem Gebiete des Finanzwesens blühen die Projekte. Da werden epochemachende Erfindungen angepriesen, zu deren Ausbeutung nur Kapital fehlt. Es werden Ihnen Rechnungen aufgemacht, nach denen Sie in kurzer Zeit Ihr Kapital verhundertfachen werden. Nur stellt sich dann später ein kleiner Konstruktionsfehler heraus, oder ein kleiner Rechenfehler oder ein anderer hat die Erfindung schon vorweg gemacht, oder ein Dritter macht kurz darauf eine noch bessere Entdeckung. Kurz und gut, die Gründe für das Fehlschlagen von Projekten sind wie Sand am Meer. Jedenfalls müssen Sie Ihrem ersten Gelde immer neues Geld nachwerfen, um das erste zu retten. Wenn Sie dann endlich die Geduld verlieren, dann zieht sich der Erfinder beleidigt zurück und behauptet, daß nur an I h r e r Knickrigkeit das glänzende Unternehmen gescheitert sei.

Es gibt eine Sorte von Erfindern und Projektemachern, die ist d u r c h  k e i n e  T a t s a c h e n  b e l e h r b a r. Sie sucht die Fehler nie bei sich, sondern immer hat sie anderen etwas vorzuwerfen, meist den Geldgebern, daß sie zu wenig Geld geben. Es mag gut sein, daß sich die Erfinder durch keine Mißerfolge abschrecken lassen, daß sie die Durchführung ihrer Idee immer von neuem versuchen. Manche wichtige Erfindung wäre ohne die Beharrlichkeit gewiß nicht gemacht worden. Aber auf wie viel Erfindungsideen kommt eine wirkliche w e r t v o l l e  Erfindung?

Haben Sie eine Ahnung davon, wie viele Erfindungen täglich beim Patentamt angemeldet werden? Wie viele von den erteilten Patenten werden n i e  a u s g e f ü h r t? Wie viele scheitern kümmerlich? Wie wenige bringen wirklichen Erfolg? Und diese wenigen befinden sich meistens bereits schon in finanzkräftigen Händen. Sie dürfen sich nicht schmeicheln, daß man gerade auf Sie gewartet hat, um Ihnen das Beste anzubieten.

Sie müssen vielmehr davon ausgehen, daß für eine g u t e  Erfindung das G r o ß k a p i t a l immer noch Geld übrig hat. Das Großkapital ist auch in der Lage, den langen Weg zu finanzieren, der mit manchen Fehlschlägen von der Idee über die Versuche bis zur Aufführung und bis zur Fabrikation des marktfähigen Produktes führt. Denken Sie daran, daß selbst eine so hervorragende Erfindung von Weltbedeutung wie die der nahtlosen Röhren der Gebrüder M a n n e s m a n n für die finanzierende Großbank zunächst eine gewaltige Ohrfeige war. Nach Investierung enormer Kapitalien mußte noch einmal von vorn angefangen werden, bis sich der finanziell auch nicht gerade überwältigende Erfolg einstellte.

Die A u e r g e s e l l s c h a f t ist bisher in Deutschland das e i n z i g e Beispiel geblieben, wo das Publikum schon frühzeitig an der Ausbeutung eines guten Patentes beteiligt wurde und wo trotz anfänglicher sehr skeptischer Beurteilung glänzende finan=

zielle Ergebnisse für die Aktionäre erzielt wurden, so viel von dem Nutzen auch das Emissionshaus in die eigene Tasche leitete. Aber wie viele Enttäuschungen stehen diesem einzigen Erfolge gegenüber?

Kennen Sie die kurze Geschichte der Muldenthalwerke, die aus Pappe und Papier Schilfrohr machen wollte? Der Wert dieser Erfindung wurde in den Himmel gehoben, und selbst erfahrene Fachleute und Bankiers beteiligten sich an der Sache. Bis sich dann, aber erst nach vollständiger Aufnahme des Betriebes, die wirtschaftliche Unbrauchbarkeit der Erfindung herausstellte. Die Aktionäre werden noch neue finanzielle Opfer zu bringen haben, wenn sie ihren Aktienbesitz nicht ganz aufgeben wollen.

Oder erinnern Sie sich an Meurer Spritzmetall, wo die Aktionäre dadurch geschädigt wurden, daß die Patente von einer Gesellschaft in die andere geschoben wurden? Soll ich Ihnen die zahlreichen Projekte aus dem Bergbau aufzählen, durch die allein im letzten Jahrzehnt das Publikum enorme Verluste erlitten hat? Die Kaliprojekte, die Braunkohlengruben, die Erdölquellen in Hannover, in Galizien, in Rumänien? Wer hat da sein Geld wiedergesehen? Nicht der, welcher den neuen Projekten nachjagte, sich durch die Versprechung enormer Gewinne blenden ließ. Sondern der, welcher sich Aktien von soliden, bekannten, renommierten und erfahrenen Unternehmungen kaufte in der Erwartung einer guten Rente.

Ich kann aus meiner Erfahrung heraus sagen, daß alle neuen Gründungen und Projekte verdächtig sind, die sich von vornherein mit großer Propaganda an das breite Publikum zur Beteiligung wenden. Ich kann weiter sagen, daß ich durch die zahlreichen Konkurse, Zahlungsstockungen, Geschäftsaufsichten über Aktiengesellschaften in keinem Falle überrascht worden bin. Immer sind es solche Gründungen gewesen, deren geschäftliches Gebaren von vornherein Misstrauen weckte. Die Interessenten entwickelten einen verdächtigen Eifer im Aktienverkauf und nahmen den Mund mit Versprechungen zu voll.

Ist Ihnen noch nicht aufgefallen, daß gerade die Aktiengesellschaften, deren Geschäfte am besten gehen, am schweigsamsten sind? Die Verwaltung möchte am liebsten niemand in die Bilanzen und in den Geschäftsgang sehen lassen. Vorstand und Aufsichtsrat haben kein Interesse, daß die Aktien gekauft und im Kurs getrieben werden. Denn das brächte einmal steuerliche Nachteile, und zweitens möchte man doch möglichst lange noch seine Ersparnisse günstig in diesen Aktien anlegen können. Deshalb wird niemals mit den guten Aussichten und den stillen Reserven dort geprahlt, wo sie positiv vorhanden sind.

Wenn die Verwaltung einer A.G. angenehme Mitteilungen über die hoffnungsvolle Zukunft macht, so hat sie dabei immer einen Hintergedanken, mindestens den, eine Unterbringung neuer Aktien vorzubereiten. Sie will sich also gewissermaßen entschuldigen, daß sie neues Geld braucht, und will weiter die Aktionäre dahin beeinflussen, daß sie neues Geld herausrücken.

Redseligkeit ist besonders verdächtig bei neuen Gründungen. Eine solide Gründung geht doch in der Weise vor sich, daß mehrere Großkapitalisten sich zusammentun, um entweder ein altes Werk umzuwandeln oder ein neues zu errichten. Selbstverständlich sind die Hoffnungen zunächst sehr groß; denn andernfalls würde man die Finger davon lassen. Aber gerade weil die Gründer sich mit sehr großen positiven Hoffnungen tragen, werden sie sich hüten, ihre Aktien schon vorzeitig zu verkaufen. sondern sie warten, bis das Unternehmen in vollem Gang, auf seiner Höhe ist, bis die Aktien keinen enormen Wertzuwachs mehr versprechen, sondern eine gute und solide Rente. Dann erst ist es Zeit, das große Publikum dafür zu interessieren und das eigene Kapital neuen Unternehmungen zuzuwenden.

Anders die faulen Gründungen. Da tun sich auch mehrere Unternehmer zusammen, aber nicht um ein Werk in die Höhe zu bringen, sondern um Aktien zu fabrizieren und zu verkaufen. Das Werk selbst ist nur Kulisse und fällt meistens um, wenn der Zweck erreicht ist, d. h. die Aktien verkauft sind. Dann sitzen die kleinen Aktionäre in den Generalversammlungen da und wissen nicht vor und nicht zurück. Die Gründer sind über alle Berge. Alle großen Versprechungen sind in alle Winde geflogen. Sie haben ihren Zweck erfüllt, nämlich die Käufer der Aktien, die Geldgeber, zu blenden, ihnen die Augen zu schließen und dabei die Taschen zu öffnen.

Seien Sie deshalb mit Ihrer Kapitalanlage um so vorsichtiger, je größere Gewinne in Aussicht gestellt werden. Glauben Sie niemals, daß sich jemand auf den Weg zu Ihnen macht, um Ihnen ein Geschenk zu bringen! So freundliche Menschen gibt es nicht. Sondern wer Ihnen übermäßige Versprechungen macht, hat es lediglich darauf abgesehen, Sie um Ihr Geld zu bringen. Er wird es entweder in seine eigene Tasche leiten oder verpulvern.

## Fünftes Gebot
## Prüfen Sie, bevor Sie kaufen!

Wie oft ist es nicht vorgekommen, daß ich folgenden Brief erhielt: „Auf den Rat eines Bekannten habe ich Aktien der X-Gesellschaft g e k a u f t, ich bitte um Mitteilung, was die Gesellschaft fabriziert, wo sie ihren Sitz hat, mit welchem Aktienkapital sie arbeitet, und welche Vorkriegsdividenden sie ausgeschüttet hat."

Die Antwort hat dann manchmal gelautet, daß die Gesellschaft überhaupt n i c h t  f a b r i z i e r t, da sie ein Handelsunternehmen ist. Oder daß sie k e i n e  V o r k r i e g s d i v i d e n d e n verteilt haben kann, weil sie erst nach dem Kriege gegründet worden ist. Oder auch, daß sie in den Handbüchern überhaupt noch nicht zu finden ist, weil sie wohl erst vor ganz kurzer Zeit das Licht der Welt erblickt hat.

Ist es nicht richtiger, sich v o r  d e m  K a u f einer Sache zu orientieren, welche Beschaffenheit sie hat? Ist es nicht richtiger, von dem V e r k ä u f e r der Sache die notwendigen Auskünfte zu verlangen? Wenn Sie etwa einen Elektromotor kaufen, vergewissern Sie sich da nicht über Tourenzahl, Spannung und andere wichtige Eigenschaften, bevor sie das Ding mit nach Hause nehmen oder das Geld dafür auf den Tisch legen? Ja, nehmen Sie nicht viele Sachen erst auf Probe, ehe Sie den Kauf abschließen? Warum handeln Sie so bei Dingen, von denen Sie etwas verstehen, kaufen aber unbesehen etwas, wovon Sie nichts verstehen? Man soll überhaupt niemals etwas kaufen, was man nicht kennt, oder worüber man sich nicht wenigstens an zuverlässiger Stelle genau orientiert hat. Gerade diesen Fehler machen aber sehr viele Leute bei ihren Kapitalanlagen, und zwar Leute, die sonst nicht auf den Kopf gefallen sind.

Es ist ganz merkwürdig, zu beobachten, daß der Kapitalist in der Regel sein Geld in Sachen anlegt, die a u ß e r h a l b  s e i n e r  e i g e n e n  E r f a h r u n g e n stehen. Der Bürger wird oft Bedenken tragen, in Obligationen seiner eigenen Gemeinde sein Geld anzulegen. Wenn aber ein Bankhausierer bei ihm vorspricht, so kauft er ihm unbesehen Stadtanleihen von Bahia, Callao oder aus sonstigen fernen Gegenden ab, von denen er kaum weiß, wo sie auf der Karte zu finden sind. Ein Maschinenfachmann wird sein Kapital besonders gern in chemischen Sachen anlegen und ein Chemiker in Bergwerken. Ein Bäcker wird sich nicht an einer Mühle beteiligen, sondern an einer Spinnerei, ein Arzt nicht an einem pharmazeutischen Unternehmen, sondern an einer Maschinenfabrik. Das sind keine willkürlich gewählten Beispiele, sondern mir bekannte Vorfälle, die meist schlecht geendet haben.

Wie ist dieses Streben nach der Ferne bei der Vermögensanlage zu erklären, das nicht nur in Deutschland, sondern auch in anderen Ländern zu finden ist? Meistens bemänteln es die Betreffenden und Betroffenen mit der Absicht der Verteilung des Risikos. Das ist aber eine Selbsttäuschung.

Die Wahrheit ist vielmehr: Jeder kennt die geschäftlichen Schwierigkeiten seiner Branche und seines Berufes genau. Er weiß, daß da die Bäume nicht in den Himmel wachsen, daß bestenfalls mit 20 Prozent, aber nicht mit 100 Prozent Nutzen gearbeitet wird, daß jeder größeren Chance ein größeres Risiko gegenübersteht, daß mehr Fehlschläge als Erfolge vorhanden sind. Merkwürdigerweise ist er nun nicht etwa überzeugt, daß es in anderen Branchen ebenso ist, sondern er glaubt, daß dort die Aussichten unvergleichlich besser sind, weil er zwar von den Erfolgen gehört, aber die Mißerfolge nicht erfahren hat. Er kennt nur die verlockende Außenseite des Fremden.

Der Arzt pflegt ja auch zu seinem Sohne zu sagen: Werde ja kein Arzt, da mußt du dein Brot zu sauer verdienen, sondern werde Rechtsanwalt! Der Rechtsanwalt wieder sagt zu seinem Sohne: Werde kein Rechtsanwalt, sondern Arzt, da verdienst du dein Geld leichter!

Aber auch in Bahia werden die Steuern nicht mit größerer Freude bezahlt werden als in Hannover, und in der Textilindustrie ist der Wettbewerb nicht geringer als in der Maschinenbranche.

Alles jedoch nur cum grano salis! Sie dürfen Ihr Geld nicht deshalb in Maschinenfabriken anlegen, weil Sie wissen, daß es in der Textilbranche schlecht geht, sondern Sie müssen positiv wissen, daß es in der Maschinenindustrie gut geht, und dann müssen Sie auch noch wissen, daß es dem speziellen Unternehmen gut geht.

Kaufen Sie nur, was Sie kennen! Das kann Ihnen nicht oft genug eingeprägt werden. Wenn Sie von dieser Regel abweichen, haben Sie vielleicht einmal durch blinden Zufall einen Gewinn, Sie werden aber viermal dafür einen Verlust erleiden. Gewiß ist es vorgekommen, daß jemand Rositzer Zucker kaufen sollte, aber aus Irrtum Rositzer Braunkohlen kaufte, die gerade im Kurs lebhaft stiegen, während die anderen heruntergingen. Wollen Sie deswegen Ihre Augen einbüßen, weil auch ein blindes Huhn manchmal ein Korn findet?

Übereilen Sie sich nicht beim Kauf! Lassen Sie sich niemals drängen! Wenn Ihnen jemand sagt, daß Sie sich unbedingt sofort entschließen müssen, ehe sie sich erkundigen können, dann verzichten Sie lieber auf den Kauf. Vielleicht entgeht Ihnen dabei einmal wirklich ein gutes Geschäft. Zehnmal aber werden Sie durch den Verzicht vor Verlusten bewahrt bleiben. Bedenken Sie stets, daß der Drängende in seinem Interesse zum Kauf drängt, nicht in Ihrem! Er hat es eilig, zu Ihrem Gelde zu kommen, und möchte verhindern, daß Sie sich die Sache noch einmal genau überlegen. Denn dann würden Sie vielleicht den Haken merken, den die Sache hat. Es ist eine alte Wahrheit, daß man jede Entschließung erst einmal beschlafen soll.

Im Anfang des Jahres 1924 erschien in Zeitungen eine Anzeige, worin Aktien einer seit langem bestehenden Dampfziegelei zum Preise von 85 Pf. für je 1000 M. Nennwert angeboten wurden. Aber schnelle Bestellung sei notwendig, der zur Verfügung stehende Betrag sei klein, Zuteilung bleibe vorbehalten usw. Ein geschäftstüchtiger und erfolgreicher Fabrikant, der sich in seiner Branche kein X für ein U machen läßt, hat mir zugegeben, daß er auf dieses Inserat hereingefallen ist, nur weil darin zum sofortigen Kauf gedrängt wurde, und er sich die Eile der Entscheidung suggerieren ließ. Er kaufte 100 Stück Aktien für ca. 100 G.M. einschließlich Spesen und nach einigen Wochen bot ihm die gleiche Stelle 4000 Stück der gleichen Aktien für 25 G.M., also etwa für den zweihundertsten Teil des Preises an. Das Geld war zum Fenster hinausgeworfen.

Denn die Ziegelei mag vielleicht alt gewesen sein, die A.G. war aber erst im Oktober 1923 gegründet worden und hatte ein Aktienkapital von 30 Milliarden. Es gab also 30 Millionen Aktien von je 1000 M. und wenn die einzelne Aktie 85 Pf. wert sein sollte, so musste die Ziegelei nicht weniger als $25^{1}/_{2}$ Millionen R.M. wert sein. Das ist zweihundertmal so viel, wie eine Ziegelei im Durchschnitt kostet. Der Schwindel wäre also s o f o r t ans Tageslicht gekommen, wenn der Kauflustige sich wenigstens die Zeit genommen hätte, nach der H ö h e   d e s   A k t i e n k a p i t a l s zu fragen.

Vor solchen Fragen genieren sich aber viele Leute, sie glauben den Bankier damit zu beleidigen, ihm dadurch ein Misstrauen zu bezeigen. Als ob es nicht das gute Recht des Kunden ist, die ihm angebotene Ware zunächst zu prüfen. Außerdem ist nicht jeder, der sich Bankier nennt oder Präsident oder Direktor, dadurch allein sofort eine Respektsperson. Einem Privatmann waren von einer recht zweifelhaften Bank Shares einer in England beheimateten, i r g e n d w o in der Welt arbeitenden Petroleumgesellschaft für teures Geld verkauft worden. Der Käufer bekam Bedenken, wollte aber lieber  d i e   K o s t e n   e i n e r  genauen Information in England tragen, als d e n   B a n k i e r   f r a g e n, wo und wie die Gesellschaft arbeite, welche Dividenden sie gezahlt habe usw. Solche Inferiorität fühlt gerade der zweifelhafte Bankmann sofort heraus und macht bares Geld daraus.

Nicht immer liegt der Schwindel so offen zu Tage, wie in einem Münchener Falle, wo ein Gauner große Posten Aktien einer Gesellschaft verkauft hat, die g a r   n i c h t existierte. Es ist mir ein Fall bekannt, wo ein Bankier Petroleumgesellschaften gegründet hatte, die im Hannoverschen nach Erdöl bohrten. Um die Aktionäre von der Reellität und den glänzenden Aussichten der Aktien zu überzeugen, lud er sie zu einer Besichtigung der Bohrlöcher ein. Da wurde dann in ihrer Gegenwart das Petroleum reichlich aus den Sonden gepumpt, das am Abend vorher hineingegossen worden war.

Wie können Sie sich vor einem solchen Hineingelegtwerden schützen? Nicht, indem Sie sich einbilden, daß Sie selbst jedes Projekt, jede Unternehmung bis auf die Nieren prüfen können. Sonst spielen Sie die lächerliche Rolle jenes Postsekretärs, der viele seiner Kollegen mit den Aktien eines Braunkohlenwerks geschädigt hat, das er selbst besucht und auf seine große Förderfähigkeit und gute Kohlenqualität „untersucht" hatte. Nur war er wohl doch nicht der richtige Mann für eine solche technische Untersuchung gewesen und ist gerissenen Gründern aufgesessen.

Sondern Sie dürfen sich zunächst überhaupt nicht an neuen, unbekannten Sachen beteiligen, sie dürfen aber auch sonst nur solche Sachen kaufen, von denen sie wissen, daß sie gut sind. Wie Sie dies wissen und wieweit Sie es wissen, hängt von Ihren Talenten und Ihren Beziehungen ab. Da schickt sich nicht eines für alle. Der eine kann Bilanzen lesen, der andere ist über eine ganze Branche gut orientiert, der dritte legt mehr Wert auf eine vertrauenswürdige Bank, die hinter den Unternehmungen steht. Sie können sich in ein weiteres Anlagegebiet hineinwagen, wenn sie tagelang Zeit haben, sich mit diesen Dingen zu beschäftigen. Sie müssen sich die Grenzen der Anlagen enger stecken, wenn Sie sich nur hin und wieder darum kümmern können.

Darum gehen Sie nicht im ganzen Kurszettel spazieren, kaufen Sie nicht heute eine Spritaktie, morgen eine Papieraktie und übermorgen eine Roggenanleihe, sondern beschränken Sie sich auf einen bestimmten Kreis von Papieren, über die Sie sich informiert haben. Auch die berufsmäßigen Börsenspekulanten laufen nicht bei jedem Papier mit, sondern suchen sich diejenigen Werte aus, die sie kennen, deren Handel an der Börse, deren Käufer und Verkäufer sie längere Zeit beobachtet haben. Sie sagen sich: Dutzende von Papieren können aussichtsreich sein, aber von diesen drei weiß ich es bestimmt, daß sie es sind.

Jedenfalls überstürzen Sie sich nicht mit dem Ankauf, lassen Sie sich Zeit! Wenn Sie wirklich eine gute Gelegenheit versäumen sollten, so seien Sie gewiß, daß sich bald eine andere ebenso gute bieten wird. Sie können nicht auf allen Hochzeiten tanzen.

Kaufen Sie nicht auf bloße Tips hin! Rennen Sie nicht hinter den Papieren her, wenn die Kurse steigen! Hüten Sie sich vor Nonvaleurs, in denen zufällig eine Spekulation herrscht! Denn es sind die gefährlichsten Engagements. Wenn Sie nicht in kurzer Zeit mit Gewinn heraus sind, so bleiben Sie dauernd mit Verlust drin. Einmal, zweimal, dreimal kann es gut ablaufen. Wenn es aber das vierte Mal schief geht, dann sind Sie meist Ihr ganzes Geld los und können ein fünftes Mal gar nicht erst einsteigen.

Deshalb wählen Sie Ihre Kapitalanlagen so aus, daß Sie in Ruhe jahrelang darauf sitzen können und einen sicheren Ertrag haben. Denken Sie z u e r s t an den möglichen Verlust und dann erst an den möglichen Gewinn! Sie werden Ihr Kapital so vielleicht langsamer vermehren, aber Sie werden es sicher vermehren.

## Sechstes Gebot
## Fragen Sie nicht den Bankier um R a t !

Es mag in Deutschland noch einige alte Bankiers geben, die sich ganz als V e r t r a u e n s p e r s o n der Kunden fühlen, deren Vermögen sie zu verwalten haben. Sie arbeiten im Interesse des Kunden, prüfen für diesen alle neuen Anlagemöglichkeiten und berechnen sich für ihre Tätigkeit eine mäßige Vergütung. Aber diese Sorte Bankiers stirbt aus.

Das Bankgeschäft von heute ist überwiegend nur G e s c h ä f t , ob es nun von Großbanken, von kleinen Banken oder von Bankiers betrieben wird. Der Kunde, der Wertpapiere kauft, hat deshalb nicht anders zu verfahren, als ob er in einem Laden Schuhe, Zigarren oder Eßwaren kauft. Er muß selbst wissen, wo er die beste Ware, und wo er sie am billigsten kauft. Es gibt zwar noch immer Leute, die an einen Schuhwarenverkäufer die törichte Frage richten, ob die angebotene Ware gut und preiswert ist. Natürlich erhalten sie die Antwort: Ja, bei mir kaufen Sie am besten und billigsten.

Oder soll der Verkäufer etwa sagen: Die gleichen Schuhe können Sie bei Meyer in der nächsten Straße 10 Prozent billiger bekommen? Oder soll er darauf hinweisen, daß bei Schulze eine bessere Qualität zum gleichen Preise zu haben ist? Auf derartige Fragen kann man keine aufrichtige Antwort bekommen. Wenn der Chef aber merkt, daß ein Angestellter aus übergroßer Gewissenhaftigkeit doch die Kundschaft wirklich beraten und in einen anderen Laden schicken sollte, so wird er ihn selbst ehestens zum Tempel hinausjagen.

Von dem Agenten, der ein Grundstück zum Verkaufe an der Hand hat und nur von dem Verkauf dieses Grundstückes eine hohe Provision erhält, dürfen Sie nicht erwarten, daß er Ihnen die Schäden des Hauses zeigt. Im Gegenteil wird er bei der Besichtigung die Flecken und Risse an den Wänden noch geschickt mit seinem Körper verdecken. Oder soll er Ihnen sagen: In der Nachbarschaft weiß ich ein besseres und billigeres Haus, an dessen Verkauf ich aber nichts verdiene? Der Agent wird Sie immer nur so weit über die Nachteile des zu vermittelnden Geschäftes aufklären, daß er von Ihnen nicht wegen arglistiger Täuschung haftbar gemacht werden kann. Geschäft ist Geschäft und hat den Zweck des Geldverdienens. Jeder sieht, wo er bleibt, und Sie müssen sehen, wo Sie bleiben.

Deshalb gehen Sie nicht zur Bank und zum Bankier mit der Frage, worin Sie Ihr Geld anlegen sollen! Das müssen Sie selbst sich vorher überlegt haben. Sie müssen mit einer festen Absicht und mit einem festen Auftrag an den Ladentisch treten und dürfen sich auch nicht umstimmen lassen, außer wenn wirklich gewichtige Gründe Ihren Absichten entgegengehalten werden. Aber auch dann geben Sie nicht sofort einen anderen Auftrag, sondern gehen Sie nach Hause und überlegen Sie die Sache noch einmal! Prüfen Sie den Einwand und den etwaigen Vorschlag!

Ein vorsichtiger, sich seiner Verantwortung, seiner Haftbarkeit und seiner Doppelstellung bewußter Bankmann wird es auch ablehnen, Ihnen einen bestimmten Rat zu erteilen, Ihnen ein Wertpapier oder ein Geschäft direkt zu empfehlen. Er wird sich nicht in die Rolle einer beratenden Vertrauensperson hineindrängen lassen, die er nicht auffüllen kann. Diejenigen Bankiers und Bankbeamten, die Ihnen bestimmte Wertpapiere dringend empfehlen, die Ihnen einen sicheren Kursgewinn versprechen, wenn Sie ihnen folgen, die sollten von Ihnen um schriftliche Bestätigung der mündlichen Versicherungen gebeten werden. Sobald Sie dieses, Ihnen selbstverständlich erscheinende Verlangen stellen, wird sofort die Tonart ganz anders sein. Da wird es mit einem Male heißen, versprechen könne man nichts, noch weniger einen Gewinn garantieren, es seien nur persönliche Ansichten gewesen, keine Ratschläge, und Sie müßten selbst wissen, was Sie kaufen wollen.

Die schriftliche Fixierung eines Rates ist die Probe auf seine Aufrichtigkeit. Sie ist aber auch der Angelhaken der Haftbarkeit. Mündliche Erklärungen lassen sich in den seltensten Fällen beweisen, und ich kenne genügend Beispiele, wo später die beiden Parteien vollkommen entgegengesetzte Behauptungen aufstellten.

Der Bankier ist dazu da, um geschäftliche Aufträge seiner Kunden auszuführen, nicht aber, um ihnen objektiv zu raten. Der Kunde muß auch die Ausführung kontrollieren, muß sie auf ihre Richtigkeit prüfen und darauf, ob sie in bester Weise erfolgt ist. Der Bankier ist in den meisten Fällen kein Vermögensverwalter mehr, der dem Kunden nur jedes Jahr eine Abrechnung über den Vermögensstand schickt und sonst nach Gutdünken verfährt. Gerade die schweren Jahre der Inflation und die Stabilisierungskrise haben auch dem Bankgewerbe so schwere Wunden geschlagen, daß manches Geschäft vor die Gewissensfrage gestellt war, ob es den eigenen Ruin nicht auf Kosten der Kundschaft vermeiden solle.

Aber auch in normalen Zeiten sind die deutschen Banken nicht mehr in der Lage, die Rolle eines Beraters zu übernehmen, die ihnen vom Publikum aus alter Gewohnheit immer noch angetragen wird. In anderen Ländern ist die Entwickelung andere Wege gegangen, und in Amerika ist der Banker immer noch Vertrauensperson seines Klienten.

In Deutschland aber haben sich nahezu alle Banken und Bankgeschäfte nach dem Typ der Universalbank entwickelt. Sie vereinigen in sich neben dem aktiven und passiven Kreditgeschäft namentlich zwei Geschäftszweige, die eine Interessenkollision bringen können: sie übernehmen Emissionen und sind zugleich Kommissionäre an der Börse. Wie hier die Interessen der Bank und die des Kunden aufeinanderstoßen können, dafür einige Beispiele:

Eine Großbank hat sich an der Übernahme eines großen Postens Aktien einer Automobilfabrik beteiligt und die Zulassung der Aktien zum Börsenhandel herbeigeführt. Sie musste diese Aktien übernehmen, da sie mit der Fabrik in engster Geschäftsverbindung steht, ihr einen großen Kredit allmählich eingeräumt hatte und diesen Kredit nicht anders bezahlt bekommen konnte als durch die Aktienemission. Auch wenn die Geschäfte der Fabrik nicht schlecht gehen, so muß die Bank doch danach streben, die Aktien zu verkaufen, um auf diese Weise wieder zu dem ausgelegten Geld zu kommen. Was ist natürlicher, als daß die Depositenkassen angewiesen werden, in vorsichtiger Weise diese Aktien dem Publikum zu empfehlen? Wenn nun gar die Geschäfte der Fabrik schlecht gehen und Verluste drohen, verlangen Sie dann von dem Bankdirektor, daß er seine eigenen Aktien diskreditiert, damit er um so schneller sein Geld los wird? Also fragen Sie ihn erst gar nicht um Rat!

Ein anderer Fall: Ein Bankier hat sich an der Emission einer ausländischen Anleihe beteiligt und davon 100 000 M. in seinem Tresor liegen. An jedem Stück, das er verkauft, verdient er 4 Prozent und bekommt außerdem sein Geld für neue Unternehmungen frei. Wenn Sie zu ihm mit der Absicht kommen, eine andere ausländische Anleihe zu kaufen, die billiger ist, liegt da für den Bankier nicht die Versuchung nahe, Ihnen zu seiner eigenen Anleihe zu raten? Denn wenn er

Ihren Auftrag ausführt, verdient er nur ½ Prozent an dem Umsatz, und außerdem bekommt er sein eigenes Kapital nicht frei.

Ein dritter Fall: Die großen Bodenkreditinstitute stehen in enger geschäftlicher und personeller Verbindung mit bestimmten Bankengruppen. Die Banken haben den Vertrieb der einzelnen Pfandbriefe übernommen und unterhalten darin meist ein Kommissionslager. Sie bekommen für den Verkauf eine besondere Bonifikation. Wenn nun ein Kunde an den Schalter tritt mit der Bitte, ihm ein festverzinsliches Papier zu nennen, das sich zur Anlage eigne, glauben Sie, daß der Bankbeamte ihm die Pfandbriefe eines anderen Konzernes nennen wird, weil sie niedriger an der Börse notieren und eine bessere Rente abwerfen? Im Gegenteil wird er oft sogar eine andere Kaufabsicht umzustimmen suchen, um seiner Bank den höheren Gewinn zuzuführen. Der Kunde aber trägt den Schaden.

Die oft sehr bedeutenden Differenzen in den Kursen neuer Emissionen von Pfandbriefen usw. sind häufig lediglich damit zu begründen, daß dem einen Institut eine größere und geschicktere, auch „geschäftstüchtigere" Bankenorganisation für den Vertrieb zur Verfügung steht als dem andern. Auf der anderen Seite beweist das aber auch die schlechte Gewohnheit des Publikums, seine Kapitalanlagen nicht selbst auszusuchen, sondern sich von Interessenten anhängen zu lassen.

Die Bonifikation ist bei Pfandbriefen schon sehr lange üblich, bei Aktien ist sie in den Inflationsjahren eingeführt worden. Viele Freiverkehrswerte sind an Banken und Bankiers mit Rabatten bis zu 20 Prozent von den Emittenten angeboten worden. Die Bankiers und Kleinbanken hatten ein sehr nutzbringendes und vollkommen risikoloses Geschäft, wenn sie ihrer Kundschaft zu den bonifizierten Papieren rieten, statt zu Aufträgen in soliden Papieren an der Börse. Hier konnten sie nur 1 Prozent verdienen, dort 15 und 20 Prozent. Die Aktien waren dann auch danach.

Diese Interessenkollision des Emissionsgeschäftes mit dem Kommissionsgeschäft besteht im ganzen deutschen Bankwesen, nicht nur bei den mittleren und großen Banken, die selbst als Emissionsfirma auch nach außen hin auftreten, sondern auch die kleinsten Provinzfirmen sind meistens an irgendeinem großen Konzern mehr oder weniger eng angeschlossen und sind stolz darauf, wenn sie von den Großen an einer Emission indirekt beteiligt werden. Vertrauensmann des Kunden kann aber nur der Bankier sein, der keine Emissionsgeschäfte macht, keine Kommissionsbestände hält und nicht selbst spekuliert. Aber selbst ein so ausgesiebter Bankier kann immer noch den Kunden zu übereilten Umsätzen drängen, um seine Provisionseinnahmen zu erhöhen.

Auch die Stellung der Banken als Kreditgeber wird manchmal zu Interessenkollisionen führen. Großes Aufsehen erregte im Frühjahr 1924 folgendes Vorkommnis: Eine A.G. war an die Filiale einer Großbank derart verschuldet, daß keine Aussicht auf Rückzahlung der Kredite bestand. Die A.G. wandte sich an eine Privatfirma um weiteren Kredit, und auf Anfrage bei der Filiale der Großbank erhielt die Privatfirma dort eine so gute Auskunft, daß sie den Kredit gewährte. Sie verlor später den größten Teil des Geldes. Die Filiale der Großbank hatte die gute Auskunft nur gegeben, damit der Schuldner aus dem neuen Kredit den alten bezahlen sollte. Seien Sie hierdurch gewarnt und legen Sie weder den Auskünften noch den Ratschlägen der Bankiers eine zu große Bedeutung bei!

Vergessen Sie auch nicht, daß die meisten Bankangestellten und Bankiers selbst an der Börse spekulieren! Der Bankdirektor fängt an, indem er einen größeren Posten eines Wertpapieres kauft. Am nächsten Tage laufen ihm die Prokuristen und höheren Angestellten nach, am dritten Tage deckt sich das Personal der Depositenkassen mit dem Papier ein, und am vierten oder fünften Tage wird die Kundschaft auf das Papier aufmerksam gemacht. Daß sich bei einer einigermaßen großen Bank auf diese Weise leicht eine Hausse in jedem Papier herbeiführen läßt, liegt auf der Hand. Da aber die Kundschaft erst zuletzt zu den Käufen kommt, übernimmt sie meist zu höherem Preise die Ware von den Vorkäufern. Sie bleibt darauf sitzen, wenn nicht gerade die schnelle Realisierung eines Gewinnes dadurch gelingt, daß sich die Kaufwelle zunächst noch ausbreitet. Wehe den letzten Käufern, wenn es sich dabei noch um ein faules Papier handelt!

Eine wahre Begebenheit aus der Vorkriegszeit zeigt Ihnen deutlich die Gewohnheit vieler Bankbeamten, auf Kosten und auf dem Rücken der Kundschaft zu spekulieren: Bei der Zentrale einer Großbank traf aus New York die Order ein, 100 000 M. Aktien einer Gesellschaft interessewahrend an der Börse zu kaufen. Der Auftraggeber hatte den gleichen Namen wie die Firma der A.G., also konnte man für den Kauf einen besonderen Grund vermuten. Der Börsendirektor beschloß, das Interesse des Kunden zu wahren, indem er zunächst nur den Kauf von 10 000 M. beorderte, um nicht durch große Nachfrage den Kurs hochzutreiben.

An der Börse bekam er nochmals die Liste der Kaufaufträge in diesem Papier in die Hand. Was mußte er da aber sehen? An die Order von 10 000 M. hatte sich die Beamtenschaft mit zahlreichen Kaufaufträgen von 1000 M., 2000 M. usw. angehängt, so daß der zu kaufende Betrag doch auf 60 000 M. angewachsen war. Diese Spekulation war ganz risikolos; denn da an den nächsten Tagen noch

90 000 M. zu kaufen waren, mußte der Kurs voraussichtlich weiter steigen, und man konnte dann mit Gewinn abgeben.

Zu Ehren des Bankdirektors aber sei gesagt, daß er über seine Entdeckung in großen Zorn geriet und kurzerhand den ganzen Schwanz von Aufträgen durchstrich. Ob er das auch mit seiner eigenen Zusatzorder gemacht hat, ist mir nicht erzählt worden.

Nicht weniger nachteilig als das Vorkaufen ist für den Kunden das Vorfixen aus den Depots. Wenn der Bankier merkt, daß allgemein oder in einem bestimmten Papier ein Kursrückgang bevorsteht, so verkauft er manchmal schnell Effekten, die bei ihm im Depot liegen. Er rechnet damit, daß die Kundschaft durch die Baisse doch später zum Verkaufe veranlaßt wird, und kann die Kursdifferenz als Gewinn buchen. Wie weit ist es nun noch von diesem Vorfixen bis zu dem Rat an die Depotbesitzer, bei den gesunkenen Kursen zu verkaufen?

Das Ende in dieser Entwicklungsreihe stellt der Bucketshop dar, der Quasibankier, der die Aufträge seiner Kunden überhaupt nicht ausführt, sondern die Käufe und Verkäufe nur gutschreibt. Er ist der Gegenspieler des Auftraggebers. Wenn der Kunde am Kurs verdient, verliert der Bucketshop und umgekehrt. Daher geht das Streben solcher Leute, die ich nicht mehr Bankiers nennen möchte, darauf hinaus, den Kunden bei einem Kursrückgang zum Verkauf zu veranlassen, bei einer Kurssteigerung aber vom Verkaufe zurückzuhalten. Will der Kunde aber unbedingt verkaufen, dann muß er sofort zu einem neuen, möglichst größeren Kauf bestimmt werden. Er darf keinen Gewinn herausgezahlt bekommen, sondern muß zu den höchsten Kursen immer wieder verkaufen. Wenn auf diese Weise systematisch das Risiko des Kunden vergrößert wird, dann kommt gewiß einmal der Tag, wo der Geschäftsinhaber abrechnen, d. h. die Schlinge zuziehen kann.

Bei den Bankgeschäften, die nach der Art der Bucketshops arbeiten, ist es von vornherein Bedingung, dem Kunden gegen sein Interesse zu raten, ihn stets zu dem zu veranlassen, was ihm Schaden bringt. Denn die Interessen und Gewinnaussichten der Firma und des Kunden laufen nicht parallel, sondern konträr. Das merkwürdigste aber ist an dieser Form der Geschäftshandhabung, daß sie nicht ohne weiteres als Betrug angesehen wird und so lange straffrei geübt werden kann, wie der Kunde ohne Verletzung von gewissen Formen abgewürgt wird.

Darum holen Sie sich nicht allein keinen Rat von einem Bankier, sondern seien sie auch besonders mißtrauisch, wenn Ihnen ein solcher Rat aufgedrängt wird!

## Siebentes Gebot
## Versäumen Sie nicht den rechtzeitigen Verkauf!

Das meiste Geld verdient man mit dem H o s e n b o d e n. So lautete ein Ausspruch des alten Hansemann, des früheren Seniors der Discontogesellschaft. Er meinte damit, daß man k e i n e  v e r l u s t b r i n g e n d e n  E n g a g e m e n t s  v e r k a u f e n, sondern a b w a r t e n solle, bis sie wieder besser würden. Tatsächlich hat auch die Discontogesellschaft nach vielen Jahren noch an einem völlig abgeschriebenen Geschäft, dem berühmten Popp-Engagement in Paris, einen recht guten Gewinn gemacht, an den niemand mehr geglaubt hatte.

Soll nun der Geschäftsmann deshalb eine Ware, die er teuer eingekauft hat und nur unter dem Einkaufspreis verkaufen kann, bis in alle Ewigkeit durchhalten? Ist es nicht richtiger für ihn, selbst mit 50 Prozent Verlust zu verkaufen, dann aber jeden Monat mindestens einmal das neue Kapital mit 10 Prozent Nutzen umzusetzen? Kommt er nicht auf diese Weise schneller und sicherer zu dem ursprünglichen Kapital? Der Ausspruch David Hansemanns gilt also nur für die Großfinanz, wo die Kapitalien in langen Zwischenräumen umgesetzt werden, und wo sie außerdem nicht regelmäßig wieder mit der gleichen Gewinnaussicht angelegt werden können, wie dies im Warenhandel und auch in der Fabrikation möglich ist.

Wenn der Kaufmann an jedem Stück 4 Pf. verdient, so hat er bei einem Umsatz von 100 Stück genau den gleichen Nutzen, wie wenn er an jedem Stück 8 Pf. verdient, aber nur 50 Stück umsetzt. Wenn er mit seinem Gewinn auf 3 Pfennig heruntergeht und dafür in der gleichen Zeit 200 Stück umsetzten kann, so macht er ein besseres Geschäft als bei 8 Pf. Nutzen. Die Frage ist nur, ob der Umsatz in diesem Tempo steigerungsfähig ist. Das zu entscheiden, muß ich dem Kaufmann überlassen.

Der U m s a t z  i n  K a p i t a l a n l a g e n darf aber jedenfalls nicht nach dieser kaufmännischen Methode betrachtet werden. Die Dinge liegen da doch ganz anders! Ja, wenn Sie ein Wertpapier d a u e r n d aus einer Quelle mit 40 Prozent beziehen könnten, so würden Sie gewiß ein besseres Geschäft mit einem täglichen Umsatz von 10 Stück und 2 Prozent Nutzen machen als mit einem täglichen Umsatz von einem Stück und 10 Prozent Nutzen. Wer aber sagt Ihnen, daß Sie ein Wertpapier mit 40 Prozent w i e d e r k a u f e n können, nachdem Sie es mit 42 Prozent verkauft haben? In der Regel wird das nicht möglich sein, und deshalb müssen für den Wechsel von Kapitalanlagen andere Grundsätze gelten.

Wenn Sie zunächst die Kapitalanlage nach dem Grundsatz der **sicheren Rente** ausgewählt haben, so kann ein Kursrückgang Sie gleichgültig lassen. Nicht aber eine Kurssteigerung! Denn diese vermindert die Rente, auf das erzielbare Kapital bezogen. Wenn sich Ihnen dann eine neue Anlage bietet, die bei gleicher Sicherheit eine höhere Rente auf das anzulegende Kapital verspricht, so dürfen Sie mit dem Umtausch nicht zu lange zögern. Gewiß kann bei längerem Warten die Differenz noch vorteilhafter werden. Viel wahrscheinlicher ist aber, daß die Spannung sich vermindert, weil sie auch von anderer Seite zum Tausch ausgenutzt werden wird. Ein sicherer Gewinn von 5 Prozent ist aber einer Hoffnung von 10 Prozent vorzuziehen.

Bei Umtauschoperationen in sicheren festverzinslichen Papieren können Sie Ihren Nutzen genau bis auf den Pfennig ausrechnen, da die Erträge genau feststehen. Wenn Sie dagegen eine Aktie verkaufen und eine andere einkaufen, so wissen Sie im Augenblick noch nicht sicher, ob Sie sich wirklich verbessert haben. Denn die künftigen Dividenden können gerade umgekehrt ausfallen, als wie Sie gehofft haben. Deshalb wird man bei einem Verkauf einer Aktie regelmäßig einen **höheren Nutzen** verlangen als beim Verkauf einer Anleihe. Die Aktienanlage ist immer **spekulativer**.

Schon vor Jahrzehnten soll der alte **Rothschild** den auch heute nach der Inflationszeit wieder richtigen Rat gegeben haben: Wenn Sie gut essen wollen, dann kaufen Sie sich Aktien; wenn Sie aber lieber gut schlafen wollen, dann müssen Sie sich Anleihen kaufen.

Die meisten Kapitalisten, die keine große Erfahrung besitzen, erleiden dadurch Verluste, daß sie **nicht genug kriegen** können und bei dem Streben nach Viel das Wenige einbüßen. Wenn ein Kurs sich plötzlich verdoppelt hat, so ist doch viel wahrscheinlicher, daß er wieder heruntergeht, als daß er sich nochmals verdoppelt. Sonderbarerweise klammert sich aber das Börsenpublikum viel lieber an die zweite Möglichkeit und ich kann Ihnen allerdings für die tatsächliche Erfüllung solcher Hoffnungen auch **einige** Beispiele anführen, von denen es fasziniert worden ist. Aber diesen einigen Beispielen stehen **hunderte** gegenüber, wo es anders gekommen ist.

**Alle Kurse kehren wieder.** Das ist eine alte Börsenregel. Sie ist nicht wörtlich zu nehmen. Sie trifft auf einzelne besondere Fälle nicht zu. Aber im Allgemeinen gilt sie und will besagen, daß Hausse und Baisse mit einer bestimmten Regelmäßigkeit wiederkehren, daß nicht nur in der allgemeinen Börsenlage die guten und die schlechten Zeiten wechseln, sondern auch bei den einzelnen Aktiengesellschaften die mageren und die fetten Jahre. Das ist ein guter Trost für alle, die teuer eingekauft haben, und zugleich eine wertvolle Mahnung für alle, die mit Nutzen verkaufen können.

Wer gute Geschäfte, nicht nur an der Börse, durch Einkauf und Verkauf machen will, der muß gegen den Strom schwimmen. Vor allem darf er nicht dann verkaufen, wenn die Preise niedrig stehen, er darf sich in der Baisse nicht von der allgemeinen Angst anstecken lassen. Wenn ein Wertpapier allgemein verkauft wird, dann muß es im Kurs zurückgehen, weil das Angebot die Nachfrage übersteigt. Aber gerade dadurch kann eine gute Gelegenheit zum Kaufen geschaffen werden. Deshalb hüten Sie sich davor, gute Sachen bei allgemeinem Preisdruck zu verkaufen! Das gilt nicht nur für Effekten, sondern auch für G r u n d s t ü c k e und andere Werte, die als Kapitalanlagen gelten können.

Im Gegenteil wird es meistens richtig sein, b e i   n i e d r i g e n   P r e i s e n   n o c h   h i n z u z u k a u f e n. Eine alte Börsenregel sagt zwar: Man soll s c h l e c h t e m   G e l d   k e i n   g u t e s   n a c h w e r f e n. Aber wie alle Sprichwörter, gilt auch diese Regel nur bedingt. Es kommt darauf an, ob das Geld wirklich schlecht ist, oder ob es nur schlecht s c h e i n t. Der niedrige Preis ist nicht immer der Beweis einer schlechten Qualität. Deshalb können Sie ruhig Ihre Vermögensanlagen vermehren, auch wenn sie zeitweise minderwertig e r s c h e i n e n. Sie müssen sich nur überzeugt haben, daß sie nicht wirklich minderwertig s i n d. Das gilt besonders für alle die Fälle, wo Sie Ihren A k t i e n b e s i t z nur durchhalten können, wenn Sie ihn vergrößern, wenn sie neues Geld dem alten nachwerfen.

Eine Binsenwahrheit behauptet, daß man in der Baisse kaufen und in der Hausse verkaufen soll. Denn dann kauft man die Papiere billig und verkauft sie teuer, und damit kann man bekanntlich am meisten verdienen. Die Befolgung dieser Regel hat nur leider den einen Haken, daß weder die Tiefpunkte noch die Höhepunkte der Kurse vorher amtlich angezeigt werden.

Auch hat man regelmäßig in der Baisse kein Geld, um zu kaufen, und in der Hausse keine Verwendung für das Geld. Denn was nützt es, ein Papier teuer zu verkaufen, um dafür ein anderes ebenso teuer einzukaufen? Mit solchen Umsätzen arbeiten Sie nur für den Bankier, der die Provisionen einzieht, und für den Staat, der den Stempel einstreicht.

Wenn Sie auch nur das Kursblatt eines einzigen Monats durchsehen, so können Sie daraus genau ablesen, wie Sie h ä t t e n operieren sollen, was und wann Sie v e r k a u f e n, was und wann Sie k a u f e n mußten, und Sie können sich leicht aufrechnen, welche Reichtümer Sie erworben hätten, wenn... Aber leider sind das Kenntnisse post festum, die Ihnen nichts mehr nützen können.

Nicht anders ist es mit der Hausse und mit der Baisse. Sie wissen stets ganz genau, wann eine Hausse g e w e s e n ist. Aber im gegenwärtigen Augenblick sagen zu können, die Kurse gehen nicht mehr weiter herauf, sie gehen vielmehr herunter, das ist eine Kunst, die keiner kann. Man hat wohl allgemein oft das Gefühl, daß der Höhepunkt oder daß ein Tiefpunkt erreicht ist, aber ob die Wende morgen oder in einem Vierteljahr eintritt oder gar vielleicht erst nach einem vollen Jahr, das vermag niemand sicher zu sagen. Die Börse ist eben keine Eisenbahn. Sie hat keinen bestimmten Fahrplan, und vor allem wird nicht gerufen, wann man aufsteigen muß.

Früher sagte man in Berlin: Wenn Lombarden steigen, dann fährt der Leichenwagen vor der Börse vor. Carl Fürstenberg prägte die ähnliche Sentenz: Wenn die Leichen zu tanzen anfangen (d. h. die Spekulation auf die Nonvaleurs übergreift), dann ist die Hausse zu Ende. Doch beide Barometer funktionieren nach den Umwälzungen des letzten Jahrzehnts nicht mehr.

Aus der Unmöglichkeit, die Zeitpunkte der Hausse und der Baisse genau zu bestimmen, können Sie aber die eine nützliche Folgerung ziehen, daß es ein unfruchtbares Beginnen ist, gerade zum niedrigsten Kurs kaufen und zum höchsten verkaufen zu wollen. Es muß Ihnen genügen, wenn Sie billig kaufen und mit Nutzen verkaufen. Bei dem Einkauf dürfen Sie sich nicht überstürzen und bei dem Verkauf nicht versäumen! Nehmen Sie jeden Nutzen mit, auch wenn er nicht die kühnsten Erwartungen erfüllt. Vergessen sie aber nicht, die Umtauschkosten vor der Berechnung des Nutzens abzuziehen, und suchen Sie sich vor dem Verkauf schon die neue, bessere Anlage aus!

Denken Sie stets daran, daß die Dinge nicht für alle den gleichen Wert haben, und lassen Sie anderen auch die Möglichkeit eines Nutzens. Für den kleinen Aktionär hat die Aktie einen andern Wert, als sie für den Großaktionär haben kann, wenn er sie gerade zu einer bestimmten Majorität oder für eine Fusion usw. braucht. Lassen Sie sich durch die Börsenkurse nicht täuschen!

Lassen Sie sich vor allem nicht durch hohe Börsenkurse auch einen hohen Dauerwert vortäuschen; denn die Kurserhöhung ist oft auf besondere Gründe zurückzuführen. Wenn z. B. der wirkliche, dauernde Ertragswert einer Aktie 60 Prozent beträgt, und wenn ein Großaktionär davon 1 Million M. zu durchschnittlich 30 Prozent gekauft hat, ihm aber an der Majorität noch 100 000 M. fehlen, so kann er für diese 100 000 M. einen Kurs von 80 Prozent anlegen. Die Majorität der Gesellschaft kostet ihn dann immer erst $34^1/_2$ Prozent. Aber darum hat die Aktie für Sie noch lange keinen Wert von 80 Prozent, und wenn Sie mit dem Verkaufe zögern, so wird der Großaktionär sich die fehlenden 100 000 M. von anderen Besitzern kaufen, und der Kurs wird dann voraussichtlich wieder heruntergehen.

Wenn Sie ein kleines Grundstück besitzen, das an eine große Fabrik grenzt, so hat dieses Grundstück für Sie einen anderen Wert als für die Fabrik bei einer Erweiterungsnotwendigkeit. Es ist besser, daß Sie das Grundstück zu einem hohen Preise verkaufen, der für die Fabrik aber auch noch einen Nutzen läßt, als daß Sie jahrelang auf einen noch höheren Preis pochen. Denn abgesehen davon, daß es zweifelhaft ist, ob Sie den geforderten Preis erhalten, verlieren Sie jahrelang die Differenz zwischen dem Ertrag der gebotenen Summe und dem wirklichen Ertrag des Grundstücks.

Als in Berlin vor dem Kriege das Warenhaus Wertheim einen Erweiterungsbau aufführte, brauchte es notwendig dazu ein Hausgrundstück in der Leipziger Straße. Es bot dafür einen sehr hohen Preis und konnte einen sehr hohen Preis bieten, weil durch die gerade Fluchtlinie an Baukosten gespart wurde. Der Besitzer verlangte aber einen noch höheren Preis, der nicht nur die Baukostenersparnis aufgezehrt hätte, sondern den ganzen Bau unrentabel zu machen drohte. Also verzichtete Wertheim auf den Kauf und umbaute das widerspenstige Haus. Der Hausbesitzer hatte die Gelegenheit versäumt, einen großen Gewinn zu machen. Später wollte er gern das Haus viel billiger verkaufen, aber das Warenhaus hatte das dringende Interesse daran verloren, da der Neubau abgeschlossen war und ein nachträglicher Umbau zu kostspielig geworden wäre.

Ähnlich erging es dem Besitzer eines Hauses am Leipziger Platz, das vom Hotel Fürstenhof umbaut werden mußte, weil ein zu hoher Preis dafür gefordert wurde. Auch dieses Grundstück bot der Besitzer später vergeblich unter dem gebotenen Preise an.

Wenn Sie eine Kaufofferte erhalten oder Ihre Wertpapiere einen hohen Kurs erreichen, so können Sie zwar versuchen, hinter die Absichten des Käufers zu kommen. Stellen Sie aber Ihren Preis so, daß die Bezahlung auch dem Käufer noch einen Nutzen läßt. Sonst wird er verzichten. Das ist für Sie unangenehmer als für ihn. Denn ihm entgeht eine Hoffnung auf Gewinn, Ihnen aber ist ein sicherer Gewinn entgangen.

Fragen Sie sich in solchen Fällen stets zuerst, welchen Ertragswert das Objekt für Sie hat, und welchen Ertrag Sie dagegen aus dem angebotenen Kapital bei neuer Anlage sicher erzielen können! Die Rechnung wird in einer Hausse anders ausfallen als in einer Baisse. Klammern Sie sich nicht an eine bestimmte Ziffer, sondern nehmen Sie jede Möglichkeit einer sicheren Ertragsvermehrung mit! Das wird Ihnen meist bald wieder neue Früchte tragen.

## Achtes Gebot
## Machen Sie keine Bankschulden!

Borgen macht Sorgen. Dieses alte Sprichwort war allerdings in der Inflationszeit außer Kurs gesetzt. Borgen von Papiermark machte keine Sorgen mehr, namentlich wenn man aus der ersten Quelle, der Reichsbank, schöpfen konnte. Die Markschulden bezahlten sich in kurzer Zeit von selbst, und der Gläubiger hatte nur noch die Forderungen aus seinen Büchern zu streichen. Sonst konnte er für die Mahnung um eine Million eine Briefmarke für eine Milliarde kaufen.

Seit der Rentenmark jedoch hat das Sprichwort nicht nur wieder Geltung bekommen, sondern es ist, als ob zunächst alle Teufel der Hölle losgelassen waren, um sich auf den Schuldner zu stürzen. Vor allem auf den unglücklichen Menschen, der durch Effektenkauf oder Scheküberziehung noch im November und Dezember 1923 in Bankdebet gekommen war. Was manche Bankfirmen da für Zinsrechnungen aufgemacht haben, wie sie täglichen Zins von 20 Prozent und Zinseszins aufeinandertürmten, spottet jeder Beschreibung. Dabei zu einer Zeit, wo der Gläubiger keinen Geldentwertungsschaden mehr erlitt, der Schuldner noch nicht einmal den Trost der Preissteigerung seiner Sachwerte hatte. Diese wurden im Gegenteil täglich weniger.

Eine Rechnung von einer Bankfirma habe ich gesehen, wo aus einer Schuld von 18 Billionen am 1. November 1923 bis zum 31. März 1924 durch Zinsen nicht weniger als 1800 Billionen geworden waren. In einem anderen Falle hatte ein Kunde im November für 500 Billionen Effekten gekauft und war 150 Billionen darauf schuldig geblieben. Im April sollte er 900 Billionen an die Bank zahlen, während die Effekten noch 90 Billionen wert waren. Ähnliche, wenn auch nicht ganz so schlimme Rechnungen kenne ich noch in großer Zahl.

Was hilft es dem betroffenen Kunden groß, daß solche Zinsforderungen zweifellos ärgsten Wucher darstellen? Kann ihm die Rache mit der Strafanzeige darüber weghelfen, daß er auf jeden Fall Rock und Kragen verloren hat? Ist sein Verlust nicht noch groß genug, wenn auch die Bank bei Vergleichsverhandlungen ihre Forderungen auf die Hälfte, auf den vierten, den zehnten Teil heruntersetzt? Führen Sie außerdem gern einen Prozeß gegen eine Bank, die zwölfmal mehr Rechtshilfe auf ihrer Seite hat?

Wenn Sie aus einem Mißgeschick lernen wollen, so müssen Sie dahinterzukommen suchen, welchen Fehler der davon Betroffene gemacht hat. Da Sie die Methoden der Banken nicht ändern können, so müssen Sie Ihre Methoden gegenüber den Banken ä n d e r n. Ist es nicht unglaublich leichtfertig, bei einer Bank einen Kredit in Anspruch zu nehmen, ohne sich Gewißheit über die Dauer und die Zinsen zu verschaffen? Wie viele Kunden haben nicht bei ihren Banken Schulden gemacht, ohne vorher überhaupt danach zu fragen, ob die Bank ihnen einen Kredit einräumen wollte! Sie haben einfach Schecks ausgestellt ohne Deckung, oder sie haben Kaufaufträge für Effekten gegeben ohne genügendes Guthaben.

Ist es ein Wunder, daß diese V e r w i l d e r u n g  d e r  K r e d i t s i t t e n sich einmal bös gerächt hat? Um so böser, je weniger sich der Kunde auch später um sein Bankkonto gekümmert hat.

Zu 100 Prozent sind solche Hereinfälle auf eigenes Verschulden zurückzuführen. Gebrauchen Sie nicht die Entschuldigung, daß Sie einen K r e d i t haben mußten! Niemand muß einen Kredit haben. Entweder Sie haben Besitz, dann können Sie davon verkaufen, um sich Geld zu beschaffen. Oder Sie haben keinen Besitz, dann können Sie auch nicht verlangen, daß Ihnen jemand Kredit gibt. Fallen Sie nicht auf die deutsche Illusion von 1924 herein, daß schlechte Geschäfte durch Geldborgen besser werden!

Der Kredit ist ein Hauptinstrument der Finanzkunst. Darauf kann aber nur spielen, wer Talent und Schule hat. Was durch Kredit gewonnen werden konnte, haben sie in den Inflationsjahren lernen können. Was durch Kredit verloren worden ist, hat Ihnen die Stabilisierungskrise zeigen müssen. In beiden Fällen konnte durch Kredit viel Geld gemacht werden. 1923 mußte man ihn n e h m e n, 1924 mußte man ihn g e b e n. Was in Zukunft richtig sein wird, das wird die Zukunft zeigen.

Jedenfalls muß man sowohl bei der Kreditgabe vorsichtig sein als auch bei der Kreditnahme. Dort kommt es auf die Z a h l u n g s f ä h i g k e i t des Schuldners an, hier auf die Gewißheit, durch Kredit ein gutes Geschäft noch besser machen zu können. Notwendig ist dabei vor allem, die Höhe der Zinsen und die Rückzahlungsfrist vorher festzulegen. Das Geschäft muß bestimmt realisiert sein, wenn der Kredit fällig wird. Sie dürfen durch den Kredit keinesfalls in Druck kommen.

Wie können Sie die Aussichten einer Fabrikation, eines Handelsumsatzes mit Kredithilfe berechnen wollen, wenn Sie die Höhe der zu zahlenden Zinsen nicht kennen? Wenn Ihnen eine Bank Kredit nur geben will, ohne sich mit Zinsen und Rückzahlungstermin festzulegen, so lassen Sie die Finger davon. Denn die Bank wird gerade dann die Tilgung verlangen, wenn Sie Ihre Ware nur mit Verlust verkaufen können. Haben Sie schon einen Fall erlebt, daß jemand bei einer Hausse aus dem Kredit herausgeworfen worden ist?

Ob ein Geschäftsmann überhaupt **Kredit nehmen** soll, darüber sind zwei Kapazitäten der Neuen Welt ganz entgegengesetzter Meinung. Beide haben durch die Tat bewiesen, daß sie Geld machen können, sogar sehr viel Geld. Rockefeller behauptet, durch Sparen könne man es zu nichts bringen, sondern nur Schuldenmachen führe zum Reichtum. Ford warnt davor, bei den Banken Kredit zu nehmen. Der Geschäftsmann liefere damit den Schlüssel zu seiner Fabrik an seinen Feind aus.

Wer von beiden hat nun recht? Beide! Rockefeller denkt dabei an den Kredit, bei dem der **Schuldner den Gläubiger in der Hand** hat und ihm seine Bedingungen vorschreibt. Ford denkt an das umgekehrte Verhältnis. Mit dem Kredit verdient stets der das meiste Geld, der ihn auszunutzen versteht, ob er nun Gläubiger oder ob er Schuldner ist. Auf die Kunst, den Kredit zu verwenden, kommt es an und darauf, richtig mit ihm zu rechnen.

Machen Sie aber trotzdem keine Bankschulden, vor allem keine leichtsinnigen und unnötigen Bankschulden! Wie bei dem Umsatz, so ist es auch bei dem Kredit etwas anderes, ob ein Geschäftsmann damit arbeitet, oder aber ob Sie ihn zur Kapitalanlage gebrauchen wollen.

Gewiß erscheint auch bei der Kapitalanlage ein Kredit verlockend. Wenn Sie für 1000 M. eigenes Geld Aktien zu 100 Prozent kaufen und nach einem Monat für 110 Prozent verkaufen, so haben Sie mit 1000 M. einen Gewinn von 100 M. gemacht. Die Umsatzspesen sollen dabei nicht gerechnet werden. Wenn sie aber zu den 1000 M. eigenem Geld noch 1000 M. Kredit nehmen, so können Sie den doppelten Aktienbetrag kaufen und haben nach einem Monat mit 1000 M. einen Gewinn von 200 M. gemacht. Wenn Sie gar 9000 M. Kredit dazunehmen, so hat sich Ihr Kapital gerade verdoppelt, und gegenüber solchen Chancen spielten die Zinsen in Vorkriegszeiten gar keine Rolle.

In der **Theorie** würden Sie mit 1000 M. eigenem und 99 000 M. fremdem Kapital im gleichen Fall sogar 1000 Prozent Gewinn erzielen können. Eine geradezu überwältigende Aussicht! Es fehlt Ihnen bloß der Mann, der Ihnen die 99 000 M. zu Ihren 1000 M. borgt. Wenn sich dieser Mann aber findet, der Ihnen zu Ihrem Glück verhelfen will, **müssen Sie** dann nicht das Geschäft machen?

Solche **Gewinnchancen** sind tatsächlich dem deutschen Publikum vor dem **Kriege angeboten** worden. Von London und Paris aus fingen sich Gauner in Deutschland ihre Opfer mit diesem Trick. Unter hochtönenden Firmen, wie London and Paris Exchange, verbreiteten sie Zirkulare und Animierblättchen, erboten sich darin zu Geschäften an der Londoner Börse mit **1 Prozent Deckung.** Die Aufsicht, mit 1000 M. in kurzer Zeit 10000 M. zu gewinnen, hat ihnen wirklich Kunden und Gelder zugeführt. Ich brauche wohl nicht erst zu sagen, daß schon in dem Augenblick das Geld verloren war, wo es zur Post gegeben wurde, daß sich das Bureau der „Firmen" auf einen Tischplatz im Café beschränkte.

Doch das ist nur ein Extrem gewesen, zeigt aber deutlich die Kehrseite der Kreditnahme bei Börsengeschäften. Gewiß können Sie bei 1000 M. eigenem und 9000 M. fremdem Kapital zehnmal mehr gewinnen als mit dem eigenen allein. Sie können aber tausendmal mehr verlieren. Denn wenn der Kurs nur um 10 Prozent zurückgeht, so ist Ihr ganzes Kapital verloren. Der Bankier streicht einfach Ihr Guthaben und zieht die Effekten ein, wenn Sie ihm nicht umgehend neues Geld gegeben haben. Ja, oft wird er von Ihnen auch nach dem Verkauf der Effekten noch eine Zuzahlung verlangen. Ich kenne Beispiele dafür.

Die Bucketshops, die ja überhaupt die Wertpapiere nicht anschaffen, erbieten sich regelmäßig zu Börsengeschäften mit Deckung von 10 und 20 Prozent, um den Kunden ganz sicher abschlachten zu können. Trauen Sie nie einer Bank, die Ihnen mit hohem Kredit Effekten kaufen will! Denn wenn der Kauf wirklich aussichtsreich wäre, würde ihn die Bank für sich und nicht für Sie aufführen.

Selbst ein Spekulationskredit in mäßigem Umfang bei einer soliden Bank bringt mehr Risiko als Aussichten. Denn der Kunde ist nicht mehr frei in seinen Entschließungen. Die Freiheit des Handelns ist aber für erfolgreiche Geschäfte Vorbedingung. Die Banken pflegen stets dann ihre Kunden zur Bezahlung der Schulden aufzufordern, wenn die Kurse am niedrigsten stehen. Sobald Sie dann nicht sofort bezahlen können, werden die Wertpapiere insgesamt oder zum Teil zwangsweise verkauft, je nach der Höhe des Debets.

In beiden Fällen erleiden Sie einen nicht wieder einzubringenden Schaden am Vermögen. Denn Sie müssen sehen, daß Ihre Papiere wieder steigen, haben aber die Papiere nicht mehr. Daß manchmal eine solche Reinigung der Konten auch von Banken dazu benutzt wird, um in der Baisse die Effekten billig und ohne Kapitalaufwand in den eigenen Besitz zu bringen, das nur nebenbei.

Wenn Sie Bankschulden machen, dann nur zu festen Zinsen und auf festen Termin! Auch nur dann, wenn Sie bei Ablauf des Termins eine sichere Zahlung erwarten und die Gelegenheit zur Anlage des Kapitals für so außergewöhnlich günstig halten, daß Sie glauben, nicht bis zur Auszahlung des Kapitals damit warten zu können. Denken Sie bei jedem Geschäft zuerst an den Verlust und dann erst an den Gewinn! Suchen Sie Ihr Vermögen vor allem sicher zu vermehren!

# Schlußwort

Zwei Mahnungen möchte ich diesen acht Geboten noch anschließen.

Seien Sie sorgfältig in der Aufbewahrung Ihrer Vermögenswerte! Halten Sie Ordnung darin! Wenn Sie Grundstücke besitzen, verschaffen Sie sich rechtzeitig die Auszüge aus dem Grundbuch und den Katastern! Denn sonst haben Sie regelmäßig die notwendigen Urkunden nicht zur Hand, wenn Sie gerade dringend gebraucht werden.

Wenn Sie Ihre Wertpapiere zu Hause aufbewahren, dann trennen Sie die Mäntel von den Zinsbogen und bewahren sie beide an getrennten Orten auf! Schreiben Sie sich die Nummern der Wertpapiere, die Kennzeichen der Hypothekenbriefe und aller sonstigen Urkunden genau auf und heben Sie diese Verzeichnisse an anderer Stelle auf! Denn wenn Ihnen ein Dieb die Wertpapiere stiehlt, kann er sie nicht so leicht verwerten, als wenn ihm Mäntel und Zinsbogen zusammen in die Hände fallen. Da Sie die besonderen Kennzeichen der gestohlenen Werte wissen, so können Sie auch sofort die notwendigen Aufgebote veranlassen, damit die Werte beim ersten Verkaufsversuch angehalten werden können.

Wenn Sie Ihre Wertpapiere bei einer Bank im Depot lassen, so wählen Sie sich dafür nur eine unbedingt sichere Bank aus! Gebrauchen Sie aber außerdem noch die Vorsicht, sich ein Nummernverzeichnis der Wertpapiere geben zu lassen! Lassen Sie sich niemals Wertpapiere auf Stückekonto gutschreiben! Denn sonst haben Sie kein Eigentumsrecht an den Wertpapieren, und die Bank kann darüber zu Ihrem Nachteil verfügen. Nach den deutschen Gesetzen ist es erlaubt, daß der Bankier die Wertpapiere seiner Kunden verkauft oder verpfändet und den Erlös in seinem eigenen Geschäftsbetriebe verwendet. Solange Sie kein Nummernverzeichnis der Wertpapiere besitzen, haben Sie bei einer Zahlungseinstellung und bei einem Konkurs des Bankiers keinen Anspruch auf Herausgabe des Depots, auch wenn Sie die Wertpapiere voll bezahlt haben. Sondern Sie sind nur Gläubiger der Konkursmasse und müssen sich mit der geringen Quote abfinden lassen, die alle anderen Gläubiger erhalten.

Die zweite Mahnung ist die: Behandeln Sie Ihren Bankier als Geschäftsgegner! Erteilen Sie ihm ganz genaue Anweisungen und geben Sie ihm Ihre Aufträge in einer Form, die jeden Zweifel ausschließt! Achten Sie bei allen Aufträgen darauf, daß Sie pünktlich eine Bestätigung oder eine Ausführungsanzeige erhalten! Mahnen Sie Ihren Bankier an diese Bestätigungen, wenn sie ausbleiben, und brechen Sie die Verbindung mit einer Bank ab, bei der sich solche Unpünktlichkeiten wiederholen! Geben Sie k e i n e  m ü n d l i c h e n  Aufträge und, wenn das nicht zu umgehen ist, bestätigen Sie alle mündlichen Abmachungen sofort schriftlich! Nur wenn Sie genaue Ordnung in Ihrem Bankkonto und bei Ihrem Bankverkehr halten, vermeiden Sie die späteren Differenzen, die nur beiden Teilen schaden bringen. Jede Bank wird versuchen, den Schaden aus solchen Differenzen auf den Kunden abzuwälzen, und die Banken haben sich meist mit einem derartigen Schutzwall von Geschäftsbedingungen usw. umgeben, daß ihnen das in der Regel gelingt.

1924 erschienen »Die acht Gebote der Finanzkunst« mit dem Untertitel »Alles, was jeder wissen muss, der ein Vermögen erwerben oder vermehren will« von Hermann Zickert so in erster Auflage.[350] Neun Jahre später hieß es, 20 000 Exemplare dieses Bestsellers seien bereits verkauft worden.

In der November-Ausgabe 1947 des *Spiegels* finden sich zum Thema »Anlage-Handwerk«[351] folgende Ausführungen von Zickert: »In den Jahren und Jahrzehnten meiner Tätigkeit als Beobachter der Wirtschaft, des Kapitalmarktes und der Börsen habe ich eine Anzahl von sozusagen ewigen Wahrheiten aufgefunden, die man nicht vernachlässigen darf bei einer guten Anlage und Verwaltung des Kapitalvermögens. Gelegentlich habe ich solche allgemein und dauernd gültigen Erfahrungen dann auch als ›Grundsätze‹, ›Grundregeln‹ und ›Gebote der Finanzkunst‹ zusammengefasst. Dabei habe ich mir tatsächlich eingebildet, dass ein großer Teil dieser Regeln von mir ›entdeckt‹, und mindestens die Folgerungen daraus für die richtige Kapitalanlage noch niemals vorher gezogen worden sind.«[352] Aber ein Leser habe ihm, so Zickert, die Publikation »All about Investment« von Henry Lowenfeld[353] zukommen lassen: »In diesem Buch finde ich nun einen großen Teil der Grundsätze für eine gute Kapitalanlage bereits geschrieben, deren Entdeckung und Aufstellung ich mir eingebildet hatte.«[354]

Viele der zickert'schen Grundwahrheiten über das Geldanlegen, wie sie in seinem Buch »Die acht Gebote der Finanzkunst« zusammengefasst sind, haben nach wie vor Gültigkeit. Die Mittel der Kommunikation und Nachrichtenverbreitung haben sich jedoch seit 1924 radikal verändert. Dank neuer Medien, wie dem Internet und speziellen TV-Kanälen, verfügen wir heute über mehr Informationen als je zuvor. Das Internet bietet zum Thema Kapitalanlagen eine Flut von Daten. So können auf Firmen-Webseiten Geschäftsberichte und Kennzahlen für Investoren rasch eingesehen werden. Fernsehsender wie Bloomberg, n-tv usw. berichten laufend über die Börse und Wirtschaft. Zudem können wir rund um die Uhr auf diese Informationen reagieren, so zum Beispiel mittels E-Banking Wertschriftenkäufe und -verkäufe von zu Hause aus tätigen. Macht uns dies aber zu besseren Anlegern? Nicht unbedingt, da jene menschlichen Schwächen, auf die Zickert bereits 1938 hingewiesen hat, nach wie vor unsere Entscheidungen bei der Kapitalanlage beeinflussen. »Mit den Geboten für die richtige Kapitalanlage ist es … nicht anders als mit den zehn Geboten des Moses. Diese bestehen ja auch überwiegend aus Verboten: Du sollst nicht …! Was soll man nicht tun? Kurz zusammengefasst: Man soll gewissen asozialen Trieben der menschlichen Natur nicht folgen, diesen ›Teufeln‹ nicht nachgeben, sondern sie bekämpfen. Wer diese Gebote oder Verbote befolgt, der betätigt sich damit für die Erhaltung und gute Ordnung des Zusammenlebens der menschlichen Gemeinschaft. Man erlaube mir den Vergleich: Auch die richtige Kapitalanlage dient dem gleichen Zweck. Auch für die richtige Kapitalanlage muss man mehr Verbote befolgen als positive Gebote. Denn die größte Gefahr liegt auch hier in gewissen Untrieben der menschlichen Natur, von denen ich nur das Spielteufelchen und den Teufel der Bequemlichkeit als besonders charakteristisch hervorheben will.«[355]

Nachstehend werden »Die acht Gebote der Finanzkunst« von Hermann Zickert auszugsweise zitiert. Jedes dieser Gebote wird in kursiver Schrift mit einem Kurzkommentar von mir ergänzt.

### 1. Gebot: Arbeiten Sie mit Ihrem Kapital!
»Niemals war Geldkapital so knapp wie 1924 in Deutschland, niemals wurden so hohe Zinsen dafür geboten. Nutzen Sie diese günstige Lage aus! … Warum legen Sie das erhaltene Kapital nicht in Goldhypotheken, Goldpfandbriefen an, die Ihnen halbjährlich ein oft nicht zu verachtendes Einkommen liefern? … Sie müssen … stets die beste Anlage suchen. Diese wechselt von Zeit zu Zeit, oft schneller, manchmal langsamer … Das Geniale kann nicht gelernt werden, wohl aber das Handwerksmäßige. Ähnlich ist es mit der Finanzkunst … Seien Sie

---

[350] Die Publikation wurde im Verlag August Scherl G.m.b.H., Berlin, herausgegeben.
[351] Dieser Begriff ist nach wie vor aktuell: »Die erfolgreiche Geldanlage basiert auf den Grundsätzen des soliden Handwerks und hat wenig mit Zufall oder Kunst zu tun. Analyse und Lektüre sind hierfür das unentbehrliche Werkzeug.« Zitiert aus einem Interview mit André Kistler, Zürich, in: *Finanz und Wirtschaft*, Nr. 34, 30. April 2005, S. 27.
[352] *Spiegel der Wirtschaft*, Nr. 11, November 1947, S. 313.
[353] Deutsche Ausgabe: *Die Kunst der Kapitalsanlage*, Berlin 1910.
[354] *Spiegel der Wirtschaft*, Nr. 11, November 1947, S. 314.
[355] *Spiegel der Wirtschaft*, Nr. 36, 4. September 1938, S. 405/406.

zufrieden, wenn Sie die handwerksmäßigen Griffe erlernt haben und es zu einem achtbaren Vermögen bringen! Dann halten Sie sich aber auch an die solide Handwerksmethode!... Lassen Sie andern die zweifelhaften Sachen! Bei der Prüfung der Sicherheit spielt die Begabung, der Instinkt eine Rolle. Den Ertrag Ihrer Kapitalanlagen können Sie nach dem großen Einmaleins errechnen. Wenn Sie eines Tages sehen, dass es andere Anlagemöglichkeiten mit einem höheren Ertrage gibt, dann prüfen Sie diese sorgfältig auf die Sicherheit. Wer mit dieser Kontrolle am ersten fertig ist und dabei richtig rechnet, der ist den anderen um eine Nasenlänge voraus... Machen Sie es wie bei der Entenjagd, verlassen Sie niemals die erste sichere Landscholle, bevor Sie sich nicht über die Tragfähigkeit der zweiten vergewissert haben. Dieses dauernde Rechnen und Prüfen ist Arbeiten mit Ihrem Kapital.«[356]

*Gemäß Zickert spielt bei der Prüfung der Sicherheit eines Wertpapiers »die Begabung, der Instinkt« eine Rolle. Heute müssen sich jedoch die Anleger nicht mehr allein auf die Begabung und den Instinkt verlassen, denn sie können sich an sogenannten Ratings orientieren. Diese Ratings (AAA, AA, A, BBB usw.) – festgelegt von spezialisierten Rating-Agenturen wie Standard & Poors, Moody's und Fitch – sind für den Investor ein wertvolles Hilfsmittel. Eine absolute Garantie liefern sie aber auch nicht: Swissair-Anleihen wurden beispielsweise kurz vor dem Konkurs der Fluggesellschaft teilweise noch mit »A« eingestuft, was so viel wie »gute Zins- und Rückzahlungsfähigkeit« bedeutet.*

## 2. Gebot: Streben Sie nach Rente[357], nicht nach Kursgewinn!
»Oft genug ist das Verlangen an mich gestellt worden, eine Vermögensanlage zu nennen, die zugleich die denkbar größte Sicherheit und die besten Aussichten auf schnelle Vermehrung biete. Ein solches Verlangen ist töricht. Denn beide Bedingungen schließen einander aus. Je größer die Sicherheit einer Kapitalanlage, desto geringer ist die Aussicht auf eine Vermehrung. Und ebenso umgekehrt... Denn eine sorgfältige Prüfung jeder neuen Kapitalanlage bleibt das wichtigste... Deshalb müssen Sie

danach streben, sich eine gute Rente solange wie möglich zu sichern. 12 Prozent für drei Jahre sind besser als 20 Prozent für ein halbes, wenn die hohen Zinssätze vorübergehend sind.«[358]

*Anfangs der 1990er-Jahre wurden auf dem Geldmarkt für dreimonatige Festgeldanlagen, lautend auf Schweizer Franken, bis zu 10 Prozent Zinsen bezahlt. Erstklassige Obligationen mit einer Laufzeit von zehn Jahren wurden im gleichen Zeitraum mit Coupons von 7 bis 8 Prozent ausgestattet. Der Anleger, der damals langfristige Obligationen erwarb, fuhr eindeutig besser als jener, der sein Vermögen kurzfristig auf dem Geldmarkt parkierte. Zickert lag also mit seiner Beurteilung richtig, dass man in Hochzinsphasen sein Geld langfristig »anbinden« sollte.*

**3. Gebot: Kaufen Sie nur marktgängige Sachen!**
»Darin besteht eben die Kunst der Kapitalanlage, dass man sein Geld in solchen Dingen anlegt, für die wirklich später eine Nachfrage eintritt, die nicht nur marktgängig bleiben, sondern begehrt werden… Die Börsenfähigkeit ist der Gipfel der Marktgängigkeit… Deshalb können Sie Effekten mit einer Börsennotierung doppelt und dreifach so hoch bezahlen wie gleich gute Effekten ohne jeden Markt… Es gibt aber zweierlei Börsenfähigkeit. Die eine ist der amtliche Verkehr. Auch da ist nicht alles marktgängig, was im Kurszettel verzeichnet ist. Einzelne Papiere kann man wohl kaufen, wird sie aber nur schlecht wieder los… Ein gefährliches Ding ist aber der sogenannte Freiverkehr. Diese Effekten werden zwar in Börsenräumen gehandelt, aber ihre Kurse werden nicht durch einen vereidigten Makler notiert.«[359]

*Seit Zickert seine »Acht Gebote der Finanzkunst« aufstellte, hat sich sehr viel verändert. Das Börsensystem »à la crié« (Börse, bei der das Angebot und die Nachfrage durch Ausruf erfolgen) hat sich längst verabschiedet. Die meisten Effekten werden heute über Computersysteme rund um die Uhr*

[356] Zickert, Die acht Gebote der Finanzkunst, 1924, S. 7 bis 12.
[357] Unter »Rente« versteht Zickert »laufender Ertrag«.
[358] Zickert, Die acht Gebote der Finanzkunst, 1924, S. 13 bis 21.
[359] Ebenda, S. 22 bis 28.

*und auch meist rund um den Globus gehandelt. Dennoch: Die Marktgängigkeit von Effekten spielt beim Wertschriftenkauf nach wie vor eine entscheidende Rolle. Oft sind institutionelle Anleger wie Pensionskassen aufgrund ihrer Vorschriften gezwungen, nur Titel zu erwerben, die in einem bekannten Börsenindex vertreten sind und ein hohes Umsatzvolumen an der Börse aufweisen. Wertschriften, in denen kaum ein Umsatz stattfindet, werden als »Mauerblümchen« bezeichnet. Diese kann man zwar gut kaufen, wird sie aber – genauso wie zu Zickerts Zeiten – nur schlecht wieder los.*

**4. Gebot: Lassen Sie sich nicht durch Versprechungen blenden!**
»Es ist merkwürdig, wie viele Menschen nur auf große Versprechungen hin ihr Geld verlieren. Und es sind oft sonst kluge Leute ... Eine ganze Gruppe von Leuten liegt stets nur auf der Lauer, um ... die Habgier ihrer Mitmenschen auszubeuten. Das Werkzeug dazu sind große Versprechungen, ist die Erweckung großer Hoffnungen ... Seien Sie deshalb mit Ihrer Kapitalanlage umso vorsichtiger, je größere Gewinne in Aussicht gestellt werden.«[360]

*Die Befolgung dieser von Zickert 1924 erteilten Tipps wäre beispielsweise auch achtzig Jahre später im Fall des Finanzjongleurs Dieter Behring nützlich gewesen. Das »System Behring« versprach jährliche Durchschnittsrenditen bis zu 50 Prozent. Die Anlagevehikel waren risikobehaftet und wenig durchschaubar. Die Anteile von Hedge-Fonds wurden über ein spezielles Computersystem verwaltet. Im Fall Behring sollen Unternehmer, Handwerker, Rentner und selbst Vermögensverwalter – gemäß Zickert also »oft sonst kluge Leute« – zu den Geschädigten gehören.*

**5. Gebot: Prüfen Sie, bevor Sie kaufen!**
»Man soll überhaupt niemals etwas kaufen, was man nicht kennt, oder worüber man sich nicht wenigstens an zuverlässiger Stelle genau orientiert hat. Gerade diesen Fehler machen aber sehr viele Leute bei ihren

Kapitalanlagen, und zwar Leute, die sonst nicht auf den Kopf gefallen sind … Übereilen Sie sich nicht beim Kauf! Lassen Sie sich niemals drängen! Wenn Ihnen jemand sagt, dass Sie sich unbedingt sofort entschließen müssen, ehe Sie sich erkundigen können, dann verzichten Sie lieber auf den Kauf … Darum gehen Sie nicht im ganzen Kurszettel spazieren, kaufen Sie nicht heute eine Spritaktie, morgen eine Papieraktie und übermorgen eine Roggenanleihe, sondern beschränken Sie sich auf einen bestimmten Kreis von Papieren, über die Sie sich informiert haben … Kaufen Sie nicht auf bloße Tipps hin! Rennen Sie nicht hinter den Papieren her, wenn die Kurse steigen! Hüten Sie sich vor Nonvaleurs, in denen zufällig eine Spekulation herrscht! … Deshalb wählen Sie Ihre Kapitalanlagen so aus, dass Sie in Ruhe jahrelang darauf sitzen können und einen sicheren Ertrag haben.«[361]

*Wie weise ist dieser Ratschlag! Viele Anleger hätten große Verluste vermeiden können, wenn sie das 5. Gebot von Zickert befolgt hätten. Vor allem für den privaten Investor stellt sich die Frage: Was soll ich vor dem Aktienkauf prüfen? Über dieses Thema wurden viele dicke Bücher geschrieben. Ich denke, der Anleger sollte zumindest über die betrieblichen Aktivitäten eines Unternehmens (Produkte, Dienstleistungen usw.) und dessen Marktstellung (Branchenleader, Absatzgebiete usw.) auf dem Laufenden sein. Zudem sollte er sich nach den Unternehmensergebnissen sowie den Kursschwankungen der Aktie in den letzten Jahren erkundigen und sich die zentrale Frage stellen: Wie wird sich das Unternehmen wahrscheinlich ertragsmäßig entwickeln? Denn auf längere Sicht sind immer die erwirtschafteten Erträge für die Entwicklung der Aktie entscheidend. Es ist unbestritten, dass der Entscheid umso fundierter ausfällt, je besser man über ein Unternehmen Bescheid weiß. Für den privaten Investor, vor allem den Kleinanleger, stellt sich hier jedoch ein Problem: Wie kann er sich die relevanten Informationen beschaffen? Entgegen dem zickert'schen Gebot »Fragen Sie nicht den Bankier um Rat!« hat der Investor in der*

[360] Zickert, Die acht Gebote der Finanzkunst, 1924, S. 29 bis 34.
[361] Ebenda, S. 35 bis 40.

*Praxis wohl nur die Möglichkeit, sich auf das Urteil von Banken und Finanzfachleuten zu stützen. Allerdings bleibt es dem Anleger überlassen, die Schlüsse aus diesen Informationen zu ziehen. Wenn er dies nicht will oder kann, sollte er die Verwaltung des Vermögens einer Bank oder einer in der Geldanlage versierten Vertrauensperson übertragen.*

**6. Gebot: Fragen Sie nicht den Bankier um Rat!**
»Es mag in Deutschland noch einige alte Bankiers geben, die sich ganz als Vertrauensperson der Kunden fühlen, deren Vermögen sie zu verwalten haben. Sie arbeiten im Interesse des Kunden, prüfen für diesen alle neuen Anlagemöglichkeiten und berechnen sich für ihre Tätigkeit eine mäßige Vergütung. Aber diese Sorte Bankiers stirbt aus … Vergessen Sie auch nicht, dass die meisten Bankangestellten und Bankiers selbst an der Börse spekulieren!«[362]

*Auslöser dieser für Bankiers von heute wenig schmeichelhaften Äußerungen waren die Zustände im damaligen deutschen Bankwesen. Seit der Formulierung des zickert'schen Gebots »Fragen Sie nicht den Bankier um Rat!« hat sich in der Bankbranche viel verändert. Sowohl Deutschland, Österreich als auch Liechtenstein (2004) führten – vor allem zum Schutz des Einlegers (Gläubigerschutz) – integrierte Finanzmarktaufsichtsbehörden ein. Diese Behörden nehmen nicht nur die Bankenaufsicht wahr, sondern überwachen auch Wertschriftenhändler, Versicherungen usw. Zu Zickerts Zeiten gab es noch keinen Bankenombudsmann. An diese unabhängige Informations- und Schlichtungsstelle kann sich der Bankkunde in der Schweiz und auch in Liechtenstein wenden, wenn er beispielsweise eine konkrete Frage oder eine Beschwerde bezüglich der Anlageberatung seiner Bank hat.*

*Zickert kritisierte vor allem das Emissionswesen der Banken und deren Zuteilungspraxis sowie die Spekulationen der Bankangestellten und die damit verbundenen Interessenkonflikte. Um solche im Zusammenhang mit der Ausarbeitung von Finanzanalysen möglichst zu vermeiden, müssen heute Banken zum Beispiel Analyseabteilungen klar von jenen Abteilungen trennen, die mit Emissionen zu tun haben. In besonderen »Standesregeln« wurde auch festgelegt, dass Finanzanalysten keine Wertpapiere erwerben dürfen, die von ihnen selbst beurteilt wurden. Zudem ist bei den Banken intern geregelt, welche Börsengeschäfte ihre Angestellten tätigen dürfen, und in welchem Umfang. Mit diesen Maßnahmen und Vorschriften will man Interessenkollisionen und Auswüchsen, wie sie Zickert schilderte, entgegenwirken. Trotz dieser Vorkehrungen können jedoch Verfehlungen einzelner Bankmitarbeiter auch heute nie ganz ausgeschlossen werden.*

### 7. Gebot: Versäumen Sie nicht den rechtzeitigen Verkauf!
»Eine Binsenwahrheit behauptet, dass man in der Baisse kaufen und in der Hausse verkaufen soll. Denn dann kauft man die Papiere billig und verkauft sie teuer, und damit kann man bekanntlich am meisten verdienen. Die Befolgung dieser Regel hat nur leider den einen Haken, dass weder die Tiefpunkte noch die Höhepunkte der Kurse vorher amtlich angezeigt werden … Die meisten Kapitalisten, die keine große Erfahrung besitzen, erleiden dadurch Verluste, dass sie nicht genug kriegen können und bei dem Streben nach Viel das Wenige einbüßen. Wenn ein Kurs sich plötzlich verdoppelt hat, so ist doch viel wahrscheinlicher, dass er wieder heruntergeht, als dass er sich nochmals verdoppelt … Wer gute Geschäfte nicht nur an der Börse, durch Einkauf und Verkauf machen will, der muss gegen den Strom schwimmen … Bei dem Einkauf dürfen Sie nichts überstürzen und bei dem Verkauf nichts versäumen! Nehmen Sie jeden Nutzen mit, auch wenn er nicht die kühnsten Erwartungen erfüllt. Vergessen Sie aber nicht, die Umtauschkosten vor der Berechnung des Nutzens abzuziehen, und suchen Sie sich vor dem Verkauf schon die neue, bessere Anlage aus!«[363]

*Zickert rät immer wieder, »gegen den Strom zu schwimmen«. »Als ein Besucher ihm einmal sagte: ›Aber Herr Dr. Zickert, Sie sind in dem kleinen Liechtenstein nicht am richtigen Ort. Sie gehören*

[362] Zickert, Die acht Gebote der Finanzkunst, 1924, S. 41 bis 47.
[363] Ebenda, S. 48 bis 53.

*in die Wall Street‹. Da war seine Antwort: ›Nein, hier ist mein Platz. Denn nur von hier aus kann ich die Lage der Börsen klar übersehen und unbeeinflusst beurteilen. Bin ich in der Wall Street, so schwimme ich vielleicht mit der Masse, hier aber ist es mir möglich, gegen den Strom der Ideen zu schwimmen.‹«*[364] Diese Aussage hat bis in die heutige Zeit nichts an Aktualität eingebüßt: 2004 ist die Zinswende ausgeblieben, obwohl die meisten Auguren diese vorausgesagt hatten. Dieses Beispiel zeigt wiederum: Wer der Mehrheit folgt, fährt an den Finanzmärkten keineswegs immer gut. Oft stellt man sich besser auf die Seite der »Contrarians«, die gegen den Konsens handeln. Aus meiner Erfahrung ist an der Börse Verkaufen in der Regel schwieriger als Kaufen, weil die an der Börse Agierenden – wie es Zickert formuliert – »nicht genug kriegen können.« Auch seine Empfehlung, sich vor dem Verkauf von Börsenpapieren eine bessere Anlage auszusuchen, haben nach wie vor Gültigkeit. Wird dieser Rat ignoriert, kommen Anleger oftmals vom Regen in die Traufe.

### 8. Gebot: Machen Sie keine Bankschulden!
»Borgen macht Sorgen … Ist es nicht unglaublich leichtfertig, bei einer Bank einen Kredit in Anspruch zu nehmen, ohne sich Gewissheit über die Dauer und die Zinsen zu verschaffen? … Der Kredit ist ein Hauptinstrument der Finanzkunst. Darauf kann aber nur spielen, wer Talent und Schule hat … Ob ein Geschäftsmann überhaupt Kredit nehmen soll, darüber sind zwei Kapazitäten der Neuen Welt ganz entgegengesetzter Meinung. Beide haben durch die Tat bewiesen, dass sie Geld machen können, sogar sehr viel Geld. Rockefeller behauptet, durch Sparen könne man es zu nichts bringen, sondern nur Schuldenmachen führe zum Reichtum. Ford warnt davor, bei den Banken Kredit zu nehmen. Der Geschäftsmann liefere damit den Schlüssel zu seiner Fabrik an seinen Feind aus. Wer von beiden hat nun recht? Beide! … Machen Sie aber trotzdem keine Bankschulden, vor allem keine leichtsinnigen und unnötigen Bankschulden!«[365]

*Im Dezember 1967, dreizehn Jahre nach Zickerts Tod, sind »Die acht Gebote der Finanzkunst« in einer neuen Auflage erschienen, »ohne aber die Grundlagen zu ändern.«*[366] *Pikanterweise wurde die Überschrift zum 8. Gebot umformuliert: »Machen Sie Bankschulden nur in Ausnahmefällen!« Mit dem zickert'schen Ratschlag »Machen Sie keine Bankschulden!« habe ich als ehemaliger Bankier einige Mühe. Besser gefällt mir die auch von Zickert verwendete Mahnung: »Machen Sie … vor allem keine leichtsinnigen und unnötigen Bankschulden!«*[367] *Heute wie zu Zickerts Zeiten sollte der Kreditnehmer die Dauer des Kredits sowie die Höhe der Zinsen einkalkulieren. Zudem ist – vom Risiko her betrachtet – nicht jeder Bankkredit gleich hoch einzustufen. Eine Hypothek mit einer vernünftigen Belehnung der Liegenschaft kann sehr sinnvoll und zweckmäßig sein. Gut überlegen sollte man sich den Wertschriftenkauf auf Kredit. Man gerät dadurch oft in Gefahr, gerade zum ungünstigsten Zeitpunkt oder – wie Zickert schreibt – »wenn die Kurse am niedrigsten stehen«, die Wertschriften verkaufen zu müssen. Besonders risikobehaftet ist das wiederholte Investieren in die gleichen Aktien mit aufgenommenen Geldern, weil dadurch eine Hebelwirkung entsteht. Schmerzhafte Erfahrungen mit dieser Hebelwirkung (Leverage-Effekt) musste die BZ-Gruppe von Martin Ebner vor ein paar Jahren machen. Sie investierte meist mit kurzfristigen Bankkrediten immer wieder in Aktien von Credit Suisse, ABB, Bâloise usw. Wegen massiver Kursrückgänge bei diesen Aktien verlangten dann die Kredit gebenden Banken zusätzliche Deckung. Nachdem eine solche von der BZ-Gruppe nicht mehr eingeschossen werden konnte, mussten die Banken die Aktien zu Tiefstkursen zwangsliquidieren.*

[364] *Spiegel der Wirtschaft*, Nr. 8, August 1954, S. 237.

[365] Zickert, Die acht Gebote der Finanzkunst, 1924, S. 54 bis 58.

[366] Hermann Zickert: Die acht Gebote der Finanzkunst. Alles, was jeder wissen muss, der ein Vermögen erwerben oder vermehren will. Schaan 1967, S. 7.

[367] Zickert, Die acht Gebote der Finanzkunst, 1924, S. 56.

## »Die 15 Grundregeln der Kapitalanlage«

Von den »15 Grundregeln der Kapitalanlage« sprach Zickert erstmals im Januar 1938 im *Spiegel der Wirtschaft*, und zwar in einem sechsseitigen Aufsatz mit dem etwas überraschenden Titel »Fehler bei der Kapitalanlage«.[368] Er vertritt dort den wenig spektakulären Standpunkt, beim Erlernen des Handwerks der Kapitalanlage müsse man in erster Linie darauf achten, keine Fehler zu machen, dann könne man schon »des Erfolges sicher sein«.

Da für Zickert die »Gesetze der Wirtschaft im Kriege ebenso wie im Frieden gelten«, fasste er im September 1939 die wichtigsten Grundregeln noch einmal zusammen, die er 1938 in negativer Form als »Fehler bei der Kapitalanlage« publiziert hatte.[369]

Zickerts »Grundregeln« erschienen im Januar 1942 erstmals auf etwas mehr als einer Seite in Kurzform: Kernaussage mit knapper Erläuterung. Er verwies, was eine ausführlichere Darstellung anbelangt, auf frühere *Spiegel*-Ausgaben.[370]

»Die ›15 Grundregeln‹ in anderer Fassung«, lautet eine Überschrift im *Spiegel* vom Oktober 1951. Was meinte Zickert mit »in anderer Fassung«? Er erklärt dies so: »Meine den Lesern des *Spiegels* seit Jahren bekannten und zuletzt auf Seite 353 von 1950 wieder abgedruckten ›15 Grundregeln der Kapitalanlage‹ sind häufig nachgedruckt worden. Neuestens waren sie wieder zu lesen in dem in Zürich erscheinenden Wirtschafts-Winken mit vier Auslassungen und drei Zusätzen. Aus Versehen ist wohl die Quellenangabe unterblieben. Hier folgt die neue Fassung.«[371]

Nachstehend werden die »15 Grundregeln der Kapitalanlage« mit einer Einleitung von Zickert wiedergegeben, wie sie in der November-Ausgabe des *Spiegels* im Jahr 1953 veröffentlicht wurden. Zickerts Kernaussagen blieben seit Januar 1938 im Wesentlichen unverändert.

»Die Disposition über die Kapitalanlage in Wertpapieren sollte jederzeit gestatten, dass man sich erstens über den Eintritt einer Hausse freuen kann, weil man dann gut verkaufen kann. Aber auch über den Eintritt einer Baisse sollte man sich freuen können, um dann gut zu kaufen. Drittens sollte auch ein Stillstand an der Börse keine Enttäuschung sein, weil die Anlagen eine gute Rendite bringen.

Um diese ›drei Freuden‹ genießen zu können, ist ein gewisser Bestand von Wertpapieren notwendig, zweitens eine reichliche Reserve in Bargeld oder liquiden Titeln, drittens die Bevorzugung von gut rentierenden Wertpapieren wenigstens als Grundstock der Anlage. Daneben gibt es aber auch einige kleinere ›Regeln‹, die mit kurzer Erläuterung heißen:

1. Genaue Kenntnis jeder einzelnen Kapitalanlage nach Art und nach Vergangenheit. Jedes Wertpapier hat seine besondere Eigenart, die meist erst durch Erfahrung kennengelernt wird.
2. Die Rendite auf längere Dauer ist der wichtigste Faktor der Bewertung. Für die Rendite ist der Reingewinn noch wichtiger als die ausgezahlte Dividende.
3. Der große Markt eines Wertpapieres ist ein Teil seines Wertes. Man kauft zu Preisen, die der Meinung eines großen Personenkreises als angemessen gelten, und kann vor allem schnell wieder abstoßen.
4. Bei Emissionen und bei Konversionen sollte man sich höchstens ausnahmsweise einmal beteiligen. Die Emittenten verkaufen dabei zu den höchsten Preisen, die sich aus dem Markte herausholen lassen.
5. Anleihen nicht über pari kaufen, wenn sich das Agio nicht durch eine genaue Berechnung der Rendite und sicheren Fälligkeit rechtfertigen lässt. Vor allem darf keine frühere Kündbarkeit bestehen.
6. Bei niedrigem Zinsfuß nur kurzfristige Anleihen kaufen, die ohne Kursverlust verfügbares Kapital bleiben, wenn der Zinsfuß steigt. Die langfristigen Anleihen gehen dann im Kurs unter Umständen tiefer herunter.
7. Bei hohem Zinsfuß besser die niedrig verzinslichen Anleihen zu tiefem Kurs kaufen als die neuen Anleihen mit hohem Zinssatz. Wenn der Zinsfuß wieder steigt, tritt zur Rendite dann noch ein Kapitalzuwachs.
8. Keine Werte von Gelegenheitsindustrien kaufen, die nur eine kurze Blüte haben (Patentverwertungen, Mode- oder Luxusartikel, Kriegsgründungen)!

368 *Spiegel der Wirtschaft*, Nr. 1, 2. Januar 1938, S. 2 bis 8.
369 *Spiegel der Wirtschaft*, Nr. 38, 24. September 1939, S. 297 bis 303.
370 *Spiegel der Wirtschaft*, Nr. 1, Januar 1942, S. 1/2.
371 *Spiegel der Wirtschaft*, Nr. 10, Oktober 1951, S. 298.

9. Kein Kapital in Holdingaktien anlegen, da die Beurteilung ihres Wertes noch viel schwieriger und fragwürdiger ist als sonst schon bei Aktien.
10. Nicht auf Transaktionen kaufen! Was der Durchschnittsanleger da etwa Gutes erfährt, wissen andere schon längst und haben es ›ausgewertet‹, etwa Kapitalerhöhungen, Fusionen, Dividenden usw.
11. Nicht mit Verlust tauschen! Man sollte kein Papier billig verkaufen, um dafür ein teureres zu kaufen, sondern lieber durchhalten. Denn bei wirklich guten Anlagen kommen die besseren Kurse wieder.
12. Nicht mit Verlust kaufen! Wenn man sich von einer Anlage einmal getrennt hat, so soll man sie nicht teurer zurückkaufen, wenn der Kurs weiter steigt.
13. Nicht auf Kredit kaufen! Damit begibt man sich in eine Zwangslage und gerät in Gefahr, gerade im schlechtesten Zeitpunkt verkaufen zu müssen.
14. Reserven halten als weitere Vorbedingung für Handlungsfreiheit. Die normale Liquidität sollte mindestens 10 Prozent des Kapitalvermögens betragen, kann allerdings auch einmal vorübergehend eingesetzt werden.
15. Nicht über höchstens 20 Prozent des Kapitals in eine Anlage stecken! Die Höchstgrenze wird bei Aktien und nicht unbedingt sicheren Anleihen sogar bei 10 Prozent liegen. Auch in einer Wirtschaftsgruppe sollten nicht über 20 Prozent der Anlage in Wertpapieren investiert sein.«[372]

---

[372] *Spiegel der Wirtschaft*, Nr. 11, November 1953, S. 324/325.

# Ein Wegbereiter und Vordenker

Porträt von Hermann Zickert, Öl auf Holz (1923).

Hermann Zickert gelang es, dank seiner intellektuellen Stärke und seinem praktisch orientierten Denken etliche Prinzipien zu entwickeln, die für den Erwerb und Handel mit Wertpapieren immer Gültigkeit haben werden. Seine »Acht Gebote der Finanzkunst« von 1924, damals ein Bestseller und eines der besten Bücher, das je über das Geldanlegen geschrieben wurde, und seine »15 Grundregeln der Kapitalanlage« waren selten so aktuell wie heute: »Prüfen Sie, bevor Sie kaufen!«, »Lassen Sie sich nicht durch Versprechungen blenden!«, »Versäumen Sie nicht den rechtzeitigen Verkauf!« usw. Wer könnte behaupten, diese Gebote hätten in unserer Zeit keine Berechtigung mehr?

Zickert war aber auch Schriftsteller. Unter dieser Berufsbezeichnung wurde er als Geschäftsführer des Baltic-Verlags im liechtensteinischen Öffentlichkeitsregister eingetragen. Er konnte komplizierte Sachverhalte rund um die Börse leicht verständlich beschreiben. Seine Texte sind nie langweilig, sondern immer gespickt mit Lebensweisheiten und persönlichen Erfahrungen. Gerade in seinen Antworten auf Leserzuschriften im *Spiegel der Wirtschaft* flammt auch sein ausgeprägter Witz und Humor auf. Zudem legte er großen Wert auf seine Unabhängigkeit und betonte häufig, dass er auf keine Bank und auf keine Kommissionen angewiesen sei. Er war mutig, hatte Rückgrat und bezeichnete sich gelegentlich selber als »sperrig« und »widerspenstig«. Im *Spiegel* nahm er kein Blatt vor den Mund. Dies führte dann auch dazu, dass die Zeitschrift wegen seiner Artikel »Die Konjunkturprognose« und »Schacht gegen Schacht« in Nazi-Deutschland 1936 vorübergehend verboten wurde.

Mit 22 Jahren promovierte Zickert 1907 an der Ruprecht-Karls-Universität in Heidelberg zum Dr. phil. Sein philosophisches und ganzheitliches Denken ist in allen seinen Texten spürbar. So vergleicht er in seinen Aktienanalysen von 1926 und 1927 ein Unternehmen mit dem menschlichen Organismus und spricht vom »Gesundheitszustand der Aktiengesellschaften«. In ansonsten trockenen Börsenberichten versteht es Zickert, Philosophen und Dichter zu zitieren. Solche Gedankensplitter, verbunden mit einem gesunden Sarkasmus, machen seine Schriften spannend und erfrischend.

Wo ist Zickert in der Finanzanalyse einzuordnen? Heute würde man wohl sagen, er sei ein Vertreter der Fundamentalanalyse im Geiste von Benjamin Graham gewesen. Sein Analyseansatz basierte auf ökonomischen Gegebenheiten, also auf messbaren Faktoren und dem Grundsatz, möglichst alle relevanten volks- und betriebswirtschaftlichen Daten zu beurteilen und zu gewichten.

Zur eigentlichen Meisterschaft brachte es Zickert in der Bilanzanalyse. Bereits 1926 untersuchte er nach einem von ihm entwickelten Modell Bilanzen. Er fasste Zahlen aus der Bilanz zusammen und verglich sie mit denjenigen anderer Unternehmen des gleichen Sektors. So entstanden seine legendären Branchenstudien. Im Vorspann zu diesen Studien erhält der Leser allgemeine Hintergrundinformationen über den Wirtschaftszweig, dann folgen die Analysen der einzelnen Unternehmen, die an der gleichen Börse gehandelt werden, mit Daten über Geschichte, Umsätze, Eigenmittel, Schulden des Unternehmens usw. Diese Zahlen listete Zickert im langfristigen Vergleich auf. Zu jedem Unternehmen gab er außerdem eine persönliche Beurteilung ab. Das Spektrum der Branchen, die er beurteilte, war sehr breit, wobei er die Hersteller von Gebrauchsartikeln, Unternehmen also, deren Aktivitäten er verstand, bevorzugte. Als das Fernsehen aufkam, analysierte er auch die amerikanischen Fernsehanbieter, deren Zukunftsaussichten er allerdings skeptisch beurteilte. Das Risiko schien ihm unüberschaubar, und die entsprechenden Titel hielt er eher für hoch bewertet.

Dank der Branchenstudien wusste Zickert Bescheid über die einzelnen Unternehmen und deren Aktien. Er kannte die Art des Geschäftsbetriebes, die Kapitalisierung, die etwaige Verschuldung, die Ergebnisse der letzten Jahre, die Kursbewegungen und die Dividenden. Mit diesem Wissen war Zickert in der Lage, die richtige Aktie auszuwählen. Welches waren für ihn die Auswahlkriterien? Er fokussierte sich auf Unternehmen mit wachsendem Geschäft, auf solche mit Aussicht auf stabile oder steigende Dividende sowie auf Aktien mit dem geringsten Kurseinbruch in der Baisse. Wenn man nach diesen Kriterien die richtige Aktie ausgewählt hat, dann soll man nach Meinung von Zickert vor allem drei Dinge beachten: diversifizieren, aber nicht zersplittern, Geduld aufbringen und jene Papiere nicht zu oft wechseln, die man über eine längere Zeit bereits kennt.

Zickert hatte seine Anlagestrategie in den Zwanziger- und Dreißigerjahren des letzten Jahrhunderts entworfen. Die Erfolgsstrategie der Gegenwart heißt »Value Investing« (wertorientiertes Anlegen). Sie beruft sich auf Benjamin Graham und seinen berühmten Schüler Warren Buffett. Graham interessierten vor allem die messbaren Faktoren der Bilanz und der Erfolgsrechnung (Bewertung der Aktiva, Verschuldung, Beurteilung der Ertragskraft usw.).[373] Aktienanalysen waren für Zickert immer auch Bilanzanalysen. Somit sind im Analyseansatz zwischen Graham und Zickert verblüffende Parallelen erkennbar. Mit Value Investing bringt man auch Begriffe wie Sicherheitsmarge (Puffer für unerwartete Entwicklungen) und innerer Wert in Verbindung. In »Security Analysis« definierte Graham zusammen mit Dodd 1934 den inneren Unternehmenswert als den »von den Fakten bestimmten Wert«: Aktiva des Unternehmens, seine Erträge und Dividenden sowie seine absehbaren Zukunftsaussichten.[374] Dagegen bezeichnete Zickert 1933 in den »Grundsätzen der Kapitalanlage« alles außer den drei »wirklichen Werten« (Gebrauchs-, Ertrags- und Marktwert) als Hoffnungen und Einbildungen. Man spreche, fährt Zickert fort, namentlich bei Aktien oft vom Substanzwert und vom inneren Wert. Dies sei aber nur »eine Redensart der Aktienverkäufer«. Das Konkreteste sei noch die Erwartung einer Ertragssteigerung in der Zukunft, was allerdings eine Hoffnung und keine »objektive Tatsache« sei.[375] Graham war sich bewusst, dass der innere Wert nicht genau bestimmbar ist, man müsse aber eine Schätzung versuchen. So stellte er für die Ermittlung des inneren Wertes eine Formel auf. Warren Buffett meinte zu der Graham'schen Formel einmal schmunzelnd: »Ich habe nie solche Formeln benutzt. Ich glaube auch nicht, dass Ben in bester Form war, als er mit Formeln arbeitete.«[376] Es ist anzunehmen, dass Zickert, der sich bei seinen Analysen kaum auf Formeln abstützte,

---

[373] Janet Lowe: Die Graham-Methode. Benjamin Grahams Value-Investing Schritt für Schritt. Rosenheim 2000, S. 20.
[374] Ebenda, S. 34 und S. 43.
[375] Zickert, Grundsätze der Kapitalanlage, S. 7 bis 10.
[376] Lowe, S. 88.

ähnlich reagiert hätte. Sieht man von seinen kritischen Äußerungen zum inneren Wert ab, war Zickert ein typischer Value Investor, vielleicht einer der ersten überhaupt.

Was würde Zickert zur technischen Analyse und zur Analyse auf Basis der »Behavioral Finance«[377] sagen? Die seit Jahrzehnten etablierte technische Aktienanalyse basiert auf drei Grundannahmen:
1. Die Marktbewegung diskontiert alles.
2. Kurse bewegen sich in Trends.
3. Die Geschichte wiederholt sich selbst.[378]

Mithilfe computergesteuerter Berechnungen und vernetzter Daten wird versucht, künftige Trends zu prognostizieren (Chartanalyse usw.). Ob sich Zickert je mit dieser Methode angefreundet hätte, ist aufgrund seines zwiespältigen Verhältnisses zur Technik mehr als fraglich. Würde Zickert die technische Analyse vielleicht sogar als Hokuspokus-Methode bezeichnen? – Erst seit etwa Mitte der 1980er-Jahre spricht man von der Analyse auf der Basis von Behavioral Finance, die das psychologische Verhalten der Anleger professionell untersucht. Zickert hätte dies wohl befürwortet, befasste er sich doch häufig mit dem Verhalten der Marktteilnehmer an der Börse, ihren Ängsten, ihrer Gier und ihrem Herdentrieb. Skeptisch betrachten würde er möglicherweise die konkreten Prognosen, die heute aus dem irrationalen Verhalten der Marktteilnehmer aufgestellt werden. Zickert wurde einmal gefragt: »Was halten Sie von kosmischen Börsenprognosen?« Seine Antwort war ebenso klar wie sarkastisch: »Auch von diesen Voraussagen gilt ...: Es ist ein Zufall, wenn sie richtig sind, und ebenso ein Zufall, wenn sie falsch sind. Richtig und falsch dürfte sich auf die Länge der Zeit wie $1/2$ zu $1/2$ verhalten, also kommt praktisch nichts heraus.«[379]

Zickert befasste sich nicht nur mit den Grundsätzen der Kapitalanlage und stellte Gebote dazu auf, sondern er war auch Börsenpraktiker. Es gelang ihm, eine natürliche Brücke von der Theorie zur Praxis zu schlagen. So bot er in den Dreißigerjahren Investoren eine private, unabhängige Börsenberatung an – wohl einmalig im deutschsprachigen Raum.

Er machte konkrete Anlagevorschläge und beurteilte Kundendepots mit sicherer Hand, wofür er ein bescheidenes Honorar verlangte.

Worin liegt Zickerts Anlageerfolg aus heutiger Sicht? Er empfahl nur Wertpapiere von Gesellschaften, die er vorher eingehend studiert hatte. Im Lauf seines Lebens dürfte er für mehrere Hundert Gesellschaften solche scharfsichtigen Analysen erstellt haben. Zickert fokussierte sich bei seinen Empfehlungen auf eine relativ geringe Anzahl von substanzstarken Aktien, die man meist erst durch die Erfahrung kennenlernt. Die Rendite auf längere Dauer war für ihn das wichtigste Beurteilungskriterium für Wertpapiere. Und bei Aktien sei der Reingewinn noch wichtiger als die ausgeschüttete Dividende. Bereits im September 1934 schrieb Zickert, dass die Amerikaner dem Gewinn pro Aktie und der Kapitalisierung der Aktie im Kurs (Gewinnrendite) besondere Aufmerksamkeit schenken würden. Er verwendete die Analysekennziffern der Amerikaner, unter anderem auch das Kurs-Gewinn-Verhältnis – soweit dies aufgrund der spärlichen Daten der Unternehmen in Europa überhaupt möglich war –, selber in seinen Aktienanalysen. War Hermann Zickert einer der Ersten, der mit diesen wichtigen Bewertungskennziffern in Europa arbeitete?

Obwohl ich den Namen Zickert in keinem Lehrbuch und keinem Lexikon gefunden habe, gehört er zu den Pionieren der Finanzanalyse. Er hatte glänzende Ideen, die er auch umsetzte und auf deren Basis andere berühmte Börsianer und Finanzanalysten nach ihm aufbauen konnten. Zickerts Aktienführer machte in den Dreißigerjahren Schule. Die modernen Aktienführer, die von Bankinstituten herausgegeben werden, sind ähnlich strukturiert. Investmentvereine in der Art des Zickert'schen Kapitalvereins von 1923 sind weit verbreitet. Der heutige Performance-Ausweis, den die Banken dank Computer den Kunden jeweils in aktuellster Form präsentieren können, basiert vor allem auf Überlegungen von Zickert, die er 1940 in der »Erfolgsbuchhaltung für Wertpapiere« anstellte.

[377] Vgl. Joachim Goldberg und Rüdiger von Nitzsch: Behavioral Finance. Gewinnen mit Kompetenz. 4. Aufl. München 2004.
[378] John J. Murphy: Technische Analyse der Finanzmärkte. Grundlagen, Strategien, Methoden, Anwendungen. 3. Aufl. München 2004, S. 22.
[379] *Spiegel der Wirtschaft*, Nr. 7, Juli 1944, S. 206.

Hermann Zickert war ein Wegbereiter der modernen Finanzanalyse und ein Altmeister der Börse. Mir persönlich bleibt dieser vergessene Pionier als der Mann im Nachbarhaus mit Stock und Hut in Erinnerung.

# Anhang

### Beispiele für Musterportfolios

Im *Spiegel der Wirtschaft* formulierte Zickert oft konkrete Anlagevorschläge, »um nicht in der Theorie zu bleiben«. Für einen Rentner stellte er 1943 ein Wertschriftenportfolio auf der Basis von 30 000 Schweizer Franken zusammen, das auf den Seiten 125 bis 130 besprochen wird.

Diese »Trockenübungen«, bei denen die Leserschaft immer wieder zum Mitmachen eingeladen war, vermitteln gute Einblicke in Zickerts Denken sowie in seine Investmentphilosophie und -strategie. Daher zitieren wir nachfolgend zwei weitere Vorschläge für Kapitalanlagen aus den 1940er-Jahren: »Wie legt man 50 000 Franken in der Schweiz an?« und »Preiswerte New Yorker Anlagen«.

Was fällt bei den zickert'schen Musterportfolios auf? In einem ersten Schritt legte Zickert die »Spielregeln« fest, das heißt, er analysierte das persönliche Umfeld des Investors (»Es gibt kein vom Besitzer losgelöstes Vermögen.«) und dessen finanzielle Situation (inkl. Grundbesitz, Lebensversicherungen usw.). Handelt es sich um »freies« Kapitalvermögen? Ist der Anleger auf regelmäßiges Einkommen angewiesen? Erst dann folgten Fragestellungen, welche die optimale Vermögensstruktur betrafen: Wie soll die Einteilung und Verteilung der Kapitalanlagen sein? Wie hoch soll der Prozentsatz an Aktien und Obligationen sein? Auslandspapiere ja oder nein? Falls ja, wie groß soll der Anteil sein? Wie viele Wertschriftenposten sollen es überhaupt sein? Soll man alle Titel »bestens« kaufen oder den Kaufpreis limitieren?

In Bezug auf die Titelselektion baute Zickert auf seiner erprobten Fundamentalanalyse und seiner langjährigen Erfahrung auf. Die Rendite der Anlagen war für ihn sehr wichtig, aber nicht allein maßgebend. Noch größeren Wert legte er darauf, dass die einzelnen Titelposten »nicht gleichartig« waren, sondern »sich gegenseitig ergänzen, um einen Ausgleich des Risikos zu schaffen«. Diesen Gedanken der optimalen Mischung der Wertpapiere machte Harry M. Markowitz, der Nobelpreisträger für Wirtschaftswissenschaften 1990, zum Grundpfeiler seiner »Portfolio Selection Theory«, die den Zusammenhang zwischen Risiko und Ertrag beschreibt.

Was ist aus den zickert'schen Empfehlungen geworden? In späteren *Spiegel*-Ausgaben hält Zickert Rückschau auf seine früheren Empfehlungen, womit die Performance seiner Anlagepolitik transparent wird. Dank einer »guten Mischung der Anlagen« und einzelner Titel, die »nicht zu teuer, gut fundiert und rentierend« waren, konnte er insgesamt eine Erfolgsbilanz präsentieren. So schrieb Zickert im September 1952 mit berechtigtem Stolz, das Ergebnis seines Depots in amerikanischen Wertpapieren, das er im Dezember 1947 beurteilt habe, liege im Fünfeinhalb-Jahres-Vergleich über demjenigen des Dow Jones Industrial Index (siehe S. 235).

## Wie legt man 50 000 Franken in der Schweiz an?

*Spiegel der Wirtschaft*, Nr. 11, November 1942, S. 328 bis 332:
Sehr oft werde ich von meinen Lesern gefragt, ob dieses oder jenes Papier gut sei. Eine solche Frage lässt sich beantworten durch Schilderung der charakteristischen Merkmale und der Entwicklung seit längerer Zeit. Weniger leicht lässt sich die Frage beantworten, ob ein Papier für eine Anlage preiswert sei. Aber auch da ist in vielen Fällen eine einigermassen bestimmte Auskunft noch möglich. Nicht zu beantworten, wenigstens nicht bestimmt zu beantworten, sind die Fragen, ob man ein Papier kaufen oder verkaufen solle. Denn die Antwort müsste auf eine Voraussage hinauslaufen, ob der Kurs in absehbarer Zeit steigt oder fällt.

Nicht oft genug kann ich bei diesen Gelegenheiten betonen, dass jede Antwort auf eine solche Frage recht verschieden sein kann je nach der persönlichen Situation dessen, der ein Papier kaufen oder verkaufen will. Wenn etwa jemand einen teuren Posten einer nicht gerade empfehlenswerten Anlage besitzt, deren Kurs inzwischen tief gesunken ist, so kann in diesem Falle doch ein Zukauf in Betracht kommen zwecks Verbilligung des »Einstandes« und Verbesserung der Aussicht, einmal ohne Verlust wieder herauszukommen. In einem anderen Falle wird man vom gleichen Papier sagen: Hände weg!

Oder wenn jemand eine grössere Neuanlage in einem Titel beabsichtigt, der gerade noch einigermassen preiswert erscheint, so kann es richtig sein, auch zu einem nicht besonders guten Preise einen Teil der Anlage zu kaufen, um in jedem Falle »dabei zu sein«. Von dem gleichen Papier und von dem gleichen Kurs müsste man aber einem anderen, der schon einen grossen Bestand hat, schreiben, er warte besser für einen Zukauf einen billigeren Kurs ab, wenn überhaupt noch ein Zukauf in Betracht kommt. Ja, es könnte sogar in diesem Falle wegen »Überfüllung« ein Teilverkauf richtiger erscheinen.

Ähnlich ist es mit der notwendigen Berücksichtigung der Situation der gesamten Kapitalanlage. Jemand besitzt reichlich Kriegswerte oder Friedenswerte oder Maschinenaktien oder Amerikaner usw., dann kann selbst ein preiswerter Kursstand nicht gerade zu einer weiteren Anlage in Titeln gleicher Art reizen. In einem anderen Falle ist die Titelgruppe in der Anlage überhaupt noch nicht vorhanden, dann sieht die Preiswürdigkeit für einen Ankauf ganz anders aus.

Weiter spielen bei Verkäufen die Einstandskurse eine grosse Rolle. Wenn jemand Papiere mit 50 Fr. gekauft hat, so ist es wohl richtig, bei einer Kurssteigerung auf 100 Fr. einen guten Teil davon abzustossen. Das kann auch noch richtig sein, wenn der Einstand bereits 80 Fr., aber der Titelposten relativ gross ist. Ein Verkauf zu 100 Fr. wird aber falsch erscheinen, wenn der Einstand 110 Fr. beträgt. Aber auch dann könnte er für einen Teil richtig erscheinen, wenn der Posten sehr gross ist und der Kurs vorher sehr tief war.

Man begegnet oft der Ansicht, dass ein Papier bei einem bestimmten Kurs für alle den gleichen Wert habe. Das ist aber eine falsche Ansicht. Das Papier hat zwar für alle in dem Zeitpunkt den gleichen Preis, aber der Wert für den einzelnen Interessenten kann ausserordentlich verschieden sein, und zwar nach den verschiedenen persönlichen Situationen der Anleger, von denen oben einige geschildert sind.

Um aber auch einmal ein praktisches Beispiel aufzustellen, wie etwa die verschiedenen Gesichtspunkte der Einteilung und Verteilung einer Kapitalanlage zu berücksichtigen sind, möchte ich ein solches Beispiel etwa für ein Kapital von 50 000 Fr. veröffentlichen, wie ich mir die Einteilung und Auswahl denke. Dabei soll als Voraussetzung gelten, dass es sich bei den 50 000 Fr. um ein »freies« Kapitalvermögen handelt, das der Inhaber nur gut anlegen möchte, ohne auf eine Realisierung des Kapitals oder auf das Einkommen aus der Rendite angewiesen zu sein.

Dann handelt es sich zunächst um die Aufteilung in nicht zu viele und nicht zu wenige Posten. Als Mittelmass könnte etwa eine Einteilung in zehn verschiedene Posten als ausreichend gelten, um nicht in zu kleine Beträge zu zersplittern. Der einzelne Anlageposten würde dann durchschnittlich 5 000 Fr. sein, aber nur durchschnittlich. Von sicheren Papieren wird man einen etwas grösseren Posten nehmen, von weniger sicheren sich dagegen mit einem kleineren Posten begnügen.

Dann müsste weiter berücksichtigt werden, dass die einzelnen Titelposten nicht gleichartig sind, sondern sich nach Möglichkeit gegenseitig ergänzen, um einen Ausgleich des Risikos zu schaffen. Man wird sich da zunächst über die Einteilung zwischen Anleihen und zwischen Aktien klar werden müssen. Das Beispiel sieht in dieser Beziehung etwa ein Drittel Anleihen und zwei Drittel Aktien vor. Gerade diese Einteilung kann aber schon nach den persönlichen Bedürfnissen und Wünschen auch anders ausfallen, etwa mit Rücksicht auf vorhandenen Grundbesitz als »Sachwerte« oder auf Lebensversicherungen, Hypotheken usw. als »Geldwerte«.

Bei den Anleihen ist weiter die Frage, ob überhaupt Auslandspapiere oder grundsätzlich nicht. Die gleiche Frage stellt sich für die zwei Drittel in Aktien. Um auch da von allgemeinen Voraussetzungen auszugehen, ist das Beispiel wieder in etwa zwei Drittel Inlandswerte und ein Drittel Auslandswerte geteilt, und zwar in beiden Gruppen Anleihen und Aktien. Nur sollten dann die Auslandswerte nicht in dem gleichen Ausland liegen, sondern auch verteilt sein.

Die Aktien schliesslich sollten aus verschiedenen Wirtschaftszweigen ausgewählt sein, besonders nach dem Gesichtspunkt, dass sie entweder von den Konjunkturen ziemlich unabhängig sind oder – gerade gegenwärtig – mehr in der Kriegskonjunktur oder andererseits mehr in dem Nachkriegsgeschäft ihre Aussichten haben. In dem Beispiel sind alle drei Typen vertreten, was aber nicht ausschliesst, auf eine zu verzichten.

Zum Schluss ist noch die Voraussetzung, dass alle Papiere einen Kurs und einen regelmässigen Umsatz an Schweizer Börsen haben und dass Zahlstellen in der Schweiz bestehen. Dann sind »alle Eier in einen Korb gelegt«, und dieser Korb lässt sich ohne besondere Umstände und Bemühungen im Auge behalten.

### A. Anleihen

1. Etwa 10 000 Fr. in einer erstklassigen Anleihe, die sozusagen das Rückgrat der Anlage bildet, auch als Liquiditätsreserve dient. Dazu muss diese Anleihe kurzfristig sein. Ich schlage vor:
   7 000 Fr. 3 Prozent Wehranleihe à 100 Prozent.     7 000 Fr.
2. Etwa 5 000 Fr. in einer gut verzinslichen, sicheren Anleihe auf lange Sicht. Solche Titel sind preiswert gegenwärtig kaum zu finden. Als Aushilfe könnte da etwa dienen die bis 1953 auszulosende 4 Prozent Argentinien 1933. Ich schlage vor:
   5 000 Fr. 4 Prozent Argentinien à 90 Prozent.
   [Zickert zählte früher Argentinien-Anleihen zu den »Exoten«.]     4 500 Fr.
3. Etwa 3 000 Fr. in einer sehr hoch verzinslichen, aber dafür auch spekulativen Anleihe. Von der nicht kleinen Auswahl schlage ich vor:
   30 000 Fr. 5 1/2 Prozent Younganleihe mit Erklärung à 10 Prozent.     3 000 Fr.
4. Weitere etwa 3 000 Fr. in einer ähnlichen Anleihe zur Verteilung des Risikos. Da kann man südamerikanische oder europäische Titel wählen. Ich schlage vor:
   2 000 Dollar 7 Prozent Meridionale m. E. à 30 Prozent.     3 000 Fr.

**Anleihen insgesamt**     **17 500 Fr.**

Schon bei dieser Auswahl von Anleihen ist der Grundsatz von zwei Drittel Inland und ein Drittel Ausland nicht eingehalten, was aber an der gegenwärtigen Situation der teuren Inlandsanleihen liegt. Ein gelegentlicher Tausch bei Änderung der Verhältnisse würde also bereits in fester Absicht liegen.

### B. Aktien

5. Etwa 5 000 Fr. in einer Versicherungsaktie oder einer Eisenbahnaktie, vielleicht auch einer Bankaktie, jedenfalls einem nicht allzu beweglichen Papier. Ich schlage vor:
   2 Aktien Schweizer Rückversicherung à 3 000 bis 4 000 Fr. — 6 000 Fr.
6. Etwa 5 000 Fr. in einer weiteren, wenig konjunkturabhängigen Aktie, etwa Kraftwerk oder Chemie oder Warenhaus. Ich schlage als jetzt preiswert vor:
   5 Laufenburg à 1 000 Fr. — 5 000 Fr.
7. Etwa 5000 Fr. in einer Industrie mit gutem Geschäftsgang durch den Krieg, besonders der Maschinen- und Metallindustrie, etwa Aluminium, Sulzer, Fischer, Dornach usw.
   Ich schlage vor: 25 Namensaktien Stahlwerk Fischer à 180 Fr. — 4 500 Fr.
8. Etwa 5 000 Fr. in einer soliden Aktie einer Industrie, der es gegenwärtig nicht besonders gut geht, aber nach Kriegsende wohl besser gehen wird, also Bauwerte, vielleicht auch Schokolade-Industrie, Glaro usw. Ich schlage da als preiswert vor:
   50 Cont. Linoleum à 90 Fr. — 4 500 Fr.
9. Etwa 5 000 Fr. in einer ausländischen Aktie und da zunächst Nordamerika, um indirekt an der New Yorker Börse zu sein. Die Kurse sind aber jetzt in der Schweiz wesentlich über New Yorker Parität.
   Infolgedessen wären erst in Aussicht zu nehmen:
   50 Pennsylvania à 100 Fr. — 5 000 Fr.
10. Etwa 5 000 Fr. einer zweiten Auslandsaktie, zum Beispiel Chade oder Italo-Argentina oder auch Royal Dutch, wenn diese noch billig wären. Auch deutsche Aktien könnten in Frage kommen, wenn nicht die Anlage in Younganleihe bestünde.
    Vorschlag: 50 Italo-Argentina à 130 Fr. — 6 500 Fr.

**Aktien insgesamt** — **31 500 Fr.**

Wer diese Aufstellung aufmerksam durchgesehen hat, dem wird bereits aufgefallen sein, dass die angegebenen Preise für einzelne Anlagen nicht mit den Tageskursen übereinstimmen. Darin kommt zum Ausdruck, dass es keinesfalls richtig erscheinen würde, nun sofort einfach alle genannten Papiere anzuschaffen, gleichgültig zu welchem Preis sie erhältlich sind.

Vielmehr nimmt das Beispiel nur gewisse Anlagen oder auch nur Anlagetypen in Aussicht mit dem Vorbehalt, dass die einzelnen Titel einmal preiswert früher oder später zu haben sind. Die angegebenen Preise stellen dabei nur diejenigen Kurse dar, zu denen ich in grösserem Rahmen die Titel wenigstens nicht für zu teuer halte. Es ergibt sich schon daraus, dass vorläufig noch nicht das gesamte Kapital anzulegen wäre. Ein Teil davon wird einstweilen als Reserve verfügbar bleiben.

Dabei sei daran erinnert, dass in jeder Kapitalanlage normal eine liquide Reserve von mindestens 10 Prozent des Kapitals verbleiben sollte. Sie dient als Vorsorge, bei unerwarteten Ereignissen allgemeiner Art und Kursrückgängen einzelner Papiere günstig eine neue oder zusätzliche Anlage machen zu können. In der Regel wird bei Kapitalanlagen diese Reserve übersehen und das ganze Kapital in Titeln festgelegt – mit der Folge, dass die Anlage einseitig auf eine Hausse an den Börsen ausgerichtet ist und die besten Gelegenheiten zur Ausnutzung niedriger Kurse ausgelassen werden müssen.

Aus diesen Bemerkungen ergibt sich schon, dass die ganze Kapitalanlage nicht etwa für alle Dauer in den einmal ausgewählten Titeln festliegen soll, sondern sie ist gerade auf spätere Veränderungen, Ergänzungen, Umtausche usw. wenigstens in Gedanken vorzubereiten. Dabei wird aber das Hauptgewicht darauf zu legen sein, dass in der eigentlichen Einteilung und in der Verteilung des Risikos nicht zu viel geändert wird. Das heisst, man wird nicht etwa die inländischen Anleihen gänzlich abstossen und dafür Auslandsaktien anschaffen. Man wird vielmehr nur einigermassen Vergleichbares miteinander austauschen, etwa Auslandsanleihen gegen andere Auslandsanleihen, »stabile« Aktien gegen andere stabile Aktien, aber auch vielleicht zu einem gewissen Zeitpunkt die »Kriegsaktien« überhaupt durch »Friedensaktien« ersetzen usw.

Die Hauptsache bleibt, dass für jede spätere Veränderung in der Kapitalanlage ein vernünftiger Grund vorhanden ist, dass etwa für einen Tausch innerhalb einer Titelgruppe das zu verkaufende Papier im Kurs gestiegen und das zu kaufende

Papier billiger oder wenigstens nicht entsprechend teurer geworden ist. Auch da kann es sich ergeben, dass einmal für eine längere Zeit überhaupt eine Titelgruppe »leer« bleibt.

Das ist dann die Gelegenheit, wieder an die liquide Reserve zu denken. Deren Bestimmung ist ja, gerade für aussergewöhnliche Fälle verfügbar zu sein. Wenn dann aber für eine solche besonders günstig erscheinende neue Anlage einmal die liquide Reserve total aufgebraucht ist, dann sollte sie möglichst bald wieder neu gebildet werden. Das heisst, man wird zu diesem Zweck eine Anlage auch schon mit einem relativ kleinen Nutzen verkaufen, während man bei grosser Liquidität auf grössere Kursbesserungen ruhig warten kann. Denn für den Fall schwacher Börsen ist ja dann bereits vorgesorgt. Bei mangelnder Liquidität muss man dafür erst vorsorgen.

Noch eine Bemerkung zum Schluss über die Rentabilität der in dem Beispiel vorgeschlagenen Anlage von 50 000 Fr., obwohl diese Rentabilität nicht für sich allein massgebend für die Auswahl der Anlagen sein soll. Denn die Erfahrung zeigt, dass in der Regel bei Papieren mit sehr hoher Rendite die Gefahr eines Rückganges dieser Rendite sehr naheliegt und dass bei einer niedrigen Rendite, zumal bei Aktien, eine spätere höhere Dividende oder sonst eine Vergütung mindestens nicht unwahrscheinlich ist.

Die vorgeschlagenen Papiere würden folgende Renditen auf Grund der letzten Zahlungen bringen:

|   | Anleihen |   | Aktien |
|---|---|---|---|
| 1. | 210 Fr. | 5. | 255 Fr. |
| 2. | 200 Fr. | 6. | 250 Fr. |
| 3. | 900 Fr. | 7. | 250 Fr. netto |
| 4. | 700 Fr. | 8. | 375 Fr. |
| Anleihen | 2 010 Fr. | 9. | 375 Fr. netto |
| Aktien | 1 855 Fr. | 10. | 350 Fr. |
| **Total** | **3 865 Fr.** |   | **1 855 Fr.** |

Diese Gesamtrendite von 3 865 Fr. für 50 000 Fr. Kapital erscheint überraschend hoch. Sie ist aber auch nur deshalb so hoch, weil einige Titel eine aussergewöhnlich hohe Rendite bringen, die in Wirklichkeit keine normale Rendite, sondern viel eher eine Risikoprämie ist und praktisch nicht als Einnahme aus Zins, sondern als Amortisation des Anlagekapitals betrachtet werden sollte. Dass gerade bei diesen aussergewöhnlich hohen Renditen auch mit einer Ermässigung vorübergehender oder dauernder Natur in Zukunft gerechnet werden muss, ergibt sich aus der Titelart wohl als selbstverständlich.

Denn Rendite und Rendite kann zweierlei sein, je nachdem, was man darunter versteht. Deshalb verzichte ich auch im allgemeinen auf minutiöse Berechnung von Renditen. Sie sind stets mehr oder weniger unsicher, bei Aktien immer unsicher, und genau berechnen lassen sie sich erst, wenn eine Kapitalanlage wieder liquidiert, zurückgezahlt, ausgelost oder verkauft ist.

Das ist auch bei der oben errechneten Rendite des Beispiels einer Kapitalanlage so: Die Rendite daraus kann auf längere Zeit so sein, sie kann sich aber auch tatsächlich als niedriger ergeben, vielleicht auch als höher. Wer über die effektiv hereingebrachten Renditen und auch sonst über die Erfolge seiner Kapitalanlagen eine genaue Übersicht und Berechnung haben will, für den ist eine entsprechende Effektenbuchhaltung unentbehrlich.

**Eine Einladung an die Leser**
*Spiegel der Wirtschaft*, Nr. 12, Dezember 1942, S. 366:
In der vorigen Ausgabe [des *Spiegels der Wirtschaft*] hatte ich auf Seite 328 ff. ein Beispiel für eine Kapitalanlage veröffentlicht, wie eine solche gegenwärtig etwa unter verschiedenen Titeln und besonders unter verschiedenen Arten von Titeln aufgeteilt werden sollte. Dabei war ein Kapital von 50 000 Fr. angenommen, um für einen möglichst grossen Kreis ein Beispiel zu bieten.

Drei Grundzüge spielten für die Einteilung der Kapitalanlage eine Rolle: erstens Verteilung auf etwa zehn Posten um je 5 000 Fr. herum, von sicheren Titeln etwas mehr, von spekulativen dagegen weniger; zweitens Verteilung auf etwa ein Drittel Anleihen und zwei Drittel Aktien; drittens Verteilung auf etwa zwei Drittel Inlandswerte und ein Drittel Auslandswerte. Das war zunächst die grundsätzliche Verteilung.

Neben dieser Verteilung spielt die Auswahl der Titel, auf die sonst der Hauptwert gelegt zu werden pflegt, doch nur eine untergeordnete Rolle. Erst muss man sich entscheiden, welche Art Titel für die Anlage in Frage kommt, und dann erst, welcher Titel dieser Art gerade zur Zeit preiswert erscheint. Um nicht in der Theorie zu bleiben, waren auch einzelne Titel genannt.

Das ist aber alles nur ein Vorschlag und eine Meinung von mir gewesen. Man kann gewiss auch anderer Meinung sein, sowohl was den Grundsatz der Einteilung als auch die Auswahl der Titelarten als schliesslich auch der Einzelnen als geeignet angesehenen Titel betrifft. Es würde nun gewiss im allgemeinen Interesse liegen, wenn auch andere Meinungen darüber zum Ausdruck kämen, wie man gegenwärtig ein Kapital von ca. 50 000 Fr. am besten anlegt.

Deshalb möchte ich gerade für die kommenden Feiertage möglichst viele meiner Leser bitten, mir ihre etwa abweichenden Ansichten darüber mitzuteilen, wie man gegenwärtig ein Kapital von 50 000 Fr. am besten anlegen würde. Es genügt zu schreiben: Die 50 000 Fr. würde ich anlegen in erstens, zweitens usw.

Die Beispiele sollen veröffentlicht werden, was wohl wieder alle Leser interessiert.

## Antworten aus dem Leserkreis

*Spiegel der Wirtschaft*, Nr. 2, Februar 1943, S. 47 bis 51:
Im Novemberheft [des *Spiegels der Wirtschaft*] hatte ich auf Seite 328 ff. eine Zusammenstellung von Titeln veröffentlicht als Beispiel, wie etwa eine Kapitalanlage von 50 000 Fr. in der Schweiz jetzt aufzuteilen wäre, wenn keine Rücksichten auf besondere Sicherheit, Einkommen oder sonstige Vermögenswerte zu nehmen wären. Im Anschluss daran war im Dezemberheft auf Seite 366 an die Leser die Einladung gerichtet worden, auch anderen Meinungen über Zweckmässigkeit der Einteilung, Zusammenstellung und Auswahl einer solchen Kapitalanlage Ausdruck zu geben.

Der Einladung ist bisher nur sehr bescheiden Folge geleistet worden. Nur ein einziger vollständiger Anlageplan ist eingegangen, den ich mit um so grösserem Dank hier abdrucke:

»Von den vielen Anfragen nach guten Titeln, nach Sicherheit, nach hoher Rendite usw. ermüdet, haben Sie sich sozusagen ein ›Gesellschaftsspiel‹ ausgedacht, bei dem jeder Leser des *Spiegels* ›trocken‹ spekulieren darf ohne Risiko und dabei zeigen kann, was er bei der Lektüre Ihrer Publikation gelernt hat.

Es fällt einem eigentlich nicht leicht, da mitzumachen, besonders wenn man gerade vorher den Artikel betreffend ›Variationen über Sicherheit‹ in Nr. 12 [des *Spiegels der Wirtschaft*] von 1942 gelesen hat. Aber sei's drum, unter der Bedingung, dass keine Rücksicht auf den Besitz, die Rendite und den Beruf des Sparers genommen wird.

Selbstverständlich hat die Geschichte einen Haken; denn die ersten 50 000 Fr. wird einer nicht ebenso anlegen wie vielleicht die letzten, so etwa zwischen einer halben und einer ganzen Million! Wer beruflich an einem Gewerbe hängt, wird nicht unbedingt seine Ersparnisse in gleicher Art unterbringen; wer beim Staat untergebracht ist, wird Zurückhaltung üben mit Anlagen der öffentlichen Hand, desgleichen wer über grossen Besitz an Versicherungen oder Leibrenten verfügt.

Nachdem die ›Spielregeln‹ derart festgelegt sind, würde ich die 50 000 Fr. anlegen wie folgt: ungefähr ein Drittel in Obligationen und zwei Drittel in Aktien, etwa ein Drittel Ausland, zwei Drittel Inland gemäss Bedingungen.

| | |
|---|---:|
| 1. 5 000 Fr. nom. 3 Prozent Wehranleihe zu 101 Prozent (gute Sicherheit, kurzfristig, liquid) | 5 050 |
| 2. 2 500 Fr. nom. = 50 Stück zu 95 Fr. 3 Prozent Freiburg-Gemeinden, Prämienanleihe (gute Sicherheit, langfristig, Gewinnchance) | 4 750 |
| 3. 20 000 Fr. nom. 6 Prozent Chile zu 22,50 Prozent (neutrales Ausland, spekulativ, billig) | 4 500 |
| 4. 2 000 Dollar nom. 7 Prozent Meridionale El. zu 26 Prozent (Ausland, spekulativ, billig, hochverzinslich) | 2 600 |
| Obligationen total in Franken | 16 900 |

| | |
|---|---:|
| 5. 10 Aktien Handwerkerbank Basel zu 540 Fr. | 5 400 |
| (Bank, Inland, sehr gute Sicherheit seit der letzten Reorganisation) | |
| 6. 10 Aktien 6 Prozent kum. | |
| Prior. Schweiz-Argent. Hypotheken-Bank zu 380 Fr. | 3 800 |
| (Bank, neutrales Ausland, Hypothekarwerte) | |
| 7. 25 Aktien 6 Prozent kum. Prior. Schweiz. Lokomotivfabrik | |
| Winterthur zu 140 Fr. (Inland, Metall, reorganisiert) | 3 500 |
| 8. 50 Aktien Giubiasco Linoleum zu 66 Fr. (Inland, Bau, | 3 300 |
| klarere Verhältnisse als bei der Dach-Gesellschaft Conti-Linoleum) | |
| 9. 25 Aktien Holzstoff-Basel zu 250 Fr. | 6 250 |
| (trotz Reorganisation stark entwertet zu 50 Prozent, Inland/Ausland, | |
| auf lange Sicht evtl. sehr billig, Papierindustrie) | |
| 10. 50 Aktien Italo-Argentina zu 140 Fr. | 7 000 |
| (Elektrowirtschaft, neutrales Ausland) | |
| 11. 10 Aktien kl. Royal Dutch zu 385 Fr. | 3 850 |
| (Ausland, Öl, nach Krieg evtl. sehr interessant) | |
| Aktien total in Franken | 33 100 |
| **Total der ganzen Anlage in Franken** | **50 000** |

Soweit die Zuschrift. Meine Leser werden aus dem *Spiegel* wissen, dass ich über den einen und anderen der vorgeschlagenen Titel nicht ganz der gleichen Meinung bin, ihn vielleicht nicht für so geeignet oder preiswert halte. Doch möchte ich solche »Bemängelungen« hier nicht wiederholen, die vielleicht doch nur auf ein Besserwissenwollen hinauslaufen könnten. Wer sich dafür interessiert, kann ja die darauf bezüglichen Bemerkungen leicht nach dem Inhaltsverzeichnis nachschlagen und nachlesen.

Nur über die 3 Prozent Freiburg-Gemeinden ist noch nichts im *Spiegel* zu lesen gewesen. Diese gemeinsame Anleihe einiger Gemeinden des Kantons Freiburg stammt aus dem Jahre 1887. Von ursprünglich 3 Mill. Fr. waren Ende 1941 noch 2,56 Mill. Fr. in Umlauf. Die Zinsen werden nur bei den bis 1962 laufenden Auslosungen ausgezahlt, so dass also bei der nächsten Auslosung 1943 der Titel von 50 Fr. nom. mit 135,50 Fr. eingelöst würde bei einem letzten Kurs von 99 Fr. (an der

Börse von Lausanne). Bei Nichtauslosung entsteht jedes Jahr der Zinsverlust auf den Kaufpreis, während anderseits der Rückzahlungspreis sich um jährlich 1,50 Fr. erhöht.

Ein Punkt schien mir aber noch der Aufklärung zu bedürfen, ob nämlich die grundsätzliche Einteilung als Bedingung angesehen worden war oder ob sie in der gleichen Weise bei vollkommen freier Entscheidung auch gewählt worden wäre. Auf diese Rückfrage habe ich die folgende ergänzende Antwort erhalten:

»Auf Ihre Rückfrage teile ich Ihnen mit, dass ich allerdings die Einteilung als Bedingung aus Ihrem Bulletin herausgelesen habe, dass ich aber unter gegebenen Umständen kaum viel anders disponieren würde. Früher nahm man in einem ähnlichen Falle zwei Drittel Obligationen und ein Drittel Aktien als richtig an; vielleicht würde ich heute sagen: halb-halb. Auch bei der Beurteilung Inland/Ausland haben sich im Laufe der Zeit Verschiebungen der Ansichten vollzogen; wichtig scheint mir lediglich, dass Geld und Inhaber nahe beieinander sich befinden (also wohl die Titel an Schweizer Börsen leicht verkäuflich sind. Der Herausgeber).

Aber, wie ich Ihnen schon angedeutet habe, scheint mir das ganze Problem an der Fragestellung zu kranken: Es gibt eben praktisch kein absolutes, vom Besitzer losgelöstes Vermögen. Es kommt dabei weitgehend auf ihn an, seine sonstigen Lebensbedingungen, seine Persönlichkeit, seine Eignung zur Verwaltung von Besitz usw. Diese Nebenumstände können sogar oft den Ausschlag bei der Verwaltung des Besitzes geben. Leider spreche ich aus eigener Erfahrung; denn ich war etwa 30 Jahre lang verpflichtet – oder besser: verurteilt –, einer alleinstehenden Frau ein bescheidenes Vermögen etwa im angegebenen Umfange zu verwalten. Die Betreffende hatte wohl noch etwas Nebeneinnahmen, so dass der Vermögensertrag vielleicht die Hälfte ausmachte.

Aber ich will Ihnen da kein Lied vorsingen, mit welchen Schwierigkeiten ich da zu kämpfen hatte, um so mehr, als es eben doch fremdes Geld betraf. Nahm ich Rücksicht auf hohe Verzinsung, litt die Sicherheit darunter, und umgekehrt war bei ›sicherer‹ Anlage der Ertrag zu klein. Schwierigkeiten ohne Ende; dazu Krieg, Inflation, erhöhte Steuern usw. Von der Bankberatung nicht zu sprechen.

Ich möchte also trotz allem an meinen Vorschlägen unter gegebenen Umständen nichts mehr ändern.«

Noch für eine weitere Zuschrift auf die »Einladung« habe ich bestens zu danken. Sie ist gewiss gerade durch die Schilderung persönlicher Erfahrungen mit

Anlagen während des Ersten Weltkrieges für viele Leser nicht nur interessant, sondern wertvoll:

»Um Ihrer Einladung an die Leser (Seite 366) zu entsprechen, teile ich Ihnen höfl. mit, dass ich noch nie so ratlos dagestanden bin wie heute, obwohl ich seit fast drei Jahrzehnten mich speziell mit Kapitalanlagen beschäftigt habe. Zunächst ein Rückblick auf den Ersten Weltkrieg: Damals fand man an den Schweizer Börsen sehr vorteilhafte Papiere, die aber nach und nach alle verschwunden sind. Neben den Schweizer Staatsanleihen, die lange unter Druck waren, weil das Ausland seinen Besitz an Schweizertiteln damals verkaufte (Exempel: Oblig. SBB. $3^1/_2$ Prozent A-K sanken bis 55 Prozent), gab es eine Anzahl skandinavischer Anleihen, die noch vorteilhafter waren, gute Verzinsung brachten und (im Gegensatz zu heute) ohne Affidavitformalitäten gehandelt wurden.

Eine Anzahl ausländischer Anleihen (6 Prozent Cédules Argentines, $4^1/_2$ Prozent Tabacs Portugais, 4 Prozent Japan 1905 und $4^1/_2$ Prozent Japanische Tabakanleihe 1905) waren an den Schweizer Börsen viel billiger erhältlich als an ausländischen Börsen, weil in der Schweiz der freie Markt weiter bestand.

So zum Beispiel konnte man in Genf und Zürich in den Jahren 1917/18 die $4^1/_2$ Prozent Japanische Tabakanleihe 1905, rückzahlbar 1925, lange Zeit zu 60 bis 65 Prozent kaufen, während die gleiche Anleihe in London zu 95 Prozent gehandelt wurde. Da diese Titel in Dollar und Pfund nach Wahl zahlbar waren, stieg deren Kurs im Jahre 1924 bis 110 Prozent (Genfer Usance), womit das investierte Kapital in sechs Jahren fast verdoppelt wurde.

Diese schönen Zeiten sind für den Sparer leider vorüber und werden nie wiederkehren. Im Zweiten Weltkrieg, wo überall die Politik des billigen Geldes angewandt wird (die – nebenbei bemerkt – zur Inflation führt), dürfte es wohl das Beste sein, sich mit provisorischen Anlagen zu begnügen: etwa die im *Spiegel* empfohlenen $2^1/_2$ Prozent Kassenscheine der Schweiz. Eidgenossenschaft 1941–46 mit einem Posten von 10 000 Fr. zu erwerben, sodann 5 000 Fr. Bankobligationen, 10 000 Fr. Schuldbriefe innert Katasterschatzung, haftend auf Renditenhäuser (Laufzeit 6 Jahre), 5 000 Fr. Oblig. Jungfraubahn I. Hyp. und Französische Staatsanleihe 4 Prozent oder $3^3/_4$ Prozent von 1939.

Den noch verbleibenden Restbetrag würde ich auf mehrere Sparbücher bei verschiedenen Kantonalbanken in Beträgen von 5 000 bis 10 000 Fr. deponieren, obwohl dies dem *Spiegel* etwas gekünstelt erschien. Wenn auch die Anlage auf Sparbücher den Nachteil hat, dass die Rückzahlungen jederzeit beschränkt werden können, so wird immerhin stets ein Minimalbetrag monatlich auf jedes Sparbuch ausbezahlt, der für den Lebensunterhalt genügt. Die Flüssigmachung von Staatspapieren ist ja auch in Krisenzeiten, wenn – wie im August 1914 oder im Mai 1940 – die Börsen längere Zeit geschlossen bleiben, nur mit grossem Kursverlust ausserbörslich erreichbar. Bei Sparbüchern ist dagegen ein Kursverlust ausgeschlossen.

Eine Anlage in Schweizer Aktien erscheint heute etwas gewagt. Nachdem nun für Goldmünzen der bisher freie Handel durch Festsetzung von Höchstpreisen ersetzt worden ist, muss man auch damit rechnen, dass einmal feste Preise statt der Börsenkurse, besonders für Aktien, vorgeschrieben werden – eine Massnahme, die bereits in anderen Ländern getroffen worden ist, um eine allzu starke Hausse zu vermeiden, die aber gewöhnlich zu Ungunsten desjenigen sich auswirkt, der zuvor zu hohen Kursen gekauft hat.

Ich möchte nun noch an zwei Beispielen zeigen, wie wertvoll Ihre Informationen für mich in letzter Zeit gewesen sind:

1. Auf Seite 188 [des *Spiegels der Wirtschaft*] von 1942 wurde der Ankauf von Jungfraubahn-Obligationen empfohlen. Davon kaufte ich einen kleinen Betrag zum damaligen Kurs von 36 und 37 Prozent. Leider haben diese Titel einen kleinen Markt, so dass grössere Posten nicht leicht zu erwerben sind. Immerhin bin ich von diesem, auf Ihre Empfehlung hin getätigten Kauf befriedigt, weil der Kurs seither um 10 Prozent auf 46 Prozent gestiegen ist.
2. Auf Seite 183 von 1942 war zu lesen, dass ›die Geldflüssigkeit in der Schweiz ihren Höhepunkt erreicht und vielleicht schon etwas überschritten‹ hat. Weiter wurde auf Seite 248 die Liquidität des Kapitals empfohlen infolge der bevorstehenden Ereignisse, weil ›schon die Errichtung einer zweiten Front einen erheblichen Kursdruck auf die Schweizer Börsen ausüben könnte‹. Diese klaren Informationen haben mich veranlasst, meine mittelfristigen, erst im vergangenen Juni zum Emissionskurs von 100,60 Prozent erworbenen Obligationen der Schweiz. Eidgenossenschaft rechtzeitig an der Börse zu verkaufen. Ich löste dafür noch 101 Prozent. Heutiger Kurs 98 $^{1}/_{2}$ Prozent.«

Zum Schluss den Verfassern nochmals besten Dank für ihre Bemühungen!

## Preiswerte New Yorker Anlagen
*Spiegel der Wirtschaft*, Nr. 12, Dezember 1947, S. 372 bis 374:
Da ich gerade in der letzten Zeit vielfach gefragt worden bin, was man jetzt an der New Yorker Börse kaufen könne, so möchte ich eine allgemeine Übersicht geben über Papiere, die mir z. Zt. in New York preiswert erscheinen.

Dabei sind allerdings wohl solche Aktien vorzuziehen, die von einem Rückgang der Warenpreise nichts oder nur sehr wenig zu befürchten haben. Denn ein Rückgang der aussergewöhnlich hohen Warenpreise scheint mir für absehbare Zeit die Hauptgefahr für die Börse zu sein. Betroffen würden davon vor allem Unternehmungen, die dann erheblich auf Warenbestände abschreiben müssen, oder auch solche Unternehmungen, die ihre Betriebskosten nicht entsprechend senken können. Das werden in erster Linie die Rohstoffproduzenten sein, die Warenhäuser usw.

Als Anlagen kommen dagegen in erster Linie in Betracht Titel von Eisenbahnen und von Public Utilities. Den Wert habe ich darauf gelegt, dass entweder eine hohe Rendite vorhanden ist oder dass die »Aussicht« auf eine wesentliche Kursbesserung besteht. Der Massstab kann dabei nur die Kursbewegung der beiden letzten Jahre sein. Für die Rendite spielen ausser der Dividende auch die »Renditenwerte« nach dem Durchschnitt der Reingewinne der letzten zwölf Jahre eine Rolle, die im *Spiegel* veröffentlicht wurden.

$4^1/_2$ Prozent Baltimore & Ohio bringen gegenwärtig als Obligation eine Rendite von etwa 10 Prozent bei einigermassener Wahrscheinlichkeit einer Zinszahlung. Der Kurs war im vergangenen Jahre zeitweise doppelt so hoch gewesen, wie er jetzt ist.

Chesapeake & Ohio haben stets als gute Kapitalanlage gegolten, die Dividende betrug in den letzten Jahren je $3^1/_2$ Dollar, der Kurs ist jetzt etwa 44 Dollar, während er im Vorjahr bis 67 Dollar gestiegen war. Seit 1945 war der tiefste Kurs $41^1/_2$ Dollar.

Southern Railway sind dagegen erst im letzten Jahrzehnt eine bessere Anlage geworden, hauptsächlich wohl durch grösseren Verkehr in ihrem Einzugsgebiet. Die Dividende der letzten Jahre war 3 Dollar, der Kurs von 36 Dollar lässt also auch eine hohe Rendite [erwarten]. Im Vorjahr war er bis 65 Dollar gestiegen, seit 1945 tiefst 28 Dollar.

Illinois Central sind dagegen ein Spekulationswert mit lebhafter Bewegung. Die Gesellschaft zahlt noch keine Dividende trotz Reingewinn von über 60 Dollar pro Aktie in den letzten zwölf Jahren, denn sie muss Vorsorge treffen für die

Rückzahlung vorläufig nicht kündbarer Bonds. Letzterer Kurs ca. 26 Dollar, in den letzten drei Jahren höchster 45½ Dollar, tiefster 18 Dollar.

Von den Public Utilities können Public Service New Jersey bei 21 Dollar wohl wieder als preiswert gelten. Die Dividende betrug zuletzt 1,05 Dollar, der höchste Kurs im Vorjahre 31 Dollar. Anscheinend drückt die bevorstehende »Auflösung« der Holding auf den Kurs, die aber den Wert der Aktien nicht ändert.

Pennsylvania Power & Light sind erst neu entstanden aus der Auflösung der National Power & Light. Die Dividendenrate ist 1,20 Dollar bei etwa 2 Dollar Reingewinn pro Aktie. Kurs knapp 20 Dollar.

Während diese beiden Public Utilities eine angemessene Dividende tragen, haben Am. Waterworks & Electric vorläufig nur spekulative Chancen, da noch keine Dividende gezahlt wird. Kurs etwa 18 Dollar gegen einen vorjährigen Höchststand von 28¾ Dollar. Die Gesellschaft hat kürzlich die Wasserwerke abgestossen und dafür ihre Vorzugsaktien zurückgestellt.

Auch nur spekulativ sind Western Union Telegraph mit einem Kurs von etwa 23 Dollar. Für 1946 musste die Gesellschaft die Dividende ausfallen lassen gegen vorher 2 Dollar jährlich. Das laufende Jahr brachte aber schon wieder gute Gewinne. Der höchste Kurs in den letzten Jahren war 56 Dollar in 1945 und 53½ Dollar in 1946.

Von Rohstoffwerten sind nur wenige ohne Risiko eines Preisrückschlages. Etwa Climax Molybdenum, wo ich wohl der Analyse auf Seite 290 [*Spiegel der Wirtschaft*, Nr. 10, Oktober 1947] nichts mehr hinzuzufügen brauche. Kurs etwa 17 Dollar.

Homestake Mining sind als Goldmine gegen einen Preisrückgang gesichert, haben umgekehrt die Chance eines höheren Goldpreises. Dividendenrate jetzt 2 Dollar, Kurs etwa 42 Dollar, höchster Stand des Kurses 60¾ Dollar im Jahre 1945, tiefster seitdem 35 Dollar.

Die Chemiewerte bringen in der Regel eine bescheidenere Rendite wegen des allgemeinen »Wuchses« dieser Industrie. Air Reduction scheinen wieder einigermassen preiswert bei zuletzt 1,75 Dollar Dividende gegen vorher 2 Dollar. Der Kurs von 28 Dollar ist der niedrigste der letzten drei Jahre gegen einen höchsten von 59¾ Dollar.

U. S. Ind. Chemical sind dagegen umgekehrt erst in den letzten Jahren »etwas geworden«. Die Dividende wurde 1947 auf 3 Dollar erhöht. Dem Tageskurs von etwa 41 Dollar steht ein Höchstkurs der letzten drei Jahre von 62 Dollar und ein tiefster von 37½ Dollar gegenüber.

Unter den Fabrikationsgesellschaften sind die Flugzeugfabriken in einer gewissen Krise, die Aktien deshalb relativ billig. Ich würde Douglas Aircraft als finanziell sehr solid vorziehen. Letzter Kurs etwa 50 Dollar gegen 109 Dollar Höchstkurs im Vorjahre. Die Dividendenrate betrug seit Jahren 5 Dollar, war auch im Durchschnitt 1946 und 1947 wieder so hoch.

Bendix Aviation sind als »Zubringer« von Flugzeugfabriken ebenfalls »gedrückt« und kosten etwa 32 Dollar bei 2 Dollar Dividende noch für 1946, vorher 3 Dollar. Höchstkurs der letzten drei Jahre 63 Dollar.

Bohn Aluminium sind auch auf 30 Dollar zurückgefallen gegen einen Höchstkurs von 78 Dollar im Jahre 1945 und unter den bisherigen Tiefstkurs. Die Gesellschaft hat nur ein kleines Aktienkapital, brachte aber einen letzten schlechten Quartalsausweis heraus.

New York Shipbuilding werden schon lange misstrauisch betrachtet, wegen angeblich schlechter Aussichten des Schiffbaues. Aber bei 1½ Dollar Dividende und einem Kurs von 14 Dollar rentieren sie über 10 Prozent und haben die Fundierung stark verbessert. Im Vorjahr war der höchste Kurs 26 Dollar gewesen.

Aus der Nahrungsmittelindustrie rentieren Nat. Distillers bei einer Dividendenrate von 2 Dollar gleichfalls mit fast 10 Prozent. Der höchste Kurs im Vorjahr war 32½ Dollar gewesen, als die Dividende erst ein Drittel des jetzigen Standes betragen hatte.

South Porto Rico Sugar sind zwar stark spekulativ wegen der Unsicherheit des internationalen Zuckermarktes. Die Dividende wird aber steuerfrei ausgezahlt und mit 7,35 Dollar für das letzte Geschäftsjahr lässt sie eine sehr hohe Rendite des Kurses von etwa 42 Dollar [erwarten]. Höchster Kurs in den letzten drei Jahren 60¼ Dollar, tiefster Stand 37¼ Dollar.

Das wären so einige Anlagen in New York, die gegenwärtig aus dem einen oder anderen Grunde für eine Anlage reizvoll erscheinen. Die Liste lässt sich auch noch leicht verlängern, aber ich habe mich auf Papiere mit regelmässigem Kursbericht beschränkt.

**Was Dezember 1947 preiswert erschien**
*Spiegel der Wirtschaft*, Nr. 9, September 1952, S. 271/272:
Bei einem Durchblättern der letzten Jahrgänge des *Spiegels* stiess ich auf eine Liste von New Yorker Anlagen, die ich im Dezember 1947 (Seite 372–374) als preiswert

bezeichnet hatte aus der grossen Fülle der in New York erhältlichen Titel. Gesichtspunkt für die Auswahl war gewesen Vermeidung von Aktien, die von einem Rückgang der Warenpreise betroffen würden. In den Vordergrund gestellt waren Eisenbahnen und Public Utilities. Ein Vergleich mit dem Kurswert am 1. September 1952 zeigt, was aus der Anlage geworden wäre, wenn man in jedem Titel investiert hätte:

|  | Dezember 1947 | | September 1952 | | Ertrag |
|---|---|---|---|---|---|
|  | Kurs | Wert | Kurs | Wert | Brutto |
| 5 000 $ 4½% Baltimore & Ohio | 45 % | 2 250 $ | 66½ % | 3 325 $ | 225 $ |
| 50 Chesapeake & Ohio | 44 $ | 2 200 | 36½ $ | 1 825 | 150 |
| 50 Southern Railway | 36 | 1 800 | 67½ | 3 375 | 200 |
| 100 Illinois Central | 26 | 2 600 | 74½ | 7 450 | [??] |
| 100 Public Service New Jersey | 21 | 2 100 | 26¼ | 2 625 | [??] |
| | | | dazu 10 South Jersey Gas | | |
| 100 Pennsylvania Power & Light | 20 | 2 000 | 30¾ | 3 075 | 160 |
| 100 Am. Waterworks & Electric | 18 | 1 800 | | | |
| jetzt 100 West Penn. Electric | | | 35 | 3 500 | 200 |
| 100 Western Union Telegraph | 23 | 2 300 | 44 | 4 400 | 300 |
| 100 Climax Molybdenum | 17 | 1 700 | 35¼ | 3 525 | 200 |
| 50 Homestake Mining | 42 | 2 100 | 37 | 1 850 | 85 |
| 100 Air Reduction | 28 | 2 800 | 26¾ | 2 675 | 140 |
| 50 U. S. Ind. Chemical | 41 | 2 050 | | | |
| jetzt 100 Nat. Distillers | | | 26¼ | 2 625 | 200 |
| 50 Douglas Aircraft | 50 | 2 500 | | | |
| jetzt 100 | | | 65 | 6 500 | 300 |
| 50 Bendix Aviation | 32 | 1 600 | 55½ | 2 775 | 150 |
| 50 Bohn Aluminium | 30 | 1 500 | | | |
| jetzt 75 | | | 20½ | 1 537 | 112 |
| 100 New York Shipbuilding | 14 | 1 400 | 15¾ | 1 575 | — |
| 100 Nat. Distillers | 21 | 2 100 | 26¼ | 2 625 | 200 |
| 50 South Porto Rico Sugar | 42 | 2 100 | 64 | 3 200 | 350 |
| | | 36 900 $ | | 58 462 $ | 3 532 $ |

Der Marktwert einer solchen im Dezember 1947 gemachten Anlage wäre also jetzt um fast 60 Prozent höher als der Kaufpreis. Das ist nicht gerade grossartig, liegt immerhin noch etwas über dem Index Dow Jones für Industrials. Dieser stand Ende Dezember 1947 auf 181 und Anfang September 1952 auf 276, ist also jetzt um 53 Prozent höher als vor $5^1/_2$ Jahren.

Dieses Ergebnis wäre erzielt, wenn solche damals gemachten Anlagen unverändert geblieben wären. Einige Bewegungen hätten es gewiss verbessert, da zum Beispiel U. S. Ind. Chemical zeitweise auf weniger als die Hälfte des Einstandes gefallen waren, das »Signal« für einen Zukauf. Oder Homestake wurden ganz uninteressant, nachdem bei den Abwertungen September 1949 eine solche des Dollars ausgeblieben war.

Der gegenwärtige Jahresertrag einer solchen unverändert gebliebenen Anlage würde sich auf 3 532 Dollar brutto stellen bzw. nach dem Doppelbesteuerungsabkommen für einen in der Schweiz domizilierten Besitzer auf 3 077 Dollar netto, was über 8 Prozent Rendite wären.

Aus der Zusammenstellung ist leicht ersichtlich, dass die Kursbewegung der einzelnen Anlagen recht verschieden war, zwei Titel stehen jetzt niedriger. Womit wieder einmal »bewiesen« ist, dass in einer allgemeinen Haussebewegung keinesfalls alle Aktien gleichmässig steigen müssen, wie sie auch in einer Baissebewegung nicht alle gleich viel fallen.

Aber dass man durch eine gute Mischung von Anlagen verschiedener Art doch noch zu einem guten Durchschnitt gelangt, zeigt auch dieses Beispiel.

## Branchenstudie der bedeutendsten Schweizer Nahrungsmittelaktien

*Spiegel der Wirtschaft*, Nr. 9, September 1941, S. 257 bis 275:
Die bedeutende Schweizer Industrie der Nahrungsmittel beruht in erster Linie auf der hervorragenden Viehzucht in den Alpen. Sie verwertet zum Teil das Vieh selbst, zum Teil dessen Produkte, vor allem die Milch zur Erzeugung von Fleischextrakt, Konserven, Schokolade usw. Manchmal ist es schwer, den Trennungsstrich gegenüber der chemischen Industrie zu ziehen, wo es sich um diätetische Erzeugnisse handelt.

Die Anfänge dieser Nahrungsmittelindustrie in der Schweiz liegen viele Jahrzehnte zurück. Seitdem sind einige sehr bedeutende Unternehmungen entstanden, die internationale Bedeutung erlangt haben. Von der Versorgung des Inlandes gingen sie im Laufe der Jahre zum Export über und vom Export zur Errichtung von Fabriken im Auslande, sodass sich vielfach der Schwerpunkt überhaupt nach dem Ausland verschoben hat und in der Schweiz im wesentlichen nur noch die finanzielle Zentrale verblieben ist. Der Form nach sind diese Unternehmungen meist zu Holdinggesellschaften geworden.

Allerdings ist es die besondere Art von Holdinggesellschaften, die nicht in einem teilweise fremden Interesse nur Beteiligungen irgendwelcher Art »halten«, sondern in denen eine Anzahl gleichartiger Einzelunternehmungen nur kapitalmässig zusammengefasst ist. Die Zentrale ist an den Untergesellschaften nicht nur beteiligt, sondern sie ist überwiegend im Besitz von deren ganzem Kapital. Solche Holding wird auch oft Trust genannt.

In den Vereinigten Staaten ist diese Organisation von Unternehmungen besonders häufig zu finden, die vor allem leicht auch eine Verschleierung der wirklichen Erträge und Vermögenswerte gestattet. Denn die Bilanz der Holdinggesellschaft braucht nur willkürlich errechnete Zahlen zu zeigen. Deshalb ist es in den Vereinigten Staaten üblich geworden und wird neuerdings auch von den Börsenbehörden für die Notierung der Aktien gefordert, dass solche Gesellschaften konsolidierte Ertragsrechnungen und Bilanzen veröffentlichen.

In diesen sind die gegenseitigen Verrechnungen zwischen der Zentrale und den Untergesellschaften ausgeschaltet. Vielmehr erscheinen die Buchwerte der

Vermögensposten und Schulden, wie sie bei den Untergesellschaften tatsächlich bestehen; sie werden nur für den ganzen Trust zusammengefasst. Solche konsolidierten Erträge und Bilanzen geben natürlich dem Aktionär ein viel zuverlässigeres Bild über die Lage und Entwicklung des Gesamtgeschäftes. Die Bilanz der Zentrale wird meist in der Öffentlichkeit überhaupt nicht beachtet.

In der Schweiz ist man noch nicht so weit. Da müssen sich die Aktionäre derartig organisierter grosser und kleiner Unternehmungen mit den oft sehr willkürlich erscheinenden Erträgen und Bilanzwerten der Zentrale begnügen. Diese Zentrale kann zum Beispiel ein Bankguthaben in gewisser Höhe ausweisen, während die Untergesellschaften daneben noch eigene vielfache Bankguthaben besitzen. Umgekehrt kann aber auch die Zentrale ein Bankguthaben ausweisen, während die Untergesellschaften weitgehend verschuldet sind, also das Gesamtunternehmen gleichfalls.

Damit muss sich der Aktionär abfinden, dass er bei der Beurteilung solcher Kapitalanlagen mehr oder weniger nur auf das Vertrauen angewiesen ist, das sich aus einer guten Entwicklung der Unternehmung in der Vergangenheit, steigenden Dividenden usw. ergibt. An dieses Vertrauen werden gegenwärtig besonders grosse Ansprüche gestellt, weil die Schweizer Gesellschaften diesen Charakters ihre Fabriken und Niederlassungen überwiegend im Auslande, und zwar in vielen verschiedenen Staaten haben. Der Umfang der Vermögenswerte im Auslande, die Bestände an Guthaben oder Schulden in den verschiedenen Währungen, der Einfluss von Beschränkungen der Tätigkeit und der Gelddispositionen durch die verschiedenen Staaten sind für die Einschätzung des Gesamtunternehmens und seiner künftigen Aussichten sehr wesentlich, bleiben aber dem Aktionär vollkommen unbekannt.

Deshalb können auch Zusammenstellungen und Analysen gerade für die bedeutendsten Unternehmungen der Nahrungsmittelindustrie nur ein Bild der äusseren Entwicklung geben, aber in die innere Entwicklung noch weniger eindringen als sonst. Die äussere Entwicklung zeigt zum Beispiel bei der **A. G. Alimentana**, die früher Allgemeine Maggi-Gesellschaft hiess, einen starken Auftrieb. Die Gesellschaft hat zwar niemals mehr als 10 Prozent Dividende auf den hohen Nennwert ihrer Aktien von 5000 Fr. ausgeschüttet, dafür aber mehrmals billige junge Aktien ausgegeben, auch zeitweise Genussscheine gratis verteilt, dann diese Genussscheine den Aktionären zu einem hohen Preis wieder abgekauft und schliesslich den Aktionären das gesamte Kapital zurückgezahlt. Trotzdem zeigen die Bilanzen der letzten Jahre gegen frühere Bilanzen keine Abnahme der liquiden Mittel, sondern im Gegenteil noch eine erhebliche Verminderung der Schulden.

Die Aktionäre der Alimentana können also zufrieden sein. Auf einen Kurswert ihrer Aktien 1911 von 12 000 Fr. haben sie inzwischen ausser jährlich 500 Fr. Dividende insgesamt etwa 10 000 Fr. Kapitalzahlungen empfangen und halten jetzt noch einen Kurswert von etwa 20 000 Fr. (mit jungen Aktien) in Händen. Trotzdem darf nicht übersehen werden, dass die Gesamtdividende in den letzten Jahren seit der Einlösung der Genussscheine wieder gesunken ist und dass die Bilanz für 1940/41 einen wesentlich niedrigeren Reingewinn zeigt. Dieser Rückgang lässt sich allerdings leicht erklären, weil die Gesellschaft den grössten Teil ihrer Fabriken wohl in europäischen Ländern hat, aus denen ihr die Erträgnisse nur teilweise oder gar nicht mehr nach der Schweiz transferiert wurden. Ausserhalb Europas scheinen keine Beteiligungen zu bestehen, vielleicht infolge einer Geschäftsteilung mit den englischen Liebig- und Bovril-Gesellschaften.

Die Aktionäre von Alimentana begnügen sich beim jetzigen Kurs von über 15 000 Fr. mit einer Rendite von etwa 3 Prozent netto, stellen also das Risiko des überwiegenden Geschäftes in vom Kriege betroffenen Ländern überhaupt nicht in Rechnung. Ob mit Recht, das kann nur die Zukunft zeigen. Nicht unwichtig scheint aber in dieser Beziehung zu sein, dass am Schluss des Ersten Weltkrieges die Dividende für mehrere Jahre ermässigt werden musste und 1922 die Aktien bis auf ein Drittel des Standes von 1913 gefallen waren und ihren tiefsten Stand (unter pari) überhaupt erreichten. Das war doch wohl in erster Linie eine Folge ungünstigen Kriegseinflusses auf das Gesamtgeschäft der Gesellschaft gewesen.

## A.G. Alimentana

Gegründet 1890. Sitz in Kemptthal (Zürich).
Betrieb: Holdinggesellschaft für die Fabriken der Maggi-Produkte (Suppenwürze usw.) in der Schweiz (Kemptthal), Deutschland, Frankreich, Belgien usw.
Bilanztermin 31. März.
Aktien notiert in Genf und Zürich.

|  | Dividende |  | Höchstkurs | Tiefstkurs |
|---|---|---|---|---|
| Aktienkapital 3 600 Aktien à 5 000 Fr. | | | | |
| 1910/11 | 500 Fr. | 1911 | 12 300 Fr. | 12 000 Fr. |
| 1911/12 | 500 | 1912 | 12 600 | 11 500 |
| Kapitalerhöhung auf 4 200 Aktien, Bezugsrecht 1 auf 6 zu 5 000 Fr. | | | | |
| 1912/13 (9 Mon.) | 375 Fr. | 1913 | 11 800 Fr. | 10 225 Fr. |
| 1913/14 | 500 | 1914 | 10 700 | 10 000 |
| 1914/15 | 500 | 1915 | — | — |
| 1915/16 | 500 | 1916 | 10 025 | 9 950 |
| 1916/17 | 500 | 1917 | 10 500 | 9 300 |
| 1917/18 | 500 | 1918 | 9 300 | 8 100 |
| 1918/19 | 500 | 1919 | 8 300 | 6 600 |
| 1919/20 | 400 | 1920 | 6 000 | 4 000 |
| 1920/21 | 400 | 1921 | 4 600 | 3 800 |
| 1921/22 | 300 | 1922 | 5 500 | 3 500 |
| 1922/23 | 300 | 1923 | 5 900 | 4 800 |
| 1923/24 | 300 | 1924 | 6 100 | 5 050 |
| 1924/25 | 400 | 1925 | 8 075 | 7 150 |
| 1925/26 | 500 | 1926 | 10 000 | 8 100 |
| 1926/27 | 500 | 1927 | 12 000 | 9 950 |
| 1927/28 | 500 n. | 1928 | 17 800 | 12 600 |
| Kapitalerhöhung auf 4 800 Aktien, Bezugsrecht 1 auf 7 zu 5 000 Fr. | | | | |
| 1928/29 | 500 Fr. n. | 1929 | 21 000 Fr. | 17 000 Fr. |

Ausgabe von 4 800 Genussscheinen, 1 auf 1 Aktie gratis.

|  | Dividende pro | | Kurse für Aktien ohne Genussschein | |
|  | Aktie | Genussschein | Höchstkurs | Tiefstkurs |
| --- | --- | --- | --- | --- |
| 1929/30 | 500 Fr. | 100 Fr. | 1930 19 750 Fr. | 17 000 Fr. |
| 1930/31 | 500 | 100 | 1931 18 200 | 11 000 |

*Ausgabe weiterer Genussscheine, 1 auf 1 Aktie gratis.*

| 1931/32 | 500 Fr. | 100 Fr. | 1932 17 000 Fr. | 12 000 Fr. |
| --- | --- | --- | --- | --- |
| 1932/33 | 500 | 100 | 1933 20 000 | 14 900 |
| 1933/34 | 500 | 100 | 1934 19 300 | 15 500 |
| 1934/35 | 500 | 100 | 1935 17 450 | 14 900 |
| 1935/36 | 500 | 100 | 1936 19 600 | 15 000 |
| 1936/37 | 500 | 100 | 1937 20 000 | 17 000 |

*Kapitalherabsetzung, Rückzahlung von 1 000 Fr. pro Aktie,*
*Einlösung der Hälfte der Genussscheine mit je 1 666,66 Fr.*

| 1937/38 | 500 Fr. | 100 Fr. | 1938 22 100 Fr. | 18 000 Fr. |
| --- | --- | --- | --- | --- |

*Kapitalherabsetzung, Rückzahlung von 2 000 Fr. pro Aktie,*
*Einlösung der restlichen Genussscheine mit je 1 666,66 Fr.*

| 1938/39 | 500 Fr. | | 1939 18 950 Fr. | 12 500 Fr. |
| --- | --- | --- | --- | --- |

*Kapitalherabsetzung, Rückzahlung von 1 987,50 Fr. pro Aktie.*
*Kapital seitdem 4 800 Aktien à 12,50 Fr.*

| 1939/40 | 500 Fr. | | 1940 15 100 Fr. | 10 900 Fr. |
| --- | --- | --- | --- | --- |
| 1940/41 | 500 | | 1941 15 300 Fr. | 12 500 Fr. |

**Ertrags- und Bilanzübersicht**

|  | 31. März 1920 | 31. März 1930 | 31. März 1941 |
|  | Mill. Fr. | Mill. Fr. | Mill. Fr. |
| --- | --- | --- | --- |
| Einnahme aus Kapitalanlagen | 3,277 | 8,420 | 5,700 |
| Reingewinn | 1,987 | 6,787 | 2,838 |
| Beteiligungen | 31,437 | 39,505 | 12,350 |
| Geldguthaben | 28,946 | 14,485 | 26,144 |

|  | 31. März 1920 Mill. Fr. | 31. März 1930 Mill. Fr. | 31. März 1941 Mill. Fr. |
| --- | --- | --- | --- |
| Geldschulden | 34,896 | 14,750 | 8,751 |
| (davon Obligationen) | (19,500) | (8,000) | — |
| Guthabenüberschuss | — | — | 17,393 |
| Schuldenüberschuss | 5,950 | 0,265 | — |
| Eigenkapital | 25,487 | 39,240 | 29,743 |
| dto. pro Aktie | 6 068 Fr. | 7 115 Fr. | 6 196 Fr. |

Auch bei der **Conservenfabrik Lenzburg** hatten die Jahre nach dem Ersten Weltkrieg einen scharfen Rückgang der Dividende und einen entsprechenden Kursrückgang gebracht. Die Gesellschaft liefert in erster Linie Konserven aus Gemüse und Früchten und hat auch einige andere Unternehmungen auf diesem Geschäftsgebiet aufgenommen. Sie ist noch nicht ganz zur reinen Holding geworden, da sie ihre bedeutenden Fabriken in der Schweiz noch in der eigenen Bilanz führt. Die ausländischen Beteiligungen liegen auch hier ausschliesslich in Europa.

Die Aktien von Lenzburg haben im laufenden Jahr einen Kurs von 2 000 Fr. erreicht, obwohl 400 Fr. pro Aktie zurückgezahlt wurden, und man muss bis auf die Jahre vor dem Ersten Weltkrieg zurückgehen, um eine ähnlich hohe Bewertung zu finden, allerdings für ein damals viel kleineres Aktienkapital. Bemerkenswert ist vielleicht auch, dass 1912 die Aktien mit 2 000 Fr. bewertet wurden bei 100 Fr. Jahresdividende, während jetzt die Bewertung auch bis an 2 000 Fr. heranreicht, seit Jahren aber nur knapp 50 Fr. Dividende ausgeschüttet werden. Die Rendite beträgt also sogar nur noch etwa $2^{1}/_{2}$ Prozent.

Bei der grossen Rolle, welche die Beteiligungen auch in dieser Bilanz spielen, ist eine tiefere Beurteilung der Ertragsentwicklung und der Vermögenswerte nicht möglich. Die höhere Bewertung der Aktien steht aber – mindestens äusserlich – im Widerspruch zum Rückgang der Rentabilität im letzten Jahrzehnt. Vielleicht beruht sie auf zeitweise besseren Exportaussichten.

## Conservenfabrik Lenzburg

Gegründet 1898. Sitz und Werksanlagen in Lenzburg.
Betrieb: Herstellung von Gemüse- und Fruchtkonserven, zum Teil aus eigenen Kulturen. Zweigwerke in Deutschland, Frankreich, Holland und Spanien.
Bilanztermin 31. Dezember.
Aktien notiert in Basel und Zürich.

|  | Dividende | Höchstkurs | Tiefstkurs |
|---|---|---|---|
| *Aktienkapital 1 600 Aktien à 1 000 Fr. 1911 Kapitalerhöhung auf 2 400 Aktien, Ausgabe der neuen Aktien zu je 1550 Fr.* | | | |
| 1911 | 100 Fr. | 2 100 Fr. | 1 975 Fr. |
| 1912 | 100 | 2 300 | 2 000 |
| 1913 | 100 | — | — |
| *Kapitalerhöhung auf 3 600 Aktien, Bezugsrecht 1 auf 2 zu 1 400 Fr.* | | | |
| 1914 | 75 Fr. | 1 800 Fr. | 1 700 Fr. |
| 1915 | 100 | — | — |
| *Kapitalerhöhung auf 4 200 Aktien, Bezugsrecht 1 auf 6 zu 1 000 Fr.* | | | |
| 1916 | 100 Fr. | — | — |
| *Kapitalerhöhung auf 5 000 Aktien, Bezugsrecht 1 auf 6 zu 1 000 Fr.* | | | |
| 1917 | 100 Fr. | 1815 Fr. | 1810 Fr. |
| *Kapitalerhöhung auf 7 000 Aktien, Bezugsrecht 3 auf 10 zu 1 000 Fr.* | | | |
| 1918 | 100 Fr. | — | — |
| 1919 | 100 | 1 550 Fr. | 1 550 Fr. |
| 1920 | 80 | 1 401 | 1 050 |
| 1921 | 60 | 950 | 600 |
| 1922 | 0 | 1 000 | 695 |
| 1923 | 50 | 850 | 615 |
| 1924 | 60 | 1 100 | 700 |
| 1925 | 60 | 1 300 | 1 050 |
| 1926 | 70 | 1 285 | 1 110 |
| *Kapitalerhöhung auf 8 000 Aktien für Erwerbungen.* | | | |
| 1927 | 80 Fr. | 1 615 Fr. | 1 265 Fr. |

|  | Dividende | Höchstkurs | Tiefstkurs |
|---|---|---|---|
| Kapitalerhöhung auf 10 000 Aktien, Bezugsrecht 1 auf 4 zu 1 250 Fr. | | | |
| 1928 | 80 Fr. | 1 850 Fr. | 1 585 Fr. |
| 1929 | 80 | 1 760 | 1 595 |
| 1930 | 80 | 1 800 | 1 520 |
| 1931 | 60 | 1 650 | 975 |
| 1932 | 60 | 1 300 | 997 |
| Kapitalherabsetzung, Rückzahlung 200 Fr. pro Aktie. | | | |
| 1933 | 48 Fr. | 1 600 Fr. | 1 100 Fr. |
| 1934 | 48 | 1 350 | 1 170 |
| 1935 | 48 | 1 360 | 1 250 |
| 1936 | 48 | 1 650 | 1 250 |
| 1937 | 48 | 1 580 | 1 460 |
| 1938 | 51,06 | 1 700 | 1 490 |
| Kapitalherabsetzung, Rückzahlung 200 Fr. pro Aktie. Kapital dann 10 000 Aktien à 600 Fr. | | | |
| 1939 | 51,06 Fr. | 1 680 Fr. | 1 302 Fr. |
| 1940 | 51,06 | 1 750 | 1 375 |

**Ertrags- und Bilanzübersicht**

|  | 31. Dez. 1920 Mill. Fr. | 31. Dez. 1930 Mill. Fr. | 31. Dez. 1941 Mill. Fr. |
|---|---|---|---|
| Rohgewinn | 2,920 | 3,844 | 2,909 |
| Reingewinn | 0,644 | 0,972 | 0,559 |
| Betriebsanlagen | 3,439 | 2,618 | 1,559 |
| Betriebsmaterial | 7,155 | 8,055 | 7,359 |
| Beteiligungen | 0,393 | 6,857 | 2,510 |
| Geldguthaben | 5,371 | 5,978 | 2,894 |
| Geldschulden | 7,368 | 10,526 | 4,067 |
| (davon Obligationen) | (6,693) | (5,926) | (1,149) |
| Schuldenüberschuss | 1,997 | 4,548 | 1,173 |
| Fonds | — | 0,725 | 1,509 |
| Eigenkapital | 8,990 | 12,257 | 8,747 |
| dto. pro Aktie | 1 267 Fr. | 1 226 Fr. | 875 Fr. |

Die **Dr. Wander A.G.** hat aus ihrer Spezialfabrikation von Ovomaltine usw. dagegen in den beiden letzten Jahrzehnten stark steigende Erträge erzielt. 1923 waren den Aktionären die ausländischen Fabriken in der Form einer besonderen Gesellschaft, der **Glaro A.G.**, geschenkt worden, später noch einmal ein Genussschein auf jede Aktie. Obwohl im letzten Geschäftsjahr die Dividende etwas ermässigt wurde, so stellte sich doch der Gesamtertrag für eine alte Aktie noch auf 112 Fr. gegen 45 Fr. für das Jahr 1919.

Die Organisation der Dr. Wander A.G. ist insofern eigentümlich, als hier die Schweizer Fabrikation (Dr. Wander A.G.) von den Fabriken im Auslande (Glaro A.G.) als Gesellschaft vollkommen getrennt ist. Ferner sind bei der Dr. Wander A.G. die Aktien auf eine höchste Dividende von 10 Prozent bzw. 30 Fr. beschränkt, während ein darüber hinausgehender Jahresgewinn ausschliesslich auf die Genussscheine verteilt werden muss. Da seit Jahren die ausgewiesenen Reingewinne der Gesellschaft 10 Prozent des Aktienkapitals überschreiten, sind die Aktien Dr. Wander zu einer Art Rentenpapier geworden.

Die Genussscheine haben dagegen verschiedene Dividenden – je nach dem Ertragsausfall – erhalten. Dabei sind aber wiederum auch die Chancen der Genussscheine im Falle einer starken Ertragssteigerung der Gesellschaft begrenzt, da sie jederzeit mit einer Frist von sechs Monaten zur Einlösung gekündigt werden können. Die Festsetzung des Einlösungswertes liegt dabei im Ermessen der Gesellschaft; sie darf aber – nach den Satzungen – den Betrag von 300 Fr. nicht übersteigen. Ein Mehrgewinn der Gesellschaft für die Zukunft könnte infolgedessen nach Kündigung der Genussscheine doch wiederum den Aktien zugute kommen.

Deshalb trifft gerade auf die Werte der Dr. Wander A.G. die auch sonst vielfach geltende Regel zu, dass weder die Aktien noch die Genussscheine unmittelbar einen Vorzug als Kapitalanlage verdienen, sondern dass eine die vollen Erträgnisse der Gesellschaft sichernde Kapitalanlage sich aus der gleichen Anzahl Aktien und Genussscheine zusammensetzen sollte. Im Gegensatz zur ziemlich stabilen Kursbewegung der Aktien ist in den letzten Jahren die Bewertung der nur im freien Verkehr gehandelten Genussscheine sehr lebhaft gewesen. Etwa 1939 hatten sie einen Kurs bis zu 650 Fr. erreicht, wonach sie später bei der Dividendenkürzung fast bis auf die Hälfte zurückgingen.

Da das Geschäft der Wander A.G. sich im wesentlichen auf die Schweiz selbst beschränkt, so scheinen hier die Risiken des Krieges und seiner Folgen wesentlich geringer zu sein als bei den anderen Gesellschaften der Nahrungsmittelindustrie mit grossen Beteiligungen im Auslande. Die Rendite einer Aktie und eines Genussscheines zusammen stellt sich allerdings nach der Dividende von 1940 auch nur auf etwa 3 Prozent.

Das Kriegsrisiko des ausländischen Geschäftes im Wanderkonzern kommt ausschliesslich bei der Glaro A.G. zum Ausdruck, die wegen der Transferschwierigkeiten usw. ihre Dividende in den beiden letzten Jahren zweimal ermässigt hat. Die Berichterstattung der Glaro A.G. an die Aktionäre ist noch dürftiger, da überhaupt keine Jahresrechnungen veröffentlicht werden. Deshalb habe ich auch auf die Aufstellung der Bilanztabellen lediglich nach den unvollständigen und nicht immer zuverlässigen Mitteilungen in der Tagespresse verzichtet. Der Reingewinn 1940 wurde mit 0,847 Mill. Fr. angegeben gegen etwa 2,27 Mill. Fr. für 1937. In der letzten Bilanz 1940 hatten die Beteiligungen einen Buchwert von 8,5 Mill. Fr.; die Bankguthaben betrugen 1,9 Mill. Fr.

Die Bewertung der Aktien, die in Bern amtlich notiert werden, hat sich gegen den Höchststand von 2 000 Fr. im Jahre 1938 im laufenden Jahre etwa auf die Hälfte vermindert, bei nur seltenen und geringen Umsätzen. Darin liegt eine gewisse Chance für den Fall, dass die Gesellschaft bei ihren ausländischen Beteiligungen von Kriegsverlusten verschont bleibt und nach dem Kriege wieder voll in den Genuss ähnlich guter Erträgnisse kommt wie vor dem Kriege. Aber mehr als eine vorläufig ungewisse Chance ist es nicht.

Immerhin würde der gegenwärtige Kurs von reichlich 900 Fr. nach den Dividenden 1930 bis 1938 von je 50 Fr. eine Rendite von über 5 Prozent – ausser den Bonus usw. – bringen.

## Dr. Wander A.G.

Gegründet 1908. Sitz und Fabrik in Bern.

Betrieb: Fabrikation von diätetischen Präparaten, besonders Ovomaltine in der Schweiz. Die ausländischen Fabriken sind 1923 in eine besondere Holdinggesellschaft eingebracht worden.

Bilanztermin 31. Dezember.

Aktien notiert in Bern.

|  | Dividende | Höchstkurs | Tiefstkurs |
|---|---|---|---|
| *Aktienkapital 7 800 Aktien à 500 Fr. und 1 000 Aktien à 100 Fr.* | | | |
| 1919 | 45 Fr. | | |
| 1920 | 40 | Kurse für grosse Aktien | |
| 1921 | 40 | 600 Fr. | 520 Fr. |
| 1922 | 50 | 650 | 500 |
| 1923 | 50 | 825 | 660 |
| *Kapitalherabsetzung, Nennwert der Aktien von 500 auf 300 Fr. bzw. von 100 auf 60 Fr. ermässigt infolge Einbringung der Auslandsbeteiligungen in eine besondere Gesellschaft (Glaro A.G.). Deren Aktien 1 auf 1 den Aktionären gratis angeboten.* | | | |
| 1924 | 30 Fr. | 515 Fr. | 475 Fr. |
| 1925 | 30 | 537 | 480 |
| 1926 | 30 | 825 | 790 |

*Ausgabe von 8 000 Genussscheinen, 1 auf 1 grosse Aktie, Genussscheine nicht amtlich notiert. Kapital seitdem 7 800 Aktien à 300 Fr., 1 000 Aktien à 60 Fr. und 8 000 Genussscheine.*

|  | Dividende | | Höchstkurs | Tiefstkurs | Schlusskurs |
|  | Aktien | Genussscheine | Grosse Aktien | | Genussscheine |
|---|---|---|---|---|---|
| 1927 | 30 Fr. | 30 Fr. | 1 125 Fr. | 720 Fr. | |
| 1928 | 30 | 30 | 1 400 | 975 | |
| 1929 | 30 | 30 | 1 325 | 900 | |
| 1930 | 30 | 30 | 930 | 835 | |
| 1931 | 30 | 30 | 900 | 700 | |
| 1932 | 30 | 18 | 740 | 600 | |
| 1933 | 30 | 18 | 980 | 720 | ca. 325 Fr. |
| 1934 | 30 | 18 | 930 | 875 | ca. 340 |
| 1935 | 30 | 18 | 975 | 870 | ca. 310 |
| 1936 | 30 | 18 | 1 200 | 940 | ca. 300 |
| 1937 | 30 | 30 | 1 275 | 1 100 | ca. 310 |
| 1938 | 30 | 30 | 1 260 | 1 200 | ca. 530 |
| 1939 | 30 | 30 | 1 260 | 1 125 | ca. 400 |
| 1940 | 30 | 18 | 1 200 | 925 | ca. 400 |

### Ertrags- und Bilanzübersicht

|  | 31. Dez. 1925 Mill. Fr. | 31. Dez. 1933 Mill. Fr. | 31. Dez. 1940 Mill. Fr. |
|---|---|---|---|
| Rohgewinn | 3,757 | 4,090 | 4,650 |
| Reingewinn | 0,603 | 0,720 | 0,633 |
| Betriebsanlagen | 0,943 | 2,867 | 3,290 |
| Betriebsmaterial | 0,903 | 0,712 | 3,262 |
| Geldguthaben | 5,000 | 5,017 | 5,308 |
| Geldschulden | 2,906 | 2,594 | 4,984 |
| (davon Obligationen) | (1,200) | – | – |
| Guthabenüberschuss | 2,094 | 2,423 | 0,324 |
| Fonds | 0,673 | – | – |
| Eigenkapital | 3,266 | 6,001 | 6,777 |
| dto. pro 300-Fr.-Aktie | 408 Fr. | 750 Fr. | 847 Fr. |

## Glaro A.G.

Gegründet 1923. Sitz in Glarus.

Betrieb: Holdinggesellschaft für die früheren Auslandsfabriken der Dr. Wander A.G. für Ovomaltine usw. in Europa und in den Vereinigten Staaten.

Bilanztermin 31. Dezember.

Aktien notiert in Bern.

|  | Dividende | Höchstkurs | Tiefstkurs |
|---|---|---|---|
| *Aktienkapital 8 000 Aktien à 200 Fr.* | | | |
| 1923 | 20 Fr. | – | – |
| 1924 | 20 | 375 Fr. | 310 Fr. |
| 1925 | 30 | 400 | 340 |
| 1926 | 30 | 650 | 430 |
| 1927 | 40 | 840 | 700 |
| 1928 | 50 | 1 450 | 875 |
| *Kapitalteilung in 16 000 Aktien, Bezugsrecht 1 auf 1 gratis.* | | | |
| 1929 | 36 Fr. | 2 000 Fr. | 1 435 Fr. |
| 1930 | 50 | 960 | 860 |
| 1931 | 50 | 1 050 | 905 |
| 1932 | 50 | 940 | 850 |
| 1933 | 50 | 1 100 | 950 |
| 1934 | 50 | 1 050 | 980 |
| 1935 | 50 | 1 195 | 970 |
| 1936 | 50 + 50 Fr. Bonus | 1 650 | 1 125 |
| 1937 | 50 + 200 Fr. | 1 800 | 1 690 |
| 1938 | 50 | 2 100 | 1 750 |
| 1939 | 40 | 1 975 | 1 500 |
| 1940 | 32 | 1 500 | 800 |

Von den Unternehmungen, die speziell die Verwertung der Milch zum Zweck ihres Geschäftes gemacht haben, ist die **Nestlé-Gesellschaft** weitaus die bedeutendste. Sie hat aber auch noch mehr den Schwerpunkt ihres Geschäftes nach dem Ausland verlegt und ist darin sogar noch einen Schritt weiter gegangen, als vor einigen Jahren der weitaus überwiegende Teil der ausländischen Fabriken auch in eine ausländische Gesellschaft (Unilac in Panama) gelegt wurde. Dadurch sind die Bilanz und die Ertragsrechnung des Unternehmens überhaupt zu einem »Buch mit sieben Siegeln« geworden. Die Erträgnisse werden einmal da und einmal dort höher ausgewiesen, Beteiligungen werden von einer Gesellschaft auf die andere übertragen und auch wieder zurück. Die Ausgabe von »Amortisationsscheinen« kompliziert weiter.

Deshalb erscheint eine Beurteilung der Ertragskraft der Nestlé-Unternehmungen und eine Bewertung der Aktien überhaupt unmöglich, was ich schon in einer Analyse der Gesellschaft in Nr. 39 [des *Spiegels der Wirtschaft*] von 1936 geschrieben hatte. Die Aktionäre haben sich demgegenüber zeitweise mit einer ausserordentlich bescheidenen Rendite auf den Kurswert der Aktien begnügt. Erst nach dem Ausbruch des Krieges ist der Kurs nicht unerheblich gesunken, weil doch das Risiko eines so stark international verteilten Geschäftes nicht mehr zu übersehen war.

Während des Ersten Weltkrieges hatte allerdings die damalige Nestlé-Gesellschaft einen sehr starken Aufschwung genommen, der auch mit einer Vervierfachung des Aktienkapitals verbunden war. Die Erweiterung durch neue Filialen und Erwerbungen ging sogar noch weit über die Mittel hinaus, die aus der Ausgabe neuer Aktien hereinkamen, so dass 1921 die Gesellschaft zwar 80 Fabriken in den verschiedenen Teilen der Welt, aber auch 377 Mill. Fr. Schulden hatte. Die Nachkriegskrise brachte auf den Vorräten usw. Verluste von 107 Mill. Fr., so dass eine Sanierung durch Herabsetzung des Kapitals an Stammaktien auf die Hälfte notwendig wurde.

Seitdem hat die Gesellschaft einen neuen Aufschwung genommen, allerdings vorwiegend bei ihren Unternehmungen ausserhalb der Schweiz, nämlich in den Vereinigten Staaten, Australien usw. Genaue Berichte über den Umfang der Kapitalinteressen in den einzelnen Ländern sind nicht mehr veröffentlicht worden, und die Bilanz ist noch undurchsichtiger geworden, seit 1936 auch die Fabriken in der Schweiz in eine besondere Gesellschaft eingebracht sind, ihre Bilanzwerte damit unsichtbar geworden sind, seit die Unilac in Panama errichtet wurde usw.

Man darf wohl annehmen, dass die finanzielle Lage des Gesamtunternehmens diesmal eine wesentlich andere und bessere ist als während des Ersten Weltkrieges. Doch macht sich gerade bei Nestlé der Mangel einer konsolidierten Bilanz besonders bemerkbar, und die Aktionäre haben als Basis einer Bewertung der Aktien nur den Glauben, dass ihre Gesellschaft durch die zahlreichen und grossen Risiken des Krieges und der Währungsschwierigkeiten diesmal glücklich hindurchgesteuert wird. Dass mir dieser Glaube und 3 Prozent Rendite für eine Kapitalanlage nicht genügen würden, hatte ich auch in letzter Zeit öfter geschrieben.

## Nestlé und Anglo-Swiss Holding Co.

Gegründet 1905 (1866). Sitz in Cham und Vevey.

Betrieb: Holdinggesellschaft für die zahlreichen Fabriken des Nestlé-Konzerns auf der ganzen Welt, die kondensierte Milch, Schokolade und andere Nahrungsmittel herstellen. Bis 1936 auch Fabrikationsgesellschaft. Schwestergesellschaft Unilac (auch Holding) in Panama. Die Aktien beider Gesellschaften bilden eine Einheit beim Börsenhandel usw.

Bilanztermin 31. Dezember.

Aktien notiert in Basel, Bern, Genf, Lausanne und Zürich.

|  | Dividende | Höchstkurs | Tiefstkurs |
|---|---|---|---|
| *Aktienkapital 100 000 Aktien à 400 Fr.* | | | |
| 1911 | 75 Fr. | 1 776 Fr. | 1 635 Fr. |
| 1912 | 80 | 1 762 | 1 648 |
| 1913 | 90 | 1 785 | 1 620 |
| 1914 | 95 | 1 958 | 1 744 |
| 1915 | 100 | — | — |
| *Kapitalerhöhung auf 150 000 Aktien, Bezugsrecht 1 auf 2 zu 400 Fr.* | | | |
| 1916 | 95 Fr. | 2 410 Fr. | 1 630 Fr. |
| 1917 | 100 | 1 800 | 1 450 |
| *Kapitalerhöhung auf 200 000 Aktien, Bezugsrecht 1 auf 15 zu 1 000 Fr.* | | | |
| 1918 | 100 Fr. | 1 805 Fr. | 1 495 Fr. |
| *Kapitalteilung in 400 000 Aktien, Bezugsrecht 1 auf 1 zu 200 Fr.* | | | |
| 1919 | 65 Fr. | 1 800 Fr. | 1 450 Fr. |
| 1920 | 65 | 1 075 | 635 |
| *Ausgabe von 200 000 Vorzugsaktien à 1 £ (22,50 Fr.).* | | | |
| 1921 | 0 | 742 Fr. | 200 Fr. |

|  | Dividende | Höchstkurs | Tiefstkurs |
|---|---|---|---|
| Kapitalherabsetzung, Nennwert der Stammaktien von 400 auf 200 Fr. ermässigt. | | | |
| 1922 | 0 | 241 Fr. | 150 Fr. |
| 1923 | 0 | 192 | 153 |
| 1924 | 0 | 213 | 183 |
| 1925 | 12 Fr. | 303 | 201 |
| 1926 | 16 | 583 | 302 |
| 1927 | 20 | 853 | 580 |
| 1928 | 24 | 990 | 838 |
| Kapitalerhöhung auf 487 500 Stammaktien zur Fusion mit der Schokoladefabrik Peter, Cailler, Kohler. | | | |
| 1929 | 32 Fr. | 947 Fr. | 645 Fr. |
| 1930 | 32 | 825 | 620 |
| 1931 | 32 | 753 | 365 |
| 1932 | 28 | 560 | 393 |
| 1933 | 28 | 685 | 493 |
| Rückkauf von 150 000 Vorzugsaktien, Umwandlung des Restes in 92 500 Stammaktien. Kapital dann 580 000 Aktien à 200 Fr. | | | |
| 1934 | 28 Fr. | 769 Fr. | 665 Fr. |
| 1935 | 28 | 848 | 771 |
| 1936 | 28 + 8,60 Fr. Bonus | 1 190 | 782 |
| Umwandlung in eine reine Holdinggesellschaft, Gründung der Unilac, Bezugsrecht 1 Aktie Unilac à 12 $ auf 1 Aktie Nestlé gratis. | | | |
| 1937 | 30 Fr. + 0,60 $ | 1 162 Fr. | 1 002 Fr. |
| Kapitalherabsetzung, Rückzahlung von 100 Fr. pro Aktie, Ausgabe von je 200 Fr. Amortisationsschein pro Aktie gratis. Kapital dann 580 000 Aktien à 100 Fr. mit je 1 Amortisationsschein und 1 Aktie Unilac. | | | |
| 1938 | 15 + 12,50 Fr. + 1,20 $ | 1 285 Fr. | 1 103 Fr. |
| 1939 | 10 + 12,50 Fr. + 2,25 $ | 1 260 | 970 |
| 1940 | 15 + 12,50 Fr. | 1 174 | 776 |

**Ertrags- und Bilanzübersicht**

|  | 31. Dez. 1919 | 31. Dez. 1930 | 31. Dez. 1940 Nestlé | 31. Dez. 1940 Unilac |
|---|---|---|---|---|
|  | Mill. Fr. | Mill. Fr. | Mill. Fr. | Mill. $ |
| Rohgewinn | 114,003 | 103,266 | 8,132 | 3,997 |
| Reingewinn | 34,049 | 28,388 | 5,785 | 3,434 |
| Betriebsanlagen | 24,461 | 19,827 | 1,757 | – |
| Betriebsmaterial | 147,471 | 48,338 | – | – |
| Beteiligungen | 107,649 | 156,163 | 33,658 | 23,047 |
| Geldguthaben | 130,491 | 120,934 | 82,798 | 12,449 |
| Geldschulden | 222,358 | 141,012 | 25,399 | 21,036 |
| (davon Obligationen) | (60,000) | (91,810) | – | – |
| Guthabenüberschuss | – | – | 57,399 | – |
| Schuldenüberschuss | 91,867 | 20,078 | – | 8,587 |
| Fonds | 6,101 | 17,322 | – | – |
| Eigenkapital | 181,610 | 186,927 | 92,813 | 14,461 |
| dto. pro Stammaktie | 454 Fr. | 292 Fr. | 160 Fr. | 23 $ |

Auch die **Ursina A.G.**, ursprünglich Berneralpen-Milchgesellschaft, hat sich von der Schweiz nach dem Auslande ausgedehnt und ist seit 1926 eine reine Holding. Allerdings dürfte das schweizerische Geschäft gegenüber dem ausländischen in Deutschland und Frankreich noch relativ bedeutender sein. Die Rentabilität der Aktien ist nach einem Anstieg im vorletzten Jahrzehnt etwa seit 1930 wieder gesunken, und zwar – wenigstens nach den ausgewiesenen Dividenden – von längerer Dauer. Der Kurs der Aktien der Ursina hat im laufenden Jahr die allgemeine Haussebewegung an den Schweizer Börsen mitgemacht, so dass er in der letzten Zeit den Stand von 600 Fr. überschritten hat. Dabei bleibt nach den Dividenden der letzten Jahre nur noch eine Rendite von etwa 3 Prozent. Um diese Bewertung beurteilen zu können, müsste man etwas mehr von der Aufteilung der Erträgnisse zwischen Inland und Ausland wissen, als die Bilanzen gestatten; auch etwas über die Abschreibungen, die bei einer Holding gleichfalls nicht zu ersehen sind. Eine solche Kapitalanlage enthält deshalb immer an sich schon ein grösseres Risiko, wenn auch die Aussichten (Export) jetzt gut erscheinen. Die Situation scheint der von Lenzburg ähnlich zu sein.

## Ursina A.G.

Gegründet 1892. Sitz in Konolfingen (Bern).

Betrieb: Holdinggesellschaft für die Fabriken der früheren Berneralpen-Milchgesellschaft in der Schweiz, Deutschland und Frankreich, die kondensierte Milch und andere Konserven herstellen. Bis 1926 auch Fabrikationsgesellschaft.

Bilanztermin 31. Dezember.

Aktien notiert in Bern, Genf und Zürich.

|  | Dividende | Höchstkurs | Tiefstkurs |
|---|---|---|---|
| Aktienkapital 6 400 Aktien à 250 Fr., Kapitalerhöhung 1911 auf 8 000 Aktien, Bezugsrecht 1 auf 4 zu 250 Fr. | | | |
| 1911 | 15 Fr. | — | — |
| 1912 | 15 | — | — |
| 1913 | 15 | — | — |
| Kapitalerhöhung auf 10 000 Aktien, Bezugsrecht 1 auf 4 zu 250 Fr. | | | |
| 1914 | 15 Fr. | 263 Fr. | 262 Fr. |
| 1915 | 17,50 | — | — |
| 1916 | 20 | 400 | 400 |
| 1917 | 20 | 395 | 385 |
| 1918 | 20 | 365 | 350 |
| Kapitalteilung in 11 000 Aktien, Bezugsrecht 1 auf 10 gratis. | | | |
| 1919 | 25 Fr. | 417 Fr. | 345 Fr. |
| Kapitalerhöhung auf 16 000 Aktien, Bezugsrecht 5 auf 11 zu 265 Fr. | | | |
| 1920 | 22,50 Fr. | 300 Fr. | 287 Fr. |
| 1921 | 12,50 | 295 | 250 |
| 1922 | 15 | — | — |
| 1923 | 17,50 | 255 | 255 |
| 1924 | 20 | 310 | 260 |
| 1925 | 20 | 350 | 325 |
| 1926 | 30 | 550 | 408 |
| 1927 | 37,50 | 835 | 565 |
| 1928 | 37,50 | 940 | 875 |

|  | Dividende | Höchstkurs | Tiefstkurs |
|---|---|---|---|
| 1929 | 37,50 Fr. | 900 Fr. | 830 Fr. |
| 1930 | 37,50 | 830 | 746 |
| 1931 | 30,95 | 775 | 585 |
| 1932 | 20,65 | 600 | 400 |
| 1933 | 15,70 | 575 | 375 |
| 1934 | 15,70 | 490 | 315 |
| 1935 | 15,95 | 450 | 350 |
| 1936 | 15,95 | 500 | 375 |
| *Kapitalerhöhung auf 20 000 Aktien, Bezugsrecht 1 auf 7 zu 250 Fr.* | | | |
| 1937 | 18,60 Fr. | 580 Fr. | 390 Fr. |
| 1938 | 18,60 | 570 | 460 |
| *Kapitalerhöhung auf 24 000 Aktien à 250 Fr., Bezugsrecht 1 auf 5 zu 400 Fr.* | | | |
| 1939 | 18,60 Fr. | 500 Fr. | 460 Fr. |
| 1940 | 19,66 | 475 | 420 |

### Ertrags- und Bilanzübersicht

|  | 31. Dez. 1919 Mill. Fr. | 31. Dez. 1930 Mill. Fr. | 31. Dez. 1940 Mill. Fr. |
|---|---|---|---|
| Betriebsgewinn | 1,547 | – | – |
| Rohgewinn | – | 1,036 | 0,851 |
| Reingewinn | 0,423 | 0,854 | 0,507 |
| Betriebsanlagen | 1,615 | – | – |
| Betriebsmaterial | 1,423 | – | – |
| Beteiligungen | 0,357 | 6,916 | 7,426 |
| Geldguthaben | 4,043 | 3,760 | 1,832 |
| Geldschulden | 3,999 | 5,317 | 1,609 |
| (davon Obligationen) | (2,500) | (3,000) | – |
| Guthabenüberschuss | 0,044 | – | 0,223 |
| Schuldenüberschuss | – | 1,557 | – |
| Fonds | 0,377 | – | – |
| Eigenkapital | 3,063 | 5,360 | 7,649 |
| dto. pro Aktie | 278 Fr. | 335 Fr. | 319 Fr. |

Von den bekannten – man kann fast sagen berühmten – Schokoladefabriken der Schweiz sind die später vereinigten Unternehmungen Peter, Cailler und Kohler von Nestlé aufgenommen worden. Die **Chocolat Tobler** hat sich fast seit Jahrzehnten in Dauersanierung befunden, wobei der Charakter als Holding und als Fabrikationsgesellschaft mehrfach gewechselt hat. Bereits 1912 war das Kapital mit Aktientausch und Ausgabe von Vorzugsaktien herabgesetzt worden. Die spätere Entwicklung ist aus der Tabelle ersichtlich. Daraus geht auch hervor, dass bei einer Besserung der Geschäftslage sofort deren Auswertung durch »Finanzierung« aufblühte mit Bezugsrechten usw.

Bei der letzten Sanierung 1931 ist allerdings insofern ein Wandel eingetreten, als nunmehr die geschädigten Gläubiger selbst als Aktionäre die Verwaltung in die Hand nahmen und die früheren leitenden Personen daraus entfernten. Die Entwicklung der Gesellschaft zeigt seitdem durch Beschränkung und Sparsamkeit eine merkbare innere Gesundung. Deshalb habe ich auch ausnahmsweise in der Bilanztabelle die Sanierungsbilanz von 1931 der vorhergehenden und der zehn Jahre später aufgemachten gegenübergestellt. Ende 1940 hatte die Gesellschaft erstmals einen Guthabenüberschuss nach Tilgung der Obligationen usw. Auch wurde erstmals die Dividende der Vorzugsaktien I. Ranges von 6 Prozent voll bezahlt.

Die Kapitalisierung von Tobler ist durch die Sanierungen etwas kompliziert. Die Vorzugsaktien I. Ranges (V.-A. I.) erhalten vorweg eine Dividende bis 6 Prozent. Gegenwärtig hängt noch der Anspruch auf Nachzahlung von 24 Prozent daran. An zweiter Stelle haben die Vorzugsaktien II. Ranges (V.-A. II.) Anspruch auf je 5 Fr. Dividende bei einem Nennwert von 1 Fr., dann kommen die Stammaktien mit je 2 Fr. Dividende bei gleichfalls 1 Fr. Nennwert. Im Falle der Liquidation erhalten die V.-A. I. nur den Nennwert, die V.-A. II. dagegen bis 125 Fr. usw.

Amtlich notiert werden seit der letzten Sanierung nur noch die V.-A. I. an der Börse von Bern, und zwar in Zertifikaten von je 20 Aktien à 10 Fr. Der Kurs war in letzter Zeit etwa 210 Fr., also 105 Prozent. Die V.-A. II., Stammaktien und Genussscheine werden nur im freien Verkehr umgesetzt; die Preise dafür sind etwas unzuverlässig, betrugen aber lange Zeit nur wenige Franken. An Chocolat Tobler ist vor allem die Vergangenheit lehrreich und interessant und vielleicht noch die Zukunft. Wenn die innere Entwicklung der bereinigten Gesellschaft im gleichen Tempo weitergehen sollte wie im letzten Jahrzehnt, so könnte die Gesellschaft wieder ein rentables Unternehmen werden, wie vor langer Zeit.

## A.G. Chocolat Tobler

Gegründet 1912. Sitz und Fabrik in Bern.

Betrieb: Fabrikation von Schokolade usw. Von 1924 bis 1931 nur Holdinggesellschaft.

Bilanztermin 31. Dezember bis 1924, seitdem 30. April bis 1931, seitdem wieder 31. Dezember.

Aktien notiert in Bern, früher auch in Genf und Zürich.

*Aktienkapital 8 000 Stammaktien à 200 Fr., 4 000 Vorzugsaktien I. Ranges à 500 Fr., 4 000 Vorzugsaktien II. Ranges à 500 Fr., 4 500 Genussscheine à 105 Fr.*

|  | Dividende | | Kurse Vorzugsaktien II. | | Kurse Stammaktien | |
|---|---|---|---|---|---|---|
|  | V.-A. II. | Stammaktien | Höchstk. | Tiefstk. | Höchstk. | Tiefstk. |
| 1912 | 20 Fr. | 0 Fr. | – | – | 42 Fr. | 25 Fr. |
| 1913 | 20 | 0 | – | – | – | – |
| 1914 | 20 | 0 | – | – | 81 | 80 |
| 1915 | 30 | 12 | – | – | – | – |
| 1916 | 30 | 14 | – | – | 234 | 190 |

*Kapitalerhöhung auf 18 000 Stammaktien, Rückzahlung der Vorzugsaktien I. Ranges und der Genussscheine.*

| 1917 | 30 Fr. | 20 Fr. | – | – | 250 Fr. | 211 Fr. |
|---|---|---|---|---|---|---|
| 1918 | 30 | 24 | 490 Fr. | 485 Fr. | 385 | 220 |
| 1919 | 30 | 24 | – | – | 410 | 340 |

*Kapitalerhöhung auf 36 000 Stammaktien à 200 Fr., Bezugsrecht 1 auf 1 zu 200 Fr. Ausgabe von 6 000 neuen Genussscheinen à 400 Fr., 1 Genussschein auf 3 alte Stammaktien gratis. Ausserdem blieben noch 4 000 Vorzugsaktien à 500 Fr.*

| 1920 | 30 Fr. | 24 Fr. | – | – | 420 Fr. | 180 Fr. |
|---|---|---|---|---|---|---|
| 1921 | 30 | 12 | 380 Fr. | 380 Fr. | 225 | 110 |
| 1922 | 0 | 0 | 350 | 125 | 350 | 95 |
| 1923 | 30 | 0 | 410 | 125 | 222 | 130 |
| 1924/25 (16 Mon.) | 0 | 0 | 1924 460 | 340 | 228 | 130 |
|  |  |  | 1925 450 | 360 | 205 | 158 |
| 1925/26 | 0 | 0 | 1926 401 | 300 | 189 | 111 |

|  | Dividende | | Kurse Vorzugsaktien II. | | Kurse Stammaktien | |
|---|---|---|---|---|---|---|
|  | V.-A. II. | Stammaktien | Höchstk. | Tiefstk. | Höchstk. | Tiefstk. |
| 1926/27 | 0 | 0 | 1927 370 | 280 | 177 | 126 |
| 1927/28 | 0 | 0 | 1928 387 | 295 | 187 | 133 |
| 1928/29 | 0 | 0 | 1929 295 | 140 | 140 | 30 |

*Kapitalherabsetzung, Nennwert der 4 000 Vorzugsaktien von 500 auf 250 Fr., der 36 000 Stammaktien von 200 auf 25 Fr. ermässigt.*

| 1929/30 | 0 | 0 | 1930 210 Fr. | 155 Fr. | 25 Fr. | 17 Fr. |
|---|---|---|---|---|---|---|
| 1930/31 | 0 | 0 | 1931 155 | 42 | 25 | 5 |

*Kapitalherabsetzung, Nennwert der Vorzugsaktien von 250 auf 2 Fr. ermässigt, in II. Rang versetzt und in 2 Titel à 1 Fr. geteilt, Stammaktien von 25 auf 1 Fr. ermässigt. Ausgabe von 352 000 neuen Vorzugsaktien I. Ranges à 10 Fr. und 17 600 Vorzugsaktien II. Ranges an Stelle von Obligationen. Kapital dann 352 000 Vorzugsaktien I. Ranges à 10 Fr., 25 600 Vorzugsaktien II. Ranges à 1 Fr., 36 000 Stammaktien à 1 Fr. und 5 850 Genussscheine ohne Nennwert.*

1931 (8 Mon.)
bis 1940        0           0

Die Stammaktien und Vorzugsaktien II. Ranges wurden nicht mehr amtlich notiert.

### Ertrags- und Bilanzübersicht

|  | 31. Dez. 1920 Mill. Fr. | 30. Apr. 1930 Mill. Fr. | 31. Dez. 1931 Mill. Fr. | 31. Dez. 1940 Mill. Fr. |
|---|---|---|---|---|
| Rohgewinn | 6,749 | 1,159 | – | 1,058 |
| Reingewinn | 1,548 | 0,133 | – | 0,244 |
| Betriebsanlagen | 2,471 | 4,540 | 3,718 | 1,922 |
| Betriebsmaterial | 6,263 | – | 3,830 | 1,673 |
| Beteiligungen | 7,478 | 8,231 | 1,473 | – |
| Geldguthaben | 10,559 | 0,566 | 0,879 | 1,276 |
| Geldschulden | 16,075 | 11,283 | 6,318 | 1,128 |
| (davon Obligationen) | (5,000) | (9,126) | (3,520) | – |

|  | 31. Dez. 1920 Mill. Fr. | 30. Apr. 1930 Mill. Fr. | 31. Dez. 1931 Mill. Fr. | 31. Dez. 1940 Mill. Fr. |
|---|---|---|---|---|
| Guthabenüberschuss | – | – | – | 0,148 |
| Schuldenüberschuss | 5,516 | 10,717 | 5,439 | – |
| Eigenkapital | 10,696 | 2,055 | 3,581 | 3,743 |
| dto. pro Stammaktie | 242 Fr. | 29 Fr. | 0 | 0 |

Auch bei einer anderen bekannten Schokoladefabrik, Suchard, ist die Entwicklung in den letzten Jahrzehnten ungünstig verlaufen, wahrscheinlich auch wegen grosser Beteiligungen im Auslande. Das Aktienkapital ist 1937 von 10,5 Mill. Fr. auf 6 Mill. Fr. heruntergesetzt worden, eine Dividende wurde seit langer Zeit nicht mehr gezahlt, und die Aktien im Nennwert von 400 Fr. wurden in letzter Zeit mit weniger als der Hälfte im Freiverkehr angeboten. Die Aktien Suchard werden nirgends amtlich notiert, sondern nur Obligationen der Holding in Neuenburg.

Eine besondere Stellung nimmt dagegen die **Chocolat Villars** ein, weil sich ihr Geschäft von jeher fast nur auf die Schweiz beschränkt hat und weil die Gesellschaft den direkten Verkauf an die Privatkundschaft durch eigene Verkaufsgeschäfte pflegt. Dadurch ist die Entwicklung der Gesellschaft seit Jahrzehnten (nach einer Sanierung 1908) sehr stabil gewesen. Die Aktionäre haben eine regelmässige Dividende von 12 Fr. und ausserdem einige Boni aus angesammelten Gewinnreserven erhalten. Darunter befanden sich auch Obligationen einer Holdinggesellschaft, in welche Grundstücke eingebracht wurden bzw. für welche solche Grundstücke erworben wurden, in denen sich Verkaufsgeschäfte der Gesellschaft befinden. Eine Bilanz dieser Holding bzw. der Umfang ihres Grundbesitzes wird jedoch nicht bekanntgegeben.

Die finanzielle Lage der Hauptgesellschaft hat sich bisher fast dauernd verbessert, da offensichtlich nur ein Teil der erzielten Gewinne als Dividende ausgeschüttet wurde. Deshalb können die Aktien von Villars als gute Kapitalanlage ohne besonderes Risiko angesehen werden. Die Rendite beträgt allerdings auch nur reichlich 3 Prozent bei 12 Fr. netto Dividende und einem letzten Kurs von 350 Fr. Auch sind die Aktien schwer erhältlich, weil nur selten ein Angebot an die Börse kommt.

## Fabrique de Chocolat de Villars

Gegründet 1904. Sitz und Fabrik in Freiburg i. Ue.

Betrieb: Fabrikation von Schokolade und anderen Nahrungsmitteln in der Schweiz, Verkauf durch eigene Läden.

Bilanztermin 31. März bis 1938, seitdem 30. April.

Aktien notiert in Bern, Lausanne und Zürich.

|  | Dividende |  | Höchstkurs | Tiefstkurs |
|---|---|---|---|---|
| *Aktienkapital 16 000 Aktien à 50 Fr.* | | | | |
| 1910/11 | 2 Fr. | 1911 | 62 Fr. | 62 Fr. |
| 1911/12 | 2,50 | 1912 | 66 | 55 |
| 1912/13 | 2,50 | 1913 | 55 | 50 |
| 1913/14 | 2,50 | 1914 | – | – |
| 1914/15 | 3,50 | 1915 | – | – |
| 1915/16 | 6 | 1916 | 130 | 121 |
| 1916/17 | 7 | 1917 | 155 | 128 |
| 1917/18 | 7 | 1918 | 220 | 192 |
| 1918/19 | 8 | 1919 | – | – |
| *Kapitalherabsetzung auf 13 779 Aktien durch Rückkauf von 2 221 Aktien, Aufstempelung des Nennwertes von 50 auf 100 Fr.* | | | | |
| 1919/20 | 8 Fr. | 1920 | – | – |
| 1920/21 | 9 | 1921 | – | – |
| *Kapitalerhöhung auf 20 000 Aktien, neue Aktien zum Rückkauf der Gründeranteile verwendet.* | | | | |
| 1921/22 | 10 Fr. | 1922 | 165 Fr. | 150 Fr. |
| 1922/23 | 12 | 1923 | 310 | 235 |
| 1923/24 | 12 | 1924 | 340 | 320 |
| 1924/25 | 12 + 50 Fr. Bonus | 1925 | 415 | 375 |

*Bildung einer Holdinggesellschaft für Grundstücke mit 1 Mill. Fr. Obligationen, diese den Aktionären gratis angeboten, je 100 Fr. auf 2 Aktien. Obligationen 1935 vorzeitig zurückgezahlt.*

|  | Dividende |  | Höchstkurs | Tiefstkurs |
|---|---|---|---|---|
| 1925/26 | 12 Fr. | 1926 | – | – |
| 1926/27 | 12 | 1927 | 450 Fr. | 440 Fr. |
| 1927/28 | 12 | 1928 | 475 | 450 |
| 1928/29 | 12 | 1929 | 481 | 481 |

*Kapitalteilung in 30 Aktien à 100 Fr., Bezugsrecht 1 auf 2 zu 25 Fr.*

|  | Dividende |  | Höchstkurs | Tiefstkurs |
|---|---|---|---|---|
| 1929/30 | 12 Fr. | 1930 | 420 Fr. | 420 Fr. |
| 1930/31 | 12 | 1931 | 410 | 350 |
| 1931/32 | 12 | 1932 | 300 | 300 |
| 1932/33 | 12 | 1933 | 350 | 320 |
| 1933/34 | 12 | 1934 | 350 | 270 |
| 1934/35 | 12 | 1935 | 320 | 255 |
| 1935/36 | 12 | 1936 | 360 | 300 |
| 1936/37 | 12 | 1937 | 370 | 360 |
| 1937/38 | 12 | 1938 | 380 | 365 |
| 1938/39 (13 Mon.) | 12 | 1939 | 375 | 350 |
| 1939/40 | 12 | 1940 | 350 | 310 |
| 1940/41 | 13,48 | 1941 | 340 | 295 |

### Ertrags- und Bilanzübersicht

|  | 31. März 1920 Mill. Fr. | 31. März 1930 Mill. Fr. | 30. April 1941 Mill. Fr. |
|---|---|---|---|
| Betriebsgewinn | 2,440 | 2,144 | 2,866 |
| Reingewinn | 0,626 | 0,623 | 0,663 |
| Betriebsanlagen | 2,460 | 2,863 | 2,200 |
| Betriebsmaterial | 1,418 | 1,102 | 2,054 |
| Geldguthaben | 1,164 | 2,253 | 4,654 |
| Geldschulden | 2,385 | 2,225 | 3,729 |
| (davon Obligationen) | (1,000) | (1,000) | (2,000) |
| Guthabenüberschuss | – | 0,028 | 0,925 |
| Schuldenüberschuss | 1,221 | – | – |

|  | 31. März 1920 Mill. Fr. | 31. März 1930 Mill. Fr. | 30. April 1941 Mill. Fr. |
|---|---|---|---|
| Fonds | – | – | 1,028 |
| Eigenkapital | 2,658 | 3,993 | 4,150 |
| dto. pro Aktie | 193 Fr. | 133 Fr. | 138 Fr. |

Aus äusseren Gründen habe ich hier auch eine Übersicht über das Kaffeeverkaufs- und Kolonialhaus **Merkur** in Bern angeschlossen. Denn auch diese Gesellschaft betreibt eine Reihe von Verkaufsgeschäften für Schokolade, Kaffee und andere Waren, aber ohne eigene Produktion. Dem Charakter dieses Geschäftes entsprechend ist die Entwicklung des Unternehmens stabil verlaufen bei allmählicher Besserung der Erträgnisse und der Bilanzlage. Die Aktien von Merkur sind nicht besonders »interessant«, aber wohl auch für die Zukunft eine solide Kapitalanlage. Bei einem letzten Börsenkurs von 900 Fr. beträgt die Rendite fast 4 Prozent.

## Merkur, Schweizer Chocoladen und Kolonialhaus

Gegründet 1905. Sitz in Bern.

Betrieb: Verkauf von Kaffee, Tee und anderen Kolonialwaren in eigenen Geschäften an das Publikum.

Bilanztermin 31. Dezember.

Aktien notiert in Bern.

|  | Dividende | Höchstkurs | Tiefstkurs |
|---|---|---|---|
| *Aktienkapital 6 000 Aktien à 500 Fr.* | | | |
| 1921 | 22,50 Fr. | 325 Fr. | 325 Fr. |
| 1922 | 25 | 375 | 375 |
| *Kapitalherabsetzung, Rückkauf von 600 Aktien.* | | | |
| 1923 | 30 Fr. | 390 Fr. | 390 Fr. |
| 1924 | 25 | 505 | 470 |
| 1925 | 30 | 480 | 450 |
| 1926 | 30 | 500 | 460 |
| 1927 | 35 | 530 | 475 |
| *Kapitalherabsetzung, Rückkauf von 400 Aktien. Kapital seitdem 5 000 Aktien à 500 Fr.* | | | |
| 1928 | 40 Fr. | 695 Fr. | 540 Fr. |
| 1929 | 40 | 700 | 650 |
| 1930 | 40 | 700 | 640 |
| 1931 | 40 | 791 | 620 |
| 1932 | 40 | 775 | 640 |
| 1933 | 40 | 905 | 740 |
| 1934 | 40 | 865 | 780 |
| 1935 | 35 | 900 | 805 |
| 1936 | 35 | 900 | 750 |
| 1937 | 35 n. | 905 | 865 |
| 1938 | 35 n. | 970 | 900 |
| 1939 | 35 n. | 970 | 875 |
| 1940 | 35 netto | 950 | 850 |

**Ertrags- und Bilanzübersicht**

|  | 31. Dez. 1925<br>Mill. Fr. | 31. Dez. 1933<br>Mill. Fr. | 31. Dez. 1940<br>Mill. Fr. |
|---|---|---|---|
| Warengewinn | 2,336 | 2,532 | 2,850 |
| Reingewinn | 0,186 | 0,301 | 0,360 |
| Betriebsanlagen | 1,245 | 0,669 | 1,320 |
| Betriebsmaterial | 1,578 | 1,109 | 1,630 |
| Geldguthaben | 1,092 | 2,451 | 1,558 |
| Geldschulden | 1,014 | 1,076 | 1,068 |
| (davon Obligationen) | (0,300) | – | – |
| Guthabenüberschuss | 0,078 | 1,375 | 0,490 |
| Eigenkapital | 2,901 | 3,151 | 3,440 |
| dto. pro Aktie | 537 Fr. | 630 Fr. | 688 Fr. |

An sonstigen Schweizer Unternehmungen der Milchverwertung ist vielleicht noch die Schweizerische Milchgesellschaft in Hochdorf zu erwähnen, aber nur als Beispiel, dass auch die Verwertung von Milch nicht überall ein gutes Geschäft gewesen ist. Die Aktien wurden früher in Zürich notiert, die Gesellschaft zahlte zum Beispiel 50 Fr. Dividende für 1919/20. Jetzt ist sie nach mehreren Sanierungen ganz bedeutungslos. Die Aktien der kleinen Schokoladefabrik Klaus (Börse von Neuenburg) und Séchaud (früher in Lausanne notiert) haben kein grösseres als höchstens lokales Interesse.

Dagegen sind in dieser Gruppe noch die Aktien von Mühlen zu nennen, von denen allerdings die Aktien der **Aktienmühle Basel** seit Jahren nicht mehr umgesetzt worden sind. Das Geschäft der Getreidemühlen ist an sich ein sehr ruhiges Geschäft mit sicherer Rentabilität, sofern die Leitung der Mühle der Versuchung widersteht, gleichzeitig spekulative Geschäfte in Getreide oder Mehl machen zu wollen. Bei einer solchen Beschränkung auf den Mahlnutzen hat die Aktienmühle Basel ihren Aktionären seit mindestens drei Jahrzehnten eine regelmässige Jahresdividende von meist 6 Prozent ausschütten können und dabei im Laufe der Zeit die finanzielle Lage allmählich verbessert, soweit die Bilanzen darüber Aufschluss geben.

# Aktienmühle Basel

Gegründet 1894. Sitz und Anlagen in Basel.
Betrieb: Getreidemühlen in Basel und Augst, Handel mit Getreide, Mehl usw.
Bilanztermin 31. Dezember.
Aktien notiert in Basel.

|  | Dividende | Höchstkurs | Tiefstkurs |
|---|---|---|---|
| *Aktienkapital 1 000 Aktien à 1 000 Fr.* | | | |
| 1911 | 50 Fr. | – | – |
| 1912 | 60 | – | – |
| 1913 | 40 | 875 Fr. | 850 Fr. |
| 1914 | 60 | – | – |
| 1915 | 60 | – | – |
| 1916 | 60 | 840 | 840 |
| 1917 | 60 | 850 | 850 |
| 1918 | 60 | – | – |
| 1919 | 60 | – | – |
| 1920 | 70 | 800 | 700 |
| 1921 | 70 | – | – |
| 1922 | 60 | 1 100 | 950 |
| 1923 | 50 | – | – |
| 1924 | 60 | 1 000 | 900 |
| 1925 | 60 | – | – |
| 1926 | 60 | 950 | 950 |
| 1927 | 60 | 1 000 | 1 000 |
| 1928 | 60 | – | – |
| 1929 | 60 | 1 040 | 1 030 |
| 1930 | 60 | – | – |
| 1931 | 70 | – | – |
| 1932 | 60 n. | 1 200 | 1 200 |
| 1933 | 60 n. | 1 175 | 1 175 |
| 1934 | 60 n. | 1 200 | 1 200 |

|  | Dividende | Höchstkurs | Tiefstkurs |
|---|---|---|---|
| 1935 | 60 n. | 1050 Fr. | 1050 Fr. |
| 1936 | 60 n. | 1250 | 1050 |
| 1937 | 60 n. | – | – |
| 1938 | 50 n. | – | – |
| 1939 | 60 n. | – | – |
| 1940 | 50 netto | – | – |

**Ertrags- und Bilanzübersicht**

|  | 31. Dez. 1919 Mill. Fr. | 31. Dez. 1931 Mill. Fr. | 31. Dez. 1940 Mill. Fr. |
|---|---|---|---|
| Rohgewinn | 0,444 | 0,430 | 0,477 |
| Reingewinn | 0,128 | 0,115 | 0,125 |
| Betriebsanlagen | 0,799 | 0,760 | 0,680 |
| Betriebsmaterial | 0,635 | 0,303 | 0,348 |
| Geldguthaben | 1,241 | 0,613 | 0,611 |
| Geldschulden | 1,412 | 0,391 | 0,119 |
| (davon Obligationen) | (1,000) | – | – |
| Guthabenüberschuss | – | 0,222 | 0,492 |
| Schuldenüberschuss | 0,171 | – | – |
| Eigenkapital | 1,264 | 1,286 | 1,520 |
| dto. pro Aktie | 1 264 Fr. | 1 286 Fr. | 1 520 Fr. |

Die andere Mühle, deren Aktien an der Börse von Genf etwas häufigere Umsätze haben, **Minoteries de Plainpalais**, hat in den letzten Jahrzehnten ihren Geschäftskreis durch zwei weitere Mühlen vergrössert und betreibt ausserdem auch noch das sehr häufig mit einer Mühle verbundene Kreditgeschäft. Über dieses wird aber neuerdings keine Bilanz mehr veröffentlicht, da es in eine besondere Gesellschaft eingebracht ist. Die Bilanz von Plainpalais zeigt auch selbst ein grösseres Handels-

und Geldgeschäft. Mit dessen wechselnder Beurteilung sind vielleicht auch die zeitweise starken Schwankungen der Aktienkurse zu erklären. Bei einem letzten Kurs in Genf von 345 Fr. beträgt die Rendite aus der letzten Dividende knapp 3 Prozent. Ob eine solche Bewertung dem Risiko des Handelsgeschäftes für längere Dauer entspricht, entzieht sich der Beurteilung. Jedenfalls ist gerade eine Gegenüberstellung der beiden Mühlenbilanzen mit gleichem Aktienkapital recht bemerkenswert für eine verschiedene Art des Geschäftsbetriebes.

## Minoteries de Plainpalais

Gegründet 1885. Sitz und Anlagen in Plainpalais (Genf).

Betrieb: Getreidemühlen bei Genf, in Sion und La Chaux-de-Fonds, Handel mit Getreide und Mehl, durch Tochtergesellschaft auch Kreditgeschäfte.

Bilanztermin 31. Dezember.

Aktien notiert in Genf.

|  | Dividende | Höchstkurs | Tiefstkurs |
|---|---|---|---|
| *Aktienkapital 5 000 Aktien à 100 Fr.* | | | |
| 1911 | 12 Fr. | 270 Fr. | 225 Fr. |
| 1912 | 12 | 260 | 237 |
| 1913 | 12 | 248 | 200 |
| 1914 | 12 | 240 | 215 |
| 1915 | 12 | 230 | 220 |
| 1916 | 12 | 240 | 200 |
| 1917 | 12 | 220 | 200 |
| 1918 | 11 | 235 | 205 |
| 1919 | 12 | 230 | 180 |
| 1920 | 12 | 190 | 160 |
| 1921 | 12 | 180 | 140 |
| 1922 | 12 | 215 | 170 |
| 1923 | 12 | 225 | 210 |
| 1924 | 12 | 230 | 185 |
| 1925 | 12 | 245 | 221 |
| 1926 | 12 | 277 | 220 |
| 1927 | 12 | 280 | 263 |
| 1928 | 12 | 285 | 273 |
| 1929 | 12 | 285 | 275 |
| *Kapitalerhöhung auf 10 000 Aktien, Bezugsrecht 1 auf 1 zu 101,80 Fr.* | | | |
| 1930 | 12 Fr. | 317 Fr. | 220 Fr. |
| 1931 | 12 n. | 275 | 250 |
| 1932 | 12 n. | 255 | 238 |

|  | Dividende | Höchstkurs | Tiefstkurs |
|---|---|---|---|
| 1933 | 12 n. | 300 Fr. | 260 Fr. |
| 1934 | 12 n. | 300 | 260 |
| 1935 | 11 n. | 335 | 290 |
| 1936 | 10 n. | 415 | 305 |
| 1937 | 10 n. | 420 | 370 |

Übertragung des Kreditgeschäftes auf eine besondere eigene Gesellschaft, die 10 000 Genussscheine ausgab. Bezugsrecht 1 Genussschein auf 1 Aktie Plainpalais gratis. Kapital 10 000 Aktien à 100 Fr.

|  | Dividende | Höchstkurs | Tiefstkurs |
|---|---|---|---|
| 1938 | 10 Fr. n. | 410 Fr. | 385 Fr. |
| 1939 | 10 n. | 410 | 385 |
| 1940 | 10,64 | 405 | 315 |

### Ertrags- und Bilanzübersicht

|  | 31. Dez. 1919 Mill. Fr. | 31. Dez. 1929 Mill. Fr. | 31. Dez. 1940 Mill. Fr. |
|---|---|---|---|
| Betriebsüberschuss | 0,516 | 1,196 | 1,529 |
| Reingewinn | 0,113 | 0,108 | 0,176 |
| Betriebsanlagen | 1,151 | 1,936 | 2,370 |
| Betriebsmaterial | 0,488 | 1,391 | 1,707 |
| Geldguthaben | 0,688 | 1,957 | 1,757 |
| Geldschulden | 0,889 | 3,823 | 3,719 |
| Schuldenüberschuss | 0,201 | 1,866 | 1,962 |
| Fonds | 0,358 | 0,358 | – |
| Eigenkapital | 1,080 | 1,103 | 2,116 |
| dto. pro Aktie | 216 Fr. | 221 Fr. | 212 Fr. |

# Nachwort von Heinz Brestel:
# Hermann Zickert – Der Zeit voraus

*Es ist schlimm genug, dass man jetzt nicht
mehr für sein ganzes Leben lernen kann.
Unsere Vorfahren hielten sich an dem Unterricht,
den sie in ihrer Jugend empfangen hatten.
Wir aber müssen jetzt alle fünf Jahre umlernen.*

Johann Wolfgang von Goethe

Die Fähigkeit, sich zu erinnern, ist wesentlich für unser Sein. Wenn Erinnerungen und Gedanken eines Menschen selbst über seinen Tod hinaus – in welcher Form auch immer – lebendig bleiben, kann wohl gesagt werden, dieser Mensch habe auf gewisse Weise der Zukunft gedient. Jemand, auf den genau dies zutrifft, ist sicherlich Hermann Zickert mit seinem Lebenswerk gewesen.

Die Stürme des 20. Jahrhunderts haben den Berliner zur rechten Zeit in ein windstilles Eckchen Europas geweht. Er war seiner Zeit voraus. 1931 zog Zickert nach Liechtenstein, wo er – weitgehend unbeeinflusst von den Wirren der Zeit – das Schreiben von Börsenbriefen fortsetzen konnte. Hermann Zickert war mehr als ein erfolgreicher Börsianer und Analyst. Er hat, was nur wenig bekannt sein dürfte, mit dem Zickert'schen Kapitalverein die Idee zum Fondssparen entwickelt. Nach dem Krieg haben die Amerikaner dies in großem Stil aufgegriffen und zum Geschäft gemacht.

Wer die Gegenwart verstehen will und die Zukunft zu ahnen vermag, muss die Vergangenheit kennen. Genau in diesem Satz bestand Sinn und Aufgabe von Zickerts Wirken. Er verstand es, als einer der Ersten aus vorliegenden Informationen und Spekulationen die Spreu vom Weizen zu scheiden und zum Kern aller Anlagefragen vorzustoßen: Was heißt das, was uns da täglich durch die Massenmedien über Firmen, Zinsen und Kurse ins Haus geliefert wird? Die richtige Vernetzung von all den möglichen Fakten und Meinungen zu einem geschlossenen Bild, das geldwert sein kann – darum ging es Hermann Zickert. Und diese Kunst beherrschte er souverän.

### Die Emanzipation der Börse

Der organisierte Marktplatz für den Austausch von Geld und anderen Vermögenswerten – im weitesten Sinne des Wortes – war und ist die Börse. Sie wurde im 19. Jahrhundert einem breiteren Publikum geöffnet, das im Zuge des industriellen Fortschritts Vermögen zu bilden begann und nun bereit war, mit den Ersparnissen in den Markt zu gehen. Dazu trugen neben dem Fortschritt auch die vielen neuen Möglichkeiten, Kapital zu bilden und zu vermehren, bei.

Um dies zu verwirklichen, bedurfte es fundierter Informationen. Würde man die heutigen Börsen vom breiten Informationsfluss unserer Tage abschneiden, müssten sie verdorren oder würden schnell in die Hände von wenigen Spekulanten geraten. Ohne verlässliches Wissen kein funktionierender Markt. Die »Geldkommunikation« hat jedoch nicht immer mit dem Wachsen des Wohlstandes und des Handelsvolumens der Kapitalmärkte Schritt gehalten. Unabhängige Ratgeber waren und sind gesucht. Tageszeitungen, Zeitschriften und Zirkulationen von Banken und Vermögensverwaltungsgesellschaften sind allein auch heutzutage noch nicht in der Lage, das Informationsbedürfnis der Anleger gänzlich zu decken.

**Der erste deutsche Börsenbrief**
Eine wichtige Lücke sollten die Börsenbriefe schließen. Die Geburtsstunde gedruckter Börseninformationen in Deutschland lässt sich genau fixieren. Es war der 21. Juli 1856. An diesem Tag erschien die erste Nummer des *Frankfurter Geschäftsberichtes*. Dieser Bericht im Zeitungskleinformat hatte eine Auflage von nicht einmal 1000 Exemplaren; er kann als Vorläufer aller Börseninformationsbriefe angesehen werden. Der Herausgeber war Leopold Sonnemann, der die erste Börsenpublikation Deutschlands wie ein Hausierer auf den Stufen der Frankfurter Börse verkaufte. Später gründete Sonnemann die liberale *Frankfurter Zeitung*, die man auch in der Schweiz fast bis zum Ende des Zweiten Weltkrieges lesen konnte.

**Maximilian Harden – *Die Zukunft***
In Berlin wirkte in den Neunzigerjahren des 19. Jahrhunderts der große Briefschreiber Maximilian Harden. Seine von 1892 bis 1922 wöchentlich erscheinenden Briefe trugen den Titel *Die Zukunft* und umfassten jeweils 20 bis 25 Seiten. Harden war der Erste, der in seinen Briefen auch andere Autoren zu Wort kommen ließ: Börsen- und Bankenspezialisten. Die publizistische Wirkung dieses ersten einflussreichen privaten Informationsbriefes war enorm. Harden wagte es, den damals jungen

Kaiser Wilhelm II. frontal anzugreifen, weshalb er für ein paar Monate nach Posen in Festungshaft kam. Der pensionierte Reichsgründer Fürst Bismarck spielte Harden zuweilen Informationen zu. Diese Kontakte behielt der Briefschreiber diskret für sich.

Nach 1918 und der Stabilisierung der Mark 1924 wuchs in Deutschland rasch ein Bedürfnis nach zuverlässigen Wirtschafts- und Börseninformationen. Die Tageszeitungen konnten dieser Nachfrage nicht gleich gerecht werden. Die *Frankfurter Zeitung* hatte einen brauchbaren Handelsteil. Zickerts Briefe schlossen die damaligen Informationslücken und fanden in Fachkreisen schnell Anerkennung. Er setzte sich dank seiner Glaubwürdigkeit durch.

### Der Briefschreiber Hermann Zickert

Hermann Zickert war ein sehr produktiver Verfasser von Börsenbriefen. Die Leser – ein ausgesuchter Personenkreis – hatten großes Vertrauen zu ihm.

Heute kann man sich kaum noch vorstellen, dass es einmal eine Zeit gab, in der Publizisten allwöchentlich Briefe verfassten, was täglich zwölf Stunden Arbeit »mit der Tintenfeder« bedeutete. Computer, Fax und Internet gab es noch nicht. Von 1931 bis 1939 schrieb Zickert Woche für Woche den *Spiegel der Wirtschaft* – eine Tätigkeit, die ihn vollkommen in Anspruch nahm. Angestellte hatte er nicht.

Zickert war seiner Zeit voraus. Lange vor 1933 hatte er erkannt, was sich in Deutschland anbahnte. Er zog die Konsequenzen und wanderte 1931 nach Liechtenstein aus, wo er bis zu seinem Tod wohnte. Von hier aus konnte er »in freier Luft« auch seine deutschen Abonnenten mit Informationen versorgen, die man im Dritten Reich nicht in der Zeitung fand. Der *Spiegel der Wirtschaft* wurde vorübergehend in Deutschland verboten. Nach Kriegsende gehörte Zickert zu den Ersten, die dazu beitrugen, dass freie Meinungen und Fakten aus der ganzen Welt auch wieder »zu Hause« – in Deutschland – veröffentlicht werden konnten.

**An das schnelle Wirtschaftswunder glaubte er nicht**
Zickert hat während seiner langjährigen Beratungstätigkeit mit den Voraussagen fast immer recht behalten. Doch einmal hat er sich geirrt. Er hielt es bei Kriegsende kaum für möglich, dass es in Deutschland so schnell aufwärtsgehen könnte. Für diese pessimistische Beurteilung konnte er Fakten anführen: Im neutralen Liechtenstein war man darüber informiert, was der amerikanische Unterstaatssekretär Henry Morgenthau im September 1944 auf einer Konferenz in Quebec in einer Denkschrift vorgelegt hatte. Er empfahl, die deutsche Industrie und den Bergbau an Ruhr und Saar »total zu zerstören« und Deutschland zu einem Agrarland zu machen. »Die Deutschen sollten sich mal 100 Jahre von Rüben ernähren.« Der Morgenthau-Plan wurde von Präsident Roosevelt und Winston Churchill unterzeichnet. Das ist aktenkundig. Aber frühzeitig ahnten die Amerikaner, was die Russen nach Kriegsende im Schilde führten: Sie wollten nach dem Abzug der Amerikaner ganz Europa beherrschen. Eiligst legte der amerikanische Außenminister Hull einen Plan vor, welcher die Wiedereingliederung Deutschlands in die westliche Wirtschaftsgemeinschaft vorsah, ja sogar die Wiederbewaffnung, um die Russen abzuschrecken. Über den Marshall-Plan wurden die ökonomischen Voraussetzungen für das geschaffen, was als Wirtschaftswunder in die Geschichte einging. Zickert konnte dem Meinungswandel der Amerikaner nicht so schnell folgen – übrigens auch nicht die Mehrheit der Schweizer Banken. Nur wenige eidgenössische Kreditinstitute setzten – auch zugunsten ihrer Kunden – frühzeitig auf die deutsche Karte und auf die D-Mark.

**Platow war der Erste nach 1945**
In dieser Aufbruchstimmung nahm die Bedeutung der Börsenbriefe markant zu. Der Erste, der nach dem Krieg Briefe herausgab, war Robert Platow, der von Hamburg aus den *Platow-Brief* schrieb und damit eine beträchtliche Resonanz fand. Der Regierungsbildung in Bonn ging ein weiterer privater Informationsbrief voraus: die *Fuchs-Briefe*, verfasst von Hans Fuchs in Bad Godesberg. Dieser verschaffte sich viele Kontakte zu

Politikern aller Schattierungen, bewahrte aber strikt seine Unabhängigkeit. In Detmold publizierte Curt L. Schmidt Briefe, die vor allem für Kleinunternehmer in Norddeutschland bestimmt waren.

Platow, Fuchs und Schmidt waren keine Börsianer. Sie erkannten bald, dass sich ihre Abonnenten mehr und mehr auch für Geldanlagen interessierten. In den 1960er-Jahren begann man deshalb in Deutschland, spezielle Börsenbriefe herauszugeben. Hier war Schmidt mit seinem *Frankfurter Börsenbrief*, der durch einen Spezialbrief für Auslandsanlagen ergänzt wurde, der Konkurrenz ein Stück voraus. Schließlich lancierte der Detmolder Verlag als erster auch einen Schweizer Brief, mitfinanziert von einer Schweizer Privatbank. Diese hatte einen guten Riecher und begann frühzeitig, deutsche Kunden zu umwerben. Damit setzte eine gewisse Verflechtung der Informationsbriefe mit Verkäufern ein. Aus diesen Briefen wurden »Informationsdienste«. Briefe im ursprünglichen Sinn, die von einer einzelnen Person geschrieben wurden, nahmen an Bedeutung ab. Die Einzelkämpfer am Markt verkauften ihre Produkte an leistungsfähige Verlage in Deutschland oder in der Schweiz und zogen sich aufs Altenteil zurück.

Der Bertelsmann-Konzern erwarb zum Beispiel die *Fuchs-Briefe*. Damit nahm die Umstrukturierung von Briefen zu Diensten ihren Anfang. Die Namen der Autoren traten in den Hintergrund. Die Dienste bekamen einen Herausgeber und einen Chefredakteur – wie Zeitungen. Mehr und mehr bedienten auch die großen Tageszeitungen die Nachfrage nach eingehenderen Geldinformationen. Neben dem Wirtschaftsteil gibt es heute in den führenden Zeitungen Finanzseiten. Besondere Anstrengungen macht – als Nachfolgerin der alten *Frankfurter Zeitung* – die *Frankfurter Allgemeine Zeitung*. In den letzten Jahren wurden viele der sechsmal wöchentlich erscheinenden Tageszeitungen durch Sonntagszeitungen ergänzt, in denen der Wirtschaftsteil ebenfalls einen breiten Raum einnimmt. Die Dienste haben in der Folge harte Konkurrenz von den Tageszeitungen und Fachzeitschriften erhalten, aber auch von den Banken,

Versicherungen und Vermögensverwaltungen, die ihren Kunden kostenlos »Geldinformationen« zukommen lassen. Briefschreiber sind heutzutage im Bewusstsein der Leser fast schon vergessen.

### Buffetts Brief – Einmal im Jahr

In Amerika halten sich jedoch immer noch mehrere große Börsenbriefe, die besonders in der Provinz gelesen werden. Der bedeutendste und erfolgreichste Herausgeber von Briefen ist Warren Buffett, der sich und die ihm vertrauenden Anleger durch in der Summe überragende Anlageentscheidungen zu wohlhabenden Menschen gemacht hat. Als Investitionsvehikel dient dabei die Firma Berkshire Hathaway, an der sich jeder – auch mit relativ kleinem Einsatz – beteiligen kann. Da das Vertrauen zu Buffett sehr groß ist, flossen ihm Milliarden an Kapital zu, mit denen er Aktienpakete und ganze Firmen aufkaufte. Neuerdings hat das »Orakel von Omaha« jedoch nicht mehr so große Erfolge.

Warren Buffett gibt pro Jahr nur einen einzigen Brief heraus, der allerdings weltweit Resonanz findet: den Aktionärsbrief seiner Beteiligungsgesellschaft Berkshire Hathaway. Dieser enthält tief greifende Einsichten über Erfahrungen mit Märkten und Unternehmen. Seine Leser hängen an den Lippen des Börsengurus, der zugleich ein geschickter Verkäufer seiner eigenen Produkte ist. Die Verflechtung zwischen Information und Geschäft ist perfekt. Die Publizität Warren Buffetts sprengt alle Vorstellungen von Privatbriefen zur Zeit Zickerts.

### Wo sind die Persönlichkeiten?

Die Chance, dass es einen würdigen Nachfolger für den Briefschreiber Hermann Zickert bei uns in Europa geben könnte, ist praktisch gleich null. Woran es heute fehlt, sind unabhängige Persönlichkeiten, denen man vertraut und die – wie ehemals Zickert – ihrer Zeit immer einen Denkschritt voraus sind. Solche Persönlichkeiten könnte man sich zum Beispiel fürs Fernsehen wünschen. Aber noch vor dreißig Jahren lehnten es in Deutschland die beiden TV-Anstalten ARD und ZDF ab, auch nur ein paar Minuten täglich über die Börse zu berichten: »Wir dürfen doch nicht mit Fernsehgebühren für die Kapitalisten Reklame machen.« Inzwischen wurde diese Zurückhaltung aufgegeben.

Eine Ausnahmeerscheinung in Europa war die Tätigkeit des ungarischen Börsenexperten André Kostolany, der es verstand, auf Seminaren und in Büchern den reichen Zitatenschatz alter Börsianer – wie etwa Hermann Zickert – wieder lebendig werden zu lassen. Hinter Kostolany stand eine erfolgreiche Vermögensverwaltungsgesellschaft, auf die er immer dann verweisen konnte, wenn man von ihm konkrete Tipps erwartete.

So haben sich die Zeiten seit Zickert geändert. Schon der alte Goethe ahnte den Wandel. Er war seiner Zeit voraus, wenn er meinte, dass wir wohl alle fünf Jahre umlernen müssten.

**Heinz Brestel**, geboren 1922 in Landsberg an der Warthe im östlichen Teil Brandenburgs. 1945 erster deutscher Publizist mit Zugang zur Alliierten Hochkommission in Frankfurt. Für die in Bildung begriffene Bonner Regierung war es 1949 sehr wichtig, die Pläne der Besatzungsmächte bezüglich des geteilten Deutschlands zu kennen. In dieser Zeit beginnt Brestels enge Zusammenarbeit mit Ludwig Erhard, dem »Vater des deutschen Wirtschaftswunder«. Am 1. November 1949 gehört Brestel der Gründerredaktion der *Frankfurter Allgemeinen Zeitung* an, Aufbau der Börsen- und Finanzredaktion in Frankfurt. 1961 lanciert er den ersten deutschen Aktienindex. 1973 verlegt er seine Tätigkeit nach Zürich und richtet dort für die *Frankfurter Allgemeine Zeitung* eine Finanzredaktion ein, in der er heute noch mitwirkt. Autor von mehr als zwei Dutzend Büchern für Kapitalanleger sowie historischer Studien über die internationalen Finanzmärkte.

# Werke von Hermann Zickert

### Bücher

*Zickert, Hermann*: Die Entwicklung des Absatzes der böhmischen Braunkohle und ihre Bedeutung für die Kohlenversorgung Mitteldeutschlands von der Mitte des 19. Jahrhunderts bis zum Jahre 1906. Diss. Heidelberg 1907.

*Zickert, Hermann*: Die wirtschaftliche Bedeutung der Böhmischen Braunkohlen im Vergleiche mit den benachbarten Kohlen-Industrien des In- und Auslandes. Teplitz-Schönau 1908.

*Zickert, Hermann*: Die Kapitals-Anlage in ausländischen Wertpapieren vom Standpunkt des Volkswirts und Kapitalisten. Berlin 1911.

*Zickert, Hermann*: Die acht Gebote der Finanzkunst. Alles, was jeder wissen muss, der ein Vermögen erwerben oder vermehren will. Berlin 1924.

*Zickert, Hermann*: Aktien-Analysen des Wirtschaftlichen Ratgeber. Königs Wusterhausen bei Berlin 1927.

*Zickert, Hermann*: Grundsätze der Kapitalanlage. Sonderdruck aus *Wachet auf!* Schaan 1933.

*Zickert, Hermann*: Die deutschen Aktien in Schlagworten. Vaduz 1934.

*Zickert, Hermann*: Die Erfolgsbuchhaltung für Wertpapiere. Vaduz 1940.

*Zickert, Hermann*: Die acht Gebote der Finanzkunst. Alles, was jeder wissen muss, der ein Vermögen erwerben oder vermehren will. Schaan 1967.

### Zeitschriften

*Zickert, Hermann* (Hrsg.): *Wachet auf!* Aktuelle Wirtschaftskorrespondenz, Nr. 1, 18. Juli 1931, bis Nr. 48, 22. Dezember 1933.

*Zickert, Hermann* (Hrsg.): *Spiegel der Wirtschaft*, Nr. 1, 1. Januar 1934, bis Nr. 12, Dezember 1954.

*Zickert, Hermann* (Hrsg.): *Wirtschaftlicher Ratgeber*, Nr. 36 (2235), 9. September 1923, bis Nr. 52 (2302), 28. Dezember 1924.

# Literaturverzeichnis

*Aschoff, Heiko:* Aktienanalyse für jedermann. Praktische Tipps für Ihre Anlageentscheidungen. München 2005.

*Baur, Jürgen:* Investmentgesetze. Kommentar zum Gesetz über Kapitalanlagegesellschaften (KAGG) und zum Gesetz über den Vertrieb ausländischer Investmentanteile (AuslInvestmG). Berlin 1970.

*Bergold, Uwe; Mayer, Bernt:* Flow statt Frust. Mit Behavioral Finance und Technische Analyse zu den Gewinnern in der Baisse gehören. München 2003.

*Bestmann, Uwe:* Finanz- und Börsenlexikon. 4. Aufl. München 2000.

*Boemle, Max; Gsell, Max:* Geld-, Bank- und Finanzmarkt-Lexikon der Schweiz. Zürich 2002.

*Bruppacher, C. Rudolf:* Investment Trusts. Dissertation. Zürich 1933.

*Buffett, Warren; Cunningham, Lawrence A.:* Essays von Warren Buffett. Ein Buch für Investoren und Unternehmer. München 2006.

*Dent, Harry S.:* Der Jahrhundert Boom. 2005 bis 2009: Nutzen Sie die besten Börsenjahre der Geschichte! Kulmbach 2005.

*Emch, Urs; Renz, Hugo; Arpagaus, Reto:* Das Schweizerische Bankgeschäft. Das praktische Lehrbuch und Nachschlagewerk. 6. Aufl. Zürich 2004.

*Fisher, Philip A.:* Die Profi-Investment-Strategie. Mit Philip A. Fishers Investment-Regeln zum Erfolg. Rosenheim 1999.

*Gallea, Anthony M.:* The Trend is Your Friend. 155 wetterfeste Börsenregeln. München 2002.

*Gantenbein, Pascal; Laternser, Stefan; Spremann, Klaus:* Anlageberatung und Portfoliomanagement. Was Banker und Privatinvestoren wissen müssen. 2. Aufl. Zürich 2001.

*Goldberg, Joachim; Nitzsch, Rüdiger von:* Behavioral Finance. Gewinnen mit Kompetenz. 4. Aufl. München 2004.

*Goldschmidt, Rudolf:* Investment Trusts in Deutschland. In: Wirtschaftsrechtliche Abhandlungen, Heft 9. Mannheim/Berlin/Leipzig 1932.

*Graham, Benjamin:* Intelligent Investieren. Der Bestseller über die richtige Anlagestrategie. München 2005.

*Graham, Benjamin; Dodd, David:* Geheimnisse der Wertpapieranalyse. Überlegenes Wissen für Ihre Anlageentscheidungen. München 1999.

*Hagstrom, Robert G.:* Warren Buffett – Sein Weg. Seine Methode. Seine Strategie. 4. Aufl. Kulmbach 1998.

*Hagstrom, Robert G.:* Buffettissimo! Die 12 Erfolgsprinzipien für die Börse von heute. Mit Warren Buffett in die Zukunft. Frankfurt 2002.

*Heri, Erwin W.:* Die acht Gebote der Geldanlage. Ein Handbuch für den Umgang mit Wertpapieren. 1999 Basel/Genf/München.

*Heri, Erwin W.:* Moden und Mythen an den Anlagemärkten. Warum Anleger und ihre Berater an der Börse immer wieder scheitern. Basel/Genf/München 2005.

*Kostolany, André:* Kostolanys Börsenweisheit. 100 Tipps für Geldanleger. 2. Aufl. München 2002.

*Lowe, Janet:* Die Graham-Methode. Benjamin Grahams Value-Investing Schritt für Schritt. Rosenheim 2000.

*Meyer, Conrad:* Das Unternehmen NZZ 1780–2005. 225 Jahre Neue Zürcher Zeitung. Zürich 2005.

*Murphy, John J.:* Technische Analyse der Finanzmärkte. Grundlagen, Strategien, Methoden, Anwendungen. 3. Aufl. München 2004.

*Siegel, Jeremy J.:* Langfristig investieren. Warum langfristige Aktienstrategien funktionieren. München 2006.

*Weissenfeld, Horst; Weissenfeld, Stefan:* Börsen-Gurus und ihre Strategien. Mit den erfolgreichsten Investoren zum Erfolg. 2. Aufl. Rosenheim 2000.

*Zihlmann, Peter:* Der Börsenguru. Aufstieg und Fall des Dieter Behring. Zürich 2005.

*Zimmermann, Hugo:* Total Börse! Machen Sie mehr aus Ihrem Geld. 4. Aufl. Zürich 2004.

Grabstätte der Familie Zickert
auf dem Vaduzer Friedhof.